그림이 더 잘 보이는

미술관 이야기

그림이 더 잘 보이는
미술관 이야기

이소영 지음

모요사

어디서도 알려주지 않는 미술관 이용법

미술관은 승승장구하고 있다. 영화관이 쇠락하고 서점이 문을 닫고 레코드점은 일찌감치 사라졌지만 미술관은 전성기다. 파리의 루브르는 두바이 아부다비에, 뉴욕의 구겐하임은 스페인 빌바오에 성공적으로 분점을 냈다. 국립현대미술관은 과천에서 시작해 서울관·덕수궁관·청주관을, 서울시립미술관은 서소문관·북서울관·남서울관 외에도 서울시립 미술 아카이브, 세마SeMA 창고를 열었고, 서서울관과 사진 미술관을 준비하고 있다.

손안의 폰에서 모든 게 해결되는 시대지만 미술관은 세계 어디로든 뻗어갈 기세다. 숫자만 느는 게 아니다. 전시 공간과 아트페어가 셀 수 없이 늘어났는데도 인기 있는 전시는 발 디딜 틈 없이 성황이다. 미술관은 가히 우리 시대를 대표하는 문화 거점이 되고 있다. 미술관을 꽤나 들락거렸지만 그곳이 서점과 극장을 제치는 시대가 올 줄은 몰랐다. 진심으로 궁금해진다. 사람들을 끌어들이는 미술관의 매력이 뭘까?

이 세상의 매력적인 것들은 대체로 신비롭기도 하다. 확실한 경계선이 없는 모나리자의 입가처럼 미소인지 무표정인지 알 듯 모를 듯해야 매력적이다. 미술관의 정체가 바로 그렇게 가물가물하다. 미술관이야 그림이나 조각 같은 시각예술 작품을 감상하러 가는 장소가 아니냐고 반문할 수도 있겠다. 물론 미술관은 작품을 전시하고, 우리는 그것을 보러 간다. 그런데 작품 전시는 미술관이 보여주는 프로필 사진 같은 것이다. 흠잡을 데 없지만 잘 매만져진 모습과 포즈다. 전시장의 평온한 풍경 아래에서 미술관은 우아한 표정과 달리 물밑에서 팔과 다리를 세차게 휘젓는 싱크로나이즈 수영 선수들처럼 쉴 새 없이 움직이고 있다. 미술관을 글자 그대로 '예술 작품이 있는 건축물'로 본다면 수면 아래의 분투를 보지 못하는 것이다.

우선 전시에서 시작해보자. 전시는 수집품을 체계적으로 분류하여 연구하는 일에서 시작된다. 어떤 수집품은 수장고에 두고 어떤 것은 전시장으로 보내야 할까? 이런 결정을 하려면 근거가 필요하다. 소장품 연구와 아카이브 관리는 필수다. 전시를 위해 다른 미술관과 협력하거나 작품을 빌리기도 해야 하니 내 미술관만 연구해서 될 일도 아니다. 또 미술관은 새로운 작품을 기증받거나 구매하게 되는데 여기에도 타당한 근거가 필요하다. 자연스레 지금 어떤 작품이 전시되어야 하는지, 새로 소장할 가치가 있는지를 판단하고, 그것을 세상에 공표해야 한다. 미술관은 과거의 예술을 연구하는 한편 무엇을 상상하든 그 이상을 보여주겠다는 듯이 파격적인 동시대 예술 작품들에 대해 사려 깊지만 단호한 판단을 내려야 하는 임무를 맡고 있다. 미술관은 이렇게 전시 공간이자 연구소다. 또 교육 기관이기도 하다. 도슨트를 양성하고, 일반인을 위한 여러 예술 프로그램을 운영한다.

미술관은 적극적으로 예술계에 개입한다. 주목할 만한 작가를 발굴하고 작품 활동을 독려하려고 레지던시 프로그램을 운영하거나 상을 제정하기도 한다. 이런 활동들을 모아 심포지엄을 열고, 결과물을 출판한다. 예술품들을 오래도록 잘 보관하기 위한 최상의 창고이자 다양한 재료로 만들어진 작품들을 수리·복원하는 정비소이며 최첨단 기술을 적극적으로 도입하는 실험실이기도 하다. 들고 나는 작품이 많으니 포장과 운송에도 전문적이다. 미술관은 복잡하고 거대한 기관, 아니 무엇이 미술인지를 정하는 하나의 제도다. 심지어 거기서 끝이 아니다. 소장품들로 '굿즈'도 만들어 팔고, 카페와 식당도 운영하지 않는가.

보면 볼수록 미술관의 정체를 한마디로 말하기 어렵다. 게다가 미술관은 정색하고 자신의 임무에 대해 고민하는 경향이 있다. 다른 문화 공간들과 구별되는 미술관의 가장 큰 특징은 자기 정체성을 탐구하는 공간이라는 점이다. 음악 공연도 멋진 무대와 최고의 음향을 위해 최신 기술을 받아들이고, 스포츠도 더 많은 관중을 불러들이기 위해 애쓴다. 더 멋진 플레이를 보여주면 성공이고, 기발하고 감동적인 팬 서비스와 이벤트를 기획하면 그만이다. '야구란 무엇일까'를 고민하진 않고, '야구장의 잔디는 기후 위기 시대에 정의로운가'를 두고 관중을 초대해 심포지엄을 열지도 않는다. 하지만 미술관은 기후 위기에서 동물권까지 우리 시대의 모든 문제를 자신의 것으로 받아 안아 연구하고, 전문가들을 규합하고, 관람객들에게 질문한다.

그런데 미술관이 개최하는 심포지엄에 참석해 전문가들의 말에 귀 기울여봐도 여전히 아리송하다. 게다가 박물관·미술관에 관한 책들은 대체로 '관계자 외 출입 금지'를 단 육중한 문처럼 딱딱하고 멀게 느껴지는 경우가 많다. '일반인이시군요. 그렇다면 전시실까지만 가능합니다' 하고 밀어내는 것 같다.

미술관에 다가갈 수 있는 좀 더 가볍고 유쾌한 방법은 없을까? 온갖 시시콜콜한 궁금증들을 꺼내보았다. 밖에 비가 오든 눈이 오든 태풍이 몰아치든 미술관 안은 온도, 습도, 공기질까지 상큼하게 유지되는 공간이다. 그런데도 전시장을 돌아다니면 무릎이 콕콕 쑤시고 이내 피곤해지고 만다. 놀랍게도 미술관은 이런 투덜이 관람객의 고충을 포착하고 해결책을 모색해왔다. 무려 백 년 전부터 말이다. 민원 때문에? 아니다. 뮤지엄에서 관람객이 느끼는 피로는 걸으면서 관람하는 공간의 정체성과 깊은 관련이 있었기 때문이다.

영화도, 뮤지컬도, 야구마저도 좌석에 앉아서 보는데, 미술관에선 걸어야 한다. 앉아서 책처럼 작품을 관람할 수는 없는 걸까? 세상에, 한때는 그런 미술관도 있었다고 한다! 미술에 문외한이라 전시장에 가면 대체 어떻게 행동해야 할지 영 어색해서 눈치를 보는 사람이라면 작품 한 점을 보는 데 얼마의 시간을 보내야 적당한지 아리송할 것이다. 미술관을 제집처럼 다니는 열혈 관람객들은 작품당 관람 시간이 어떻게 될까? 질문을 던지기 시작하자 궁금한 것들이 꼬리에 꼬리를 물고 따라나왔다. 전시장의 벽 색깔은 어떻게 변화해 왔는지, 작품을 거는 방법이 시대에 따라 달라졌는지, 오디오 가이드는 빌리는 게 나은지 그렇지 않은지 등 어디서도 안내해주지 않는 미술관 이용법을 묻고 답을 찾아 헤매고 다녔다.

뮤지엄은 인류가 만든 가장 가치 있는 유산을 품고 있는 곳이다. 안전하게, 더 안전하게 지키기 위해 최선을 다한다. 온도, 습도, 공기 질을 완벽하게 유지하고 화재나 지진, 홍수에 단단히 대비한다. 그럼에도 우리네 집처럼 미술관 역시 자연재해나 전쟁 같은 재난을 피할 수는 없었다. 하지만 그런 고난을 통해 미술관은 하나씩 배움을 얻었다. 큰 홍수를 겪은 피렌체에서 미술품 복원의 새 역사가 시작됐고, 스페인 내전에서 예술품을 구조하기 위한 국제 협력을 시작했다. 미술관은 소중한 것을 지키기 위해 인간이 할 수 있는 노력이 어디까지인가를 보여주는 곳이었다. 그러기 위해 미술관은 변화를 두려워하지 않는다. 미술관의 가장 깊은 곳, 관계자들마저도 복장을 정비하고 들어가야 하는 수장고까지 개방형으로 바꿔놓았다. 소중한 것을 가장 잘 지키는 방법은 더 많은 사람이 그 가치를 알게 되고 사랑하게 되는 데 있다는 것을 미술관은 아는 모양이다.

어떤 미술관들은 과거에 용도가 달랐던 곳이다. 궁전이었던 루브르 박물관, 기차역이었던 오르세 미술관, 발전소였던 테이트 모던……. 과거의 장소와 사연을 그대로 간직한 미술관을 살펴보는 일은 흥미롭다. 미술관은 애써 과거를 지우려 하지 않고 품는다. 미술관은 그 포용력으로 점점 더 중요한 공간이 되고 있다.

이 책은 미술관의 가장자리를 더듬어 그 진지하고 육중한 본체를 가늠해보려는 시도다. 미술관들은 왜 약속한 듯 월요일에 쉬는지, 다른 날에 쉬는 곳은 없는지 궁금했고, 전 세계에서 제일 멋진 미술관 카페는 어디인지 찾아봤다. 전시는 설렁설렁 봐도 아트 숍에선 심사숙고하는지라 숍을 중심에 놓고 미술관을 살펴보기도 했다. 신기하게도 그 사소한 호기심들이 미술관의 정체를 살며시 엿보게 해주었다. 먼지 한 톨 없이 말끔한 청소 비결이 궁금해서 박물관용 청소기를 찾아보고, 청소용품 쇼핑몰을 기웃거리다가 먼지 청소야말로 미술관 업무의 고갱이로구나 싶어 깨달음을 얻은 듯 혼자 환호하기도 했다.

우리가 미술관에서 시끌시끌하고 어수선한 바깥 세계와는 다른 차분함과 우아함을 느끼는 이유는 미술관이 자기만의 세계를 이루고 있기 때문이다. 그곳은 우리가 사는 세상과 닮았지만 모든 것이 조금 더 섬세하고 조금 더 안전하고 조금 더 아름답다. 미술관은 절제를 요구하지만 억압적이지 않다. 관람 동선이나 시간은 어디까지나 관람객의 몫이다. 미술관에서 배움은 강요되지 않고 답은 정해져 있지 않다. 우리에게 가만히 앉아서 보라고 하지 않고 온몸으로 경험하라고 권한다. 미술관은 유튜브와 닮았다. 유튜브는 어떤 주제든 수용하는 열린 플랫폼이지만 하나하나의 영상을 처음부터 끝까지 보라고 몰아붙이지 않는다. 영상과 영상 사이를 배회하며 즐기듯이 미술관 역시 작품과 작품 사이를 유유히 흐르며 머무는 게 제격인 곳이다. 이 시대, 미술관의 인기는 당연하다.

책을 쓰면서 던진 질문들이 다 미술관의 매력 포인트가 되어 돌아왔다. 작품 옆에 붙은 라벨을 한결 다정하게 살펴보게 됐고, 작품을 보고 나면 고개를 젖혀 천장의 조명을 보고, 그 조명의 각도를 조정했을 누군가를 생각하게 됐다. 이 책을 통해 미술관을 구석구석 더 알고 싶은 마음이 생기면 좋겠다. "가고 싶다, 미술관!"이라고 외치며 책장을 덮는 당신을 그려본다.

2024년

여전히 수원에서

이소영

차례

Side 2
관계자 외 출입금지

Side 4
가장자리에서 보는 미술관

Side 1

전시를 본다는 것

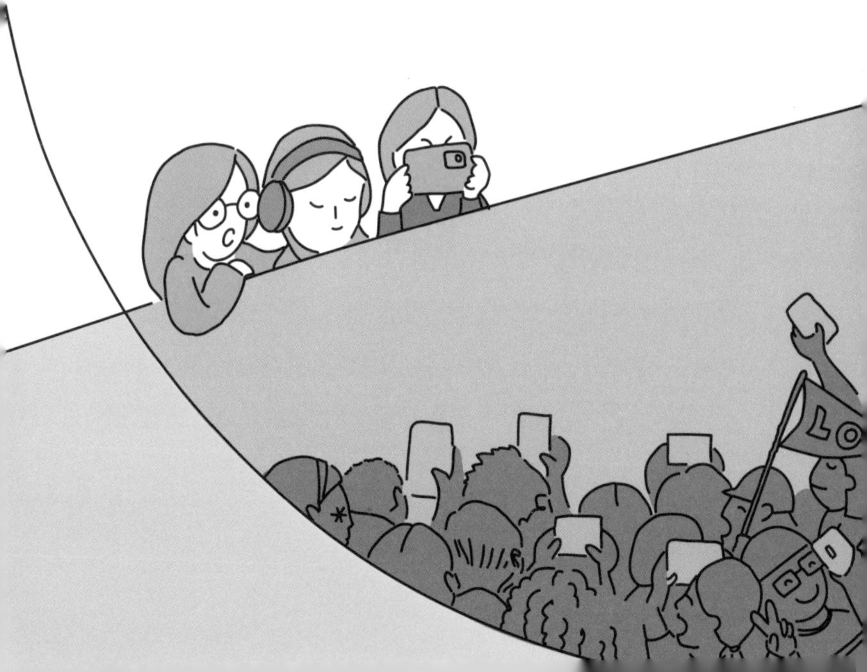

살롱전,
눈높이를 차지하라

구불구불한 틀에 현란한 조각과 금박을 입혀 꾸민 액자를 두른 그림들이 발치에서 4미터 높이의 천장에 닿도록 빼곡하게 걸려 있다. 발 디딜 틈 없이 들어찬 사람들은 의자에 앉거나 서서 대화를 나누며 그림을 살핀다.

17~18세기에 프랑스나 영국의 왕립미술아카데미가 개최한 연례 전시회 풍경이다. 전시장은 셀 수 없이 많은 그림과 구름처럼 모여든 군중들로 여백이 없었다. 관람자들은 느긋하게 거닐며 감상하기보다 제자리에 서서 고개를 위아래로 옆

으로 분주히 움직이며 봐야 했다.

이런 대규모 전시를 먼저 시작한 건 프랑스였다. 1648년 설립된 프랑스 왕립미술아카데미는 루브르궁의 사각형 방인 살롱 카레Salon Carré에 작품들을 엄격하게 선정해 걸었다. '살롱전'이라 불린 이 왕립미술아카데미 전시의 권위는 대단했다. 1863년 살롱전에 선정되지 못한 데 반발해 열린 '낙선전'에서 인상주의가 시작되기 전까지 독보적인 권위를 누렸다.

한편 영국에서는 프랑스보다 120년 늦은 1768년에 왕립미술아카데미가 설립되었고, 이듬해부터 살롱전이 시작됐다. 첫해에 56명의 화가가 136점의 그림을 출품한 이후 해마다 성장을 거듭해 19세기에는 2천 점 이상의 작품이 전시되며 성황을 이루었다. 250여 년의 역사를 자랑하는 영국 왕립미술아카데미의 전시는 지금도 여전히 해마다 열리며 영광을 이어가고 있다.

1780년대에 들어 영국 왕립미술아카데미의 연례 전시회는 4~6만 명의 관람자가 찾는 대형 이벤트로 성장해 도시인들의 유흥이자 사교 활동으로 인기를 누렸다. 그런데 1784년에 그 열기가 한풀 꺾이는 사건이 발생했다. 작품을 벽에 가득 채워 거는 살롱의 전시 스타일이 문제가 되었다. 바닥부터 4미터에 달하는 천장까지 그림을 빈틈없이 걸었기 때문에 구석자리나 높이 걸린 그림은 잘 보이지 않았다. 천장 가까이에 위

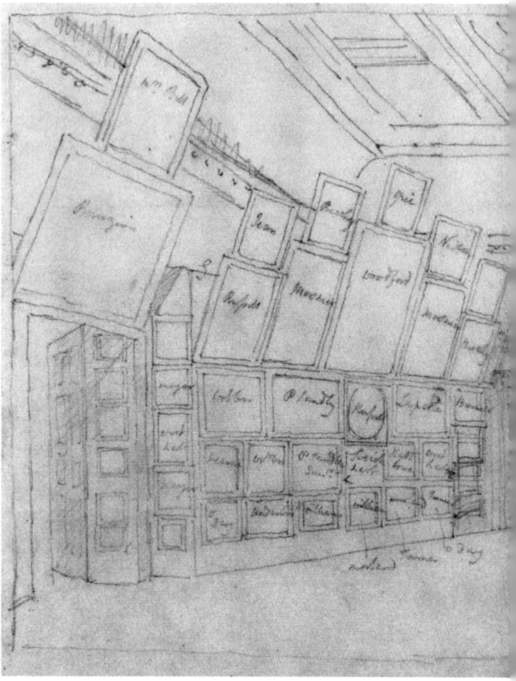

토머스 샌드비, 〈1792년 왕립 미술아카데미 연례 전시회: 앤티크 아카데미〉, 종이에 연필, 25×44.4cm, 1792년, 왕립미술아카데미, 런던.

치한 그림들은 아래에서 잘 보이도록 앞으로 기울어지게 걸었지만 모두가 탐내는 가장 좋은 자리는 관람자의 눈높이 언저리였다. 심사위원들의 눈에 들면 가장 좋은 자리에 작품이 걸렸지만, 그렇지 못하면 구석 자리로 밀려났다. 어떤 그림을 걸지 선정하는 작업만큼이나 어느 위치에 걸지 정하는 것이 민감한 문제였다.

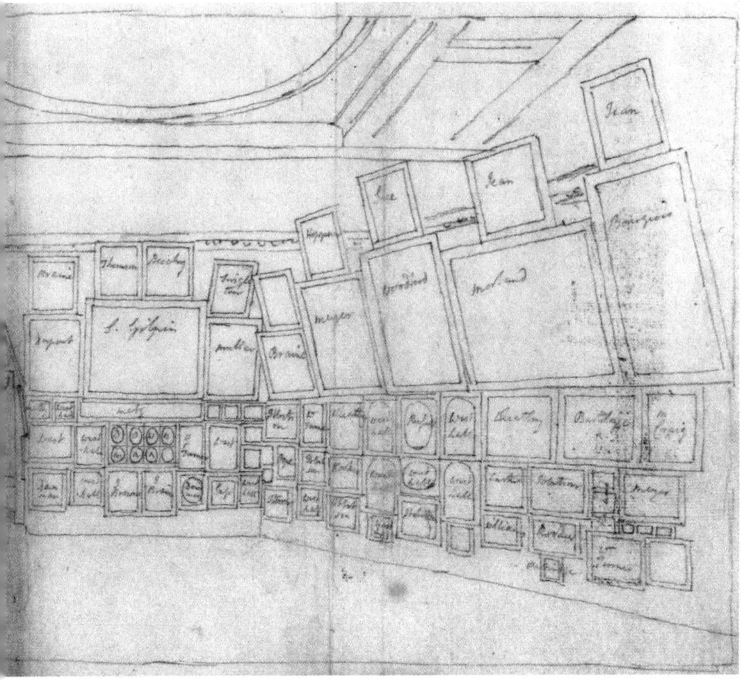

1784년 전시에서 바로 이 '자리'를 놓고 화가와 '설치hanging 위원회'가 기싸움을 벌였다. 패배한 쪽은 화가였다. 위원회의 결정에 승복할 수 없었던 화가는 자기 작품을 모조리 철수해 버렸다. 그 화가는 바로 당대의 가장 유명하고 인기 있는 초상화가 토머스 게인즈버러Thomas Gainsborough였다.

왕립미술아카데미는 전신 초상화나 대형 그림을 거는 규정을 따로 정해두고 있었다. 주 전시장 벽면의 8피트, 그러니까 대략 244센티미터 높이에 나무로 만든 띠가 둘러져 있는데 대형 그림들은 그 위에만 걸 수 있었다. 당시 살롱전의 모습을 그린 여러 그림들을 통해 이 규정이 엄격히 지켜졌음을 확인할 수 있다. 일례로 1792년 토머스 샌드비Thomas Sandby가 그린 전시 계획을 보면 역사화와 대형 초상화는 바닥에서 8피트 높이의 '선' 위에 자리를 잡았다. 좀 더 작은 그림들은 아래에, 큰 그림들과 비교적 덜 알려진 화가들의 그림은 천장에 근접한 자리에 매달렸다. 위쪽에 걸린 그림들은 스키 점프를 하는 선수처럼 아래쪽을 향해 비스듬히 기울어지게 걸렸다.

게인즈버러는 왕립미술아카데미의 창립 멤버였으니 누구보다 이 규정을 잘 알고 있었고 필요성에 대해서도 공감했지만 자기 작품을 예외로 해주길 요청했다. 문제의 그림은 게인즈버러가 국왕 조지 4세의 의뢰로 그의 세 딸을 그린 대형 초상화였다.❖ 머리카락 한 올 한 올을 실감 나게 묘사하고, 드레스 자락의 사각거리는 소리까지 들릴 것 같은 섬세한 표현이 일품인 작품이다. 화가는 이 부드럽고 미묘한 색과 촉감, 뉘앙스를 관람자들이 놓치지 않도록 5피트 6인치 높이, 즉 눈높이에 들어오도록 걸어 달라고 요청했다. 위원회 측은 규정을 내

❖ 그런데 이 대작이 크기 때문에 겪는 고초는 숙명이었는지 1868년에 궁전의 전시 공간에 맞춰 작품의 일부가 잘리게 된다. 현재 빅토리아앤드앨버트 박물관에 남아 있는 유화 축약본과 비교해보면 상단과 하단이 잘리고 오른쪽 옆면은 늘어난 모습이다.

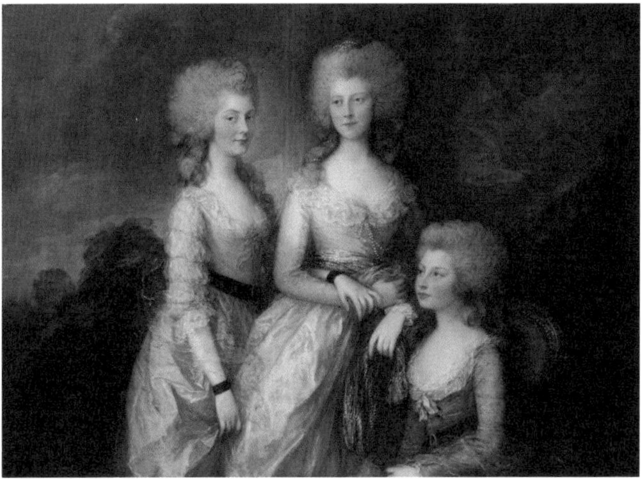

토머스 게인즈버러, 〈세 명의 공주들: 샬롯, 어거스타, 엘리자베스〉, 캔버스에 유채, 129.7×179.8cm, 1783~1784년, 로열컬렉션 트러스트.

세우며 단칼에 거절했다. 게인즈버러는 "그 선 위쪽으로 그림이 걸린다면 신에게 맹세코 숨 쉬는 동안 다시는 전시회에 그림을 보내지 않을 것"이라는 비장한 편지를 위원회에 전했다. 화가는 해당 작품뿐 아니라 그해 출품하기로 한 그림 18점을 모두 철수했고 이후 다시는 전시에 참가하지 않았다.[1]

게인즈버러의 작품 철수는 한 화가의 아집이 낳은 돌출 행동이었을까? 그렇지 않다. 얼마 지나지 않아 미술계는 살롱전의 규정 대신 게인즈버러가 원했던 방식에 손을 들어준다. 런던의 내셔널갤러리는 20세기 초에 천장까지 가득 채운 작품들을 거두고, 눈높이에 맞게 작품을 거는 방식을 도입했다. 새로운 예술을 새로운 방식으로 선보이고자 한 이들은 한발 더 나아가 작품을 감상할 때 방해가 되는 요소들, 예컨대 화려한 실내 장식이나 호화로운 액자 등도 제거했다.

20세기 들어서는 이른바 '화이트 큐브White Cube'라고 불리는 전시 공간이 탄생한다. 작품과 작품 사이의 간격을 충분히 띄워 한 작품을 감상할 때 다른 작품이 끼어들지 않도록 한 것이다. 작품은 이제 서로 눈길을 끌기 위해 갈망하고 더 좋은 자리에 걸리기 위해 경쟁할 필요가 없어졌다. '살롱 걸기salon hanging'가 쇠퇴하자 미술관은 비로소 한자리에 서서 고개를 위아래로 좌우로 움직이며 벽면 전체를 살피는 공간이 아니라, 걸어 다니며 보는 장소가 되었다.

작품을 한 벽면에 포화 상태로 거는 일은 오늘날의 미술관에서는 찾아보기 어렵다. '살롱 걸기'를 더 자주 만날 수 있는 건 인테리어 잡지나 가구 회사의 카탈로그에서다. 그렇다고 살롱전을 과거의 유물로만 볼 수는 없다. 살롱 걸기가 완전히 사라지진 않은 것이다. 몇몇 미술관에서는 유구한 역사와 전통을 부각시키기 위해 무리 지어 거는 방식을 되살리고 있다. 하나의 주제를 강하게 전달하기 위해 살롱 걸기를 선택하기도 한다. 한 작가가 제작한 작품이고 크기도 균일할 때 이 방식은 더욱 효과적이다.

한편 영국 왕립미술아카데미 측은 지금도 고집스럽게 살롱 걸기 방식으로 연례 전시회를 연다. 이 전시회에선 한 번에 1천 점 이상의 작품을 동시에 선보인다. 눈높이에 하나씩 작품을 거는 방식이라면 소수의 화가와 작품으로 한정되겠지만, 살롱 걸기를 택한 덕분에 더 많은 양의 작품을 세상에 선보일 수 있다. 이 오래된 작품 전시 방법은 아직 명성을 얻지 못한 작가들에게 기회의 문을 열어준다.

미술관에선
누구나 피곤하다

"마치 작품들이 무릎을 찌르며 공격하는 기분이었다. 미술관 직원이라는 나에게조차도 주체할 수 없는 피로감이 하이힐을 타고 올라왔다."

『뮤지엄 뮤지엄』의 저자 에이미 휘터커Amy Whitaker는 미술관에서 느끼는 피로감은 미술관 직원에게조차 예외가 아니라고 고백한다. 그는 박물관학의 선구자인 마거릿 탤벗 잭슨Margaret Talbot Jackson의 말을 인용해 미술관의 미래를 이렇게 예언한다.

> "파리 루브르 박물관, 런던 사우스켄싱턴의 빅토리아앤드 앨버트 미술관, 뉴욕 메트로폴리탄 미술관처럼 거대하고 흉물스러운 미술관은 더 이상 탄생할 수 없을 것이며, 그 자리는 관람객이 작품을 감상하고 유대감을 느낄 만한 적당한 규모의 미술관으로 대체될 것이다. 이제까지 전시실을 22군데나 지나오며 이미 녹초가 되었지만 아직도 못 본 곳이 57군데나 더 있고 건물을 빠져나가려면 그 전시실을 전부 통과해야 한다는 사실을 아는 관람객에게 저항할 수 없는 피로감을 안겨주지도 말아야 한다."[2]

무릎이 아릴 정도로 지쳤지만, 아직 봐야 할 전시실이 수십 군데나 남아 있다니 눈앞이 아득하다. 잭슨은 백 년도 전에 이렇게 대형 미술관에 진저리를 치는 글을 썼지만 공룡 같은 미술관은 여전히 건재하고 계속 생겨나고 있다. 그런데 그 정도 규모가 아니라도 미술관에선 누구나 쉽게 지친다. 상쾌한 기운으로 들어갔다가도 전시실 몇 개를 돌고 나면 방전되어버리기 일쑤다. 온습도가 관리되는 쾌적하기만 한 미술관에서 대체 왜 그렇게나 쉽게 지치게 되는 걸까?

무릎을 구부려 앉았다가 일어서는 스쿼트 동작은 1회에

0.4~0.5칼로리가 소모되는 근력 운동이다. 운동, 그중에서도 근력 운동은 앞으로 살아야 할 시간이 하염없이 길어진 현대인들에게 초미의 관심사다. 뮤지엄은 주로 걷는 곳이니 굳이 운동과 연결시킨다면 유산소 운동이겠지만, 한때는 분명 스쿼트 동작을 유발하는 공간이었다.

1916년 보스턴 미술관 관장 벤저민 아이브스 길먼Benjamin Ives Gilman❖이 「뮤지엄 피로Museum fatigue」라는 제목의 논문을 발표하기 전까지 사람들은 뮤지엄에서 쪼그려 앉았다 일어나고, 승마 자세로 버티고, 때로는 상체를 비틀어 까치발로 서야 했다. 소장품을 제대로 보기 위해선 반드시 근육을 써야 했던 것이다. 세상에 그런 박물관·미술관이 어디 있느냐고 묻는다면, 없다. 이제는 말이다. 길먼이 논문 첫머리에서 밝혔듯이 이러한 광경을 직접 목격할 수 있는 뮤지엄은 사라졌다. 오직 그의 논문 안에 사진 자료로 남아 있을 뿐이다. 이 논문은 '방문자 연구Visitor Studies'라는 학문의 줄기를 만들어낸 출발점이 되었다.

길먼 관장은 사려 깊은 사람이었던 모양이다. 그는 관람객들이 피곤하다는 호소를 허투루 듣지 않았다. 인류의 유구한 문화유산을 모아놓은 뮤지엄에 왔으니 눈을 초롱초롱 빛내

❖ 벤저민 아이브스 길먼은 1893년부터 1925년까지 33년간 보스턴 미술관 관장으로 있었다.

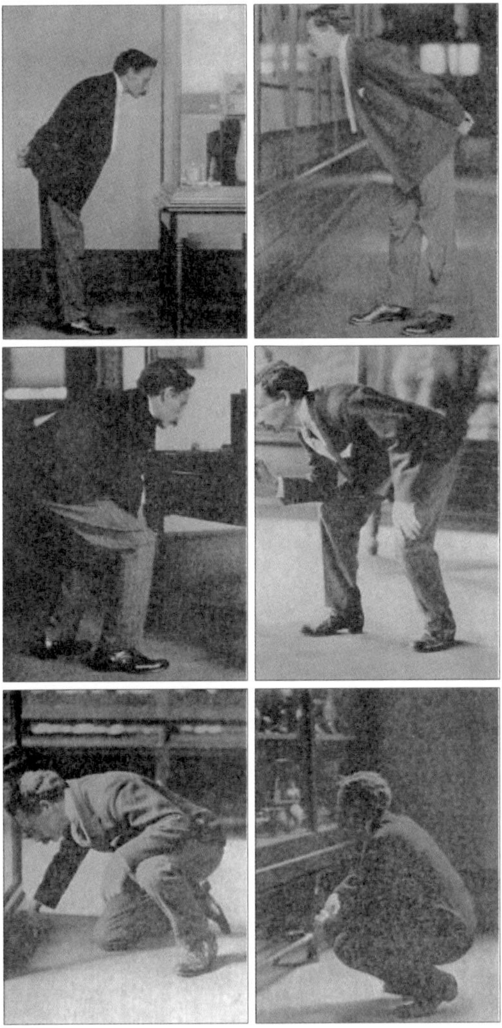

벤저민 아이브스 길먼의 논문「뮤지엄 피로」에 묘사된 관람자들의 여러 자세.

며 전시물을 관람하는 게 마땅하지 않은가? 그러나 정작 관람객들은 미술관에 들어서면 눈빛이 흐려지고 발걸음이 무거워졌다. 의아한 일이다. 미술관장은 왜들 그렇게 피곤해하는지 진심으로 궁금해했고, 이 문제의 원인을 찾아 해결하려고 했다. 그는 전시품들을 관람하는 일이 정말 피곤한지 아닌지를 확인하기 위해서 간단한 실험을 해보기로 한다.

사람들이 어떤 자세로 작품을 관람하는지를 알기 위한 실험이었다. 실험에 참여한 이가 작품을 제대로 보는지 확인하기 위한 방법으로 각 작품마다 질문을 준비했다. 중국 청동거울의 아래쪽 문양은 무엇인가, 여신은 팔을 어디에 기대고 있는가 등 작품을 면밀히 관찰해야 답할 수 있는 질문들을 만들었다. 예술에 대한 해박한 지식과 관심, 그리고 적절한 체력과 시력을 갖춘 '가장 이상적인 관람자'를 실험 대상으로 선정했다. 실험 대상자가 각각의 작품 앞에서 주어진 질문에 대한 답을 찾으며 관람하는 동안 연구자는 그 모습을 사진으로 찍었다. 과연 어떤 자세로 작품을 관람했을까? 사진 속의 관람자는 엉거주춤한 승마 자세였다가 쪼그려 앉거나 상체를 깊이 기울였다가 목을 한껏 뒤로 젖히는 등 상당히 불편한 자세 일색이다. 심지어 의자에 올라가서 살피는 이도 있다. 그저 꼼꼼하게 보려고 했을 뿐인데 고행이었던 것이다.

실험 결과, 뮤지엄은 피곤한 장소임이 분명했다. 등이 뻣뻣

하고 다리가 무겁다는 호소는 꾀병이 아니었다. 그렇다면 관람객들이 지치지 않고 쾌적하게 관람할 수 있는 해결책이 있어야 한다. 길먼 관장은 '뮤지엄 피로'를 해결할 방법으로 진열장 교체를 제시한다. 무릎을 구부리지 않아도 보이도록 진열장 높이는 바닥에서 42인치(106.7센티미터)보다 높아야 하고, 상부를 내려다보는 진열장 폭은 18인치(45.7센티미터)보다 넓지 않아서 상체를 애써 앞으로 뻗지 않아도 시야에 들어오도록 전시용 가구의 크기를 변경하는 것이 그의 대안이었다. 진열장 높이와 크기를 바꾸는 걸로 해결될 일일까 하는 의구심이 드는데, 길먼은 자신이 제시한 타개책으로 피로를 유발하는 뮤지엄은 사라졌다고 호기롭게 선언했다.

실상은 어땠을까? 길먼 관장의 호언장담은 통하지 않았다. 관람객들은 이후로도 피곤했고, 여전히 피곤하다. 전시장 가구의 높이와 폭을 바꾸는 정도로 해소될 일이 아니었던 것이다. 인체공학적인 의자를 장만하고 경추 전문 베개를 산다고 거북목이 단번에 낫지 않는 것처럼 미술관은 좀처럼 관람객의 피로를 씻어내지 못하고 있다.

'뮤지엄에 갈 생각만 해도 피곤해'라는 말을 속으로만 삼키던 당신, 이제 속내를 털어놓아도 좋다. 이는 뮤지엄 종사자 대부분이 알고 있는 일종의 현상이며, 길먼 관장의 논문 제목에서 따와 '뮤지엄 피로' 혹은 '뮤지엄 발meseum feet'이라는 공식 명칭까지 붙게 된 연구 대상이다. '그들'은 오래전부터 '우리'가 피곤하다는 걸 알고 있었고 이 문제를 타개할 방법을 찾느라 고심하고 있었다. 무려 백 년 전부터! 그리고 우리가 여전히 피곤하다는 건, 이 문제를 해결하기가 쉽지 않다는 확실한 증거다.

루브르 박물관의 최단 관람 기록

미술관은 금지와 자율이 둘 다 과한 장소다. 사뭇 달라졌다곤 해도 대부분의 미술관은 여전히 식음료와 애완동물 반입 불가, 촬영 금지의 장소다. 뛰어다녀도 떠들어도 안 되고, 큰 가방도 허용되지 않는다. 안 되고 안 되고 안 되는 공간인데 막상 들어가면 무얼 해야 하는지 어디로 가야 하는지 알려주지 않는다. 작품에 가까이 가면 마치 그림자인 양 소리 없이 다가온 관계자가 "가까이 가시면 안 됩니다"라고 안내해주는 게 고작이다. 안 된다는 게 많은데 뭘 어떻게 하면 좋을지는 알려주지 않으므로 미술관은 미묘하게 거북한 공간이 된다.

미술관은 여타 예술 장르들, 예를 들어 연극이나 뮤지컬 같은 공연 장르나 영화, 무용, 스포츠 등과 본질적으로 다른 점이 있다. 이들 장르에서 관람은 대체로 '앉아서' 보거나 듣는 행위다. 관람 시간은 관객이 아니라 주최 측이 결정한다. 열화와 같은 앙코르 요청으로 관객이 공연 시간을 늘리기도 하지만 관습적인 테두리 안에서 이뤄지기 마련이다.

하지만 전시 쪽은 관객이 관람 시간을 결정한다. 같은 전시를 경보 경주하듯 10분 만에 휙 보고 나오는 사람이 있는가 하면, 30분이고 한두 시간이고 하염없이 보고 처음부터 다시 보는 사람도 있다. 그리고 미술관 측은 관람객이 한 작품을 얼마 동안 보든 관여하지 않는다. 세상 일이 다 그렇듯 단정할 수 없긴 하다. 코로나 팬데믹 기간 동안 여러 미술관이 관람 인원을 통제하기 위해 관람 시간을 1시간 혹은 30분 단위로 잘라 정해진 시간이 지나면 관람객들을 쫓아냈었다. 하긴 코로나 시절엔 무엇이든 금지가 가능해서 기차조차 미술관처럼 음식 금지, 대화 금지의 공간으로 만들 수 있었다.

교양 있게 미술관을 관람하고 싶어서 '미술관 100% 즐기는 법' 같은 책을 뜯어봐도 한 작품을 얼마 동안 봐야 하는지 알려주지 않는다. 눈치껏, 알아서 할 일이다. 단, 루브르 박물관의 〈모나리자〉 같은 작품은 예외다. 루브르 박물관에서 어디로 가야 하는지 갈피를 못 잡을 때 사람들의 물결을 따라 넋 놓고 걷다 보면 만나게 되는 곳에 그 그림이 있다. 〈모나리자〉 앞에선 늘 정체 현상이 일어난다. 먼저 온 사람, 보고 있는 사람, 나중에 온 사람이 뒤엉킨다. 사람들의 행렬 속도에 맞춰 움직일 수밖에 없고 더 보겠다고 까치발을 하며 버텨봐야 보이는 건 앞사람의 뒤통수뿐이기 십상이다. 그런데 〈모나리자〉 앞이 텅 비어 있는 기적 같은 순간이 내게 찾아온다면, 과연 얼마 동안이나 그 앞에 머물러야 하는 걸까?

이른바 뮤지엄 고어museum-goer라고 불리는 열혈 관람자들이 있다. 인기 전시는 이제 아이돌의 콘서트 못지않게 성황을 이루며 제때 표를 구하려면 부지런함 이상의 열정과 노력을 바쳐야 한다. '얼리버드 할인'은 기본이고, 예약 창이 열리자마자 접속해 번개 같은 속도로 날짜와 시간을 클릭해야 표를 얻을 수 있다. 이렇게 난관을 헤치고 예약에 성공한 이들의 소셜 미디어 계정에는 감탄과 감동이 넘쳐난다. 그런데 그들은 과연 한 작품을 관람하는 데 어느 정도 시간을 할애할까? 5분? 10분? 예술 작품을 보고 즐기는 식견을 갖춘 이들일 테니 그보다 더 길까?

지난 2001년 리사 F. 스미스와 제프리 K. 스미스 두 연구자는 뉴욕 메트로폴리탄 미술관 관람자 150명을 대상으로 여섯 개 작품의 관람 시간을 조사했다. 작품당 평균 관람 시간은

27.2초였다. 가장 오래 본 경우도 3분에 그쳤다. 작품 앞에 몰입해 있는 관람객의 모습은 미술관 홍보물에선 흔하지만 실제 전시장에서는 그렇지 않을지 모른다. 한 작품에 몰두하는 시간은 고작 30초 남짓일 테니 말이다.

그로부터 20여 년이 흐른 지금은 어떨까? 대부분의 갤러리와 미술관은 플래시를 켜지 않는다는 조건으로 관람객에게 사진 찍기를 허용하고 있다. 이제까지 사진을 찍지 못하게 한 이유가 무엇이었을까 궁금할 정도로 적극 장려한다. 소셜미디어 만세다! 사람들이 자신의 스마트폰 단말기 안에 작품 사진을 찍어 가는 이유가 집으로 돌아가 작품을 더 잘 관람하기 위해서라면 전시장 안에서 작품 관람 시간은 줄어들 것이다. 반대로 작품 감상에 사진을 찍기 위해 들이는 시간이 추가된다면 관람 시간은 더 늘어날 수도 있다. 하지만 같은 연구진의 2016년 연구 결과에 따르면 사진을 찍든 아니든 관람 시간에는 큰 변화가 없었다. 전시장 안에서 셀카를 찍고 작품을 카메라 안에 담는 행위는 작품을 관람하는 행위 그 자체였던 것이다. 이제 인간은 눈 대신 스마트폰 카메라로 작품을 본다.

루브르 박물관은 전체를 제대로 보려면 일주일이 걸린다는 둥, 한 달로도 모자라다는 둥 소문이 무성한 곳이다. 38만 점에 달하는 방대한 소장품을 갖고 있으니 그럴듯하게 들리지만 그것이 모두 전시되는 건 아니니 과장이 섞인 말이다. 루브르 박물관은 쉴리관, 드농관, 리슐리외관의 3개 건물이 지하 1층 지상 4층 규모로 이루어져 있다. 작지 않지만 하루 일정이면 넉넉하게 볼 수 있다. 하지만 루브르 박물관이 아무 때나 쉽게 갈 수 없는 파리에 있다 보니, 한 박물관에서 하루 종일 시간을 보내기는 마뜩지 않다. 마음이 바쁜 여행객에게 가이드가 약속하는 최단 관람 시간은 2시간이다. 2시간이면 루브르에서 봐야 할 주요 작품을 알뜰하게, 요즘 말로 하면 '가성비' 좋은 관람을 할 수 있다는 장담이다. 2시간을 투자해서 루브르의 정수를 경험할 수 있다니 괜찮은 조건 같다.

하지만 지난 세기에 미국인 지미 존슨은 루브르를 9분 45초에 관람하는 기록을 세운 바 있다. 몇 년 뒤인 1964년에는 장-뤼크 고다르의 영화 〈국외자들Bande à Part〉에서 세 명의 배우가

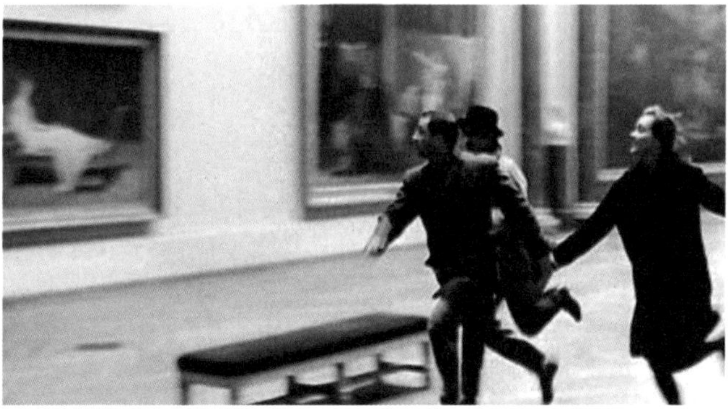

장-뤼크 고다르의 영화 〈국외자들〉(1964년)의 한 장면.

루브르를 달려서 관통하며 그 기록을 경신했다. 배우들은 자크 루이 다비드의 〈호라티우스 형제의 맹세〉를 지나며 그림 속 형제들처럼 서로 손을 꼭 잡은 채로 양팔을 크게 휘저으며 제지하는 경비원을 호기롭게 제쳤고, 날개 달린 니케 여신 앞의 계단을 날듯이 내려가 미끄러지며 달려 나갔다. 이들이 세운 기록은 9분 43초였다. 지미 존슨이 세운 것보다 2초 단축한 기록이다.

지난 2010년에는 스위스의 예술가 비트 리퍼트Beat Lippert가 자신의 영상 작품 〈라 스프레차투라La Sprezzatura〉에 루브르를 달려서 관통하는 장면을 넣었다.[3] 걸린 시간은 9분 14초. 온 세상이 일시 정지한 듯 멈춰 서 있는 관람객들 사이로, 그가 뛰는 모습은 꿈속의 한 장면처럼 느껴진다.

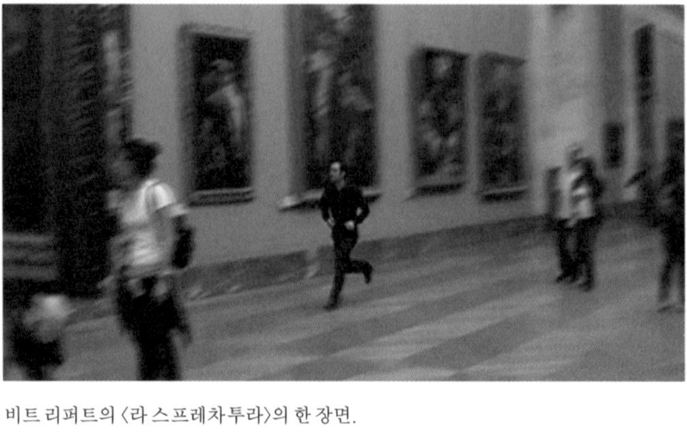

비트 리퍼트의 〈라 스프레차투라〉의 한 장면.

루브르를 뛰어 가로지르는 고다르의 영화 속 배우들은 뒷모습마저 웃고 있다. ‘조용히 하라’, ‘사뿐사뿐 걸어라’라는 미술관·박물관의 규칙을 깨는 일은 그렇게 통쾌하다. 루브르 달리기는 한 달을 봐도 다 못 볼 것이라는 엄포 앞에서 주눅 들지 말라는 주문이다. 세상에서 가장 근엄한 표정을 짓고 있는 뮤지엄이라도 우리의 관람 시간에 대해 관여하지 못한다. 1시간, 아니 3분 만에 나오더라도 충분히 루브르를 즐겼다면 그만이다.

동물원을 닮은 미술관

미술관과 가장 닮은 공간은 어디일까? 관람 동선과 체류 시간 등 이용 행태를 분석한 방문자 연구 결과에 따르면 미술관과 비슷한 공간은 동물원이다. 동물원을 몇 번이나 방문해도 기린과 코끼리만 보고 오는 당신. 정작 보려고 한 건 호랑이인데 막상 호랑이 우리까지 가면 집에 돌아갈 생각만 들었던 이유를 방문자 연구 결과가 알려준다.

걷다 서다를 반복하는 횟수가 늘면 집중력은 급속도로 떨어지고 30분이 지난 뒤부터는 무엇을 보든 피로감이 쌓여 흥미가 사라진다. 고로 가장 기억에 남는 동물은 입구 가까이에 있는 기린과 코끼리이고, 관람이 시작되고 나중에 만나는 동물, 즉 입구에서 먼 동물일수록 스쳐 지나가게 되는 것이다. 동물원에서 호랑이를 보고 싶다면, 호랑이부터 먼저 보라. 영화 〈미술관 옆 동물원〉(1998년)은 나란히 서 있는 국립현대미술관 과천관과 서울대공원에 빗대 서로 지독하게 다른 남과 여의 좌충우돌 연애담을 담았다. 미술관과 동물원은 극과 극의 사례로 소환된 것이지만 실제로는 생김새도 이용 행태도 비슷하다. 여자와 남자가 그렇듯이.

동물원이든 미술관이든 대략의 이동 동선을 제시해주지만 그 안에서 전시 대상을 관람하며 움직이는 방식은 방문한 사람들 각자의 선택에 달려 있다. 뮤지엄 연구자들은 전시장 안에서 관람자들이 보이는 행태를 네 가지 유형으로 나눴다. 개미, 물고기, 메뚜기, 나비 유형이다.[4] 모델이 된 동물이 움직이는 모습에 따라 나눈 것이다.

개미 유형은 한 작품씩 차근차근 꾸준히 보며 나아간다. 물고기 유형은 작품에 가까이 가지 않고 전시장 주변부를 유유히 휘돌아 나간다. 메뚜기 유형은 이리 폴짝 저리 폴짝 뛰는 메뚜기가 그렇듯 미술관 측이 제시한 전시 동선에 개의치 않고 이리저리 돌아다니는 이들이다. 마지막으로 나비 유형은 내키는 작품이 있으면 한자리에 오래 멈춰 서 있는 관람자들이다. 이런 설명을 보고 있자니 자연스럽게 나는 개미인가, 물고기인가 자문하게 된다. 상당수의 전시장에서 불성실한 물고기였고, 간혹 나비일 때도 있었다.

표를 얻기 위해 클릭 전쟁이 벌어질 정도로 인기 있는 전시에선 나비도 개미가 되고 물고기가 될 수밖에 없다. 미술관이 한산해서 멋대로 움직일 여유가 있어야 비로소 내가 어떤 유형의 관람자인지 알 수 있다. 어쩌면 우리 사회는 미술관 밖에서도 스스로가 어떤 유형의 사람인지를 알 기회가 없는 곳인지도 모른다. MBTI 테스트를 아무리 해본들 만원 출근길의 지하철 안이라면 옴짝달싹 못하는 신세일 뿐이다. 스스로를 개미라고 믿는 나비나 메뚜기일지 모를 일이다.

뮤지엄 연구자들은 20세기 내내 귀를 쫑긋 세우고 발품을 팔아서 연구를 진행했다. 연구자들은 그림자처럼 살며시 관람자들을 따라 전시장을 돌아다니며 관람 동선과 체류 시간을 기록해서 분석했고, 몇몇 대상을 정해 심층 인터뷰를 했다. 앞에서 언급한 연구 결과도 그런 과정을 통해 얻었다. 연필과 볼펜을 들고 관람자를 대상으로 설문 조사 하는 방법은 여전히 사용되고 있지만, 21세기의 방문자 연구는 과학 기술의 힘을 빌려 새로운 국면에 접어들었다.

지난 2020년 MIT 센서블시티 연구소가 루브르 박물관에서 행한 조사가 대표적이다.[5] 연구팀은 블루투스 기술을 활

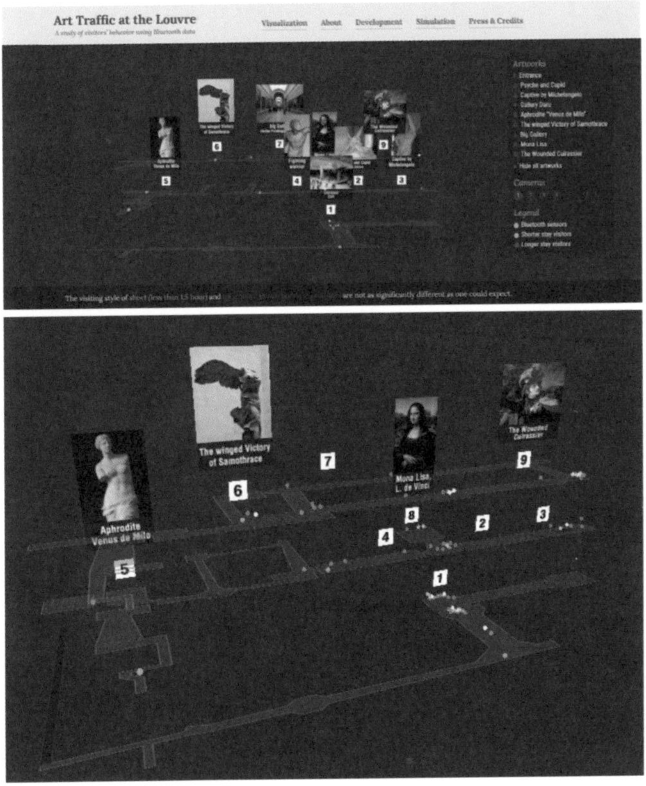

MIT 센서블시티 연구소가 실시한 루브르 박물관 방문자 조사 연구 시뮬레이션.

용해 루브르 박물관 곳곳에서 방문자 밀도 조사를 진행했다. 〈모나리자〉를 비롯해 〈밀로의 비너스〉, 〈승리의 여신상〉 등 관람객이 몰리는 8개 작품과 출입구에 블루투스 센서를 부착하고 방문자의 휴대폰 신호를 이용해 동선과 체류 시간을 분석했다. 인파가 몰린 공간에서 관람자는 어떤 선택을 할까? 다른 작품으로 이동할까 아니면 궁금해서 더 모여들까? 교통 흐름처럼 미술관에도 정체가 유발되는 구간이 있고, 일정 수준까지는 사람이 모여 있는 공간에 관람객이 더 집중되는 양상을 보인다.

이 조사에서는 연구 대상을 1시간 30분 이내의 단기 체류자와 6시간 이상 머무는 장기 체류자로 구분했는데, 예상 밖으로 이 두 그룹 사이에는 이동 경로와 관람 스타일에서 큰 차이가 없었다. 부산까지 가는 방법이 경부고속도로밖에 없는 줄 알고, 천천히 가도 되는 사람이나 빨리 가야 되는 사람이나 같은 도로 위에서 답답해하는 셈이다. 작품을 관람하는 다양한 경로를 관람객들에게 제시한다면 미술관은 좀 더 쾌적해질 수 있을 것이다. 늘 북적거리는 루브르 박물관이지만 조금이나마 한가한 시간을 찾는다면? 오전보다는 오후다. 오전 10시~11시 사이에 방문자가 작품 앞에서 머무는 시간이 가장 길다고 한다.

루브르 박물관은 한 해 방문자만 9백만 명에 이르고 많을 때는 하루 방문자가 4만 명이 넘는다. 그 많은 사람을 종이와 연필로 조사하는 건 무리다.

그러나 오늘날 모든 관람자는 자기 동선을 정직하게 보고 해줄 도구를 손에 들고 입장한다. 스마트폰에 깔고 사용하는 오디오 가이드 같은 앱은 우리가 어느 작품 앞에 가장 많이, 오래 멈춰 서는지, 어떤 작품을 대수롭지 않게 지나치는지, 어떤 순서로 관람하는지를 기록할 수 있다. 그리고 그 데이터들이 쌓이면 미술관은 지금까지와는 다른 방식으로 작품을 배치하고 관람 동선을 제시할 것이다. 바로 우리가 제공한 그 기록들을 바탕으로.

화이트 큐브 딜레마

'화이트 큐브White Cube'는 현대 미술을 전시하는 미술관, 갤러리의 별칭이다. 사방의 장식 없는 흰 벽과 무채색 바닥으로 이루어진 사각형 모양의 전시 공간이다. 인공조명 아래 작품들은 멀찍이 떨어져 배치되어 서로를 간섭하지 않는다. 오늘날엔 으레 그러려니 하는 전시 환경이지만 1929년 뉴욕 현대미술관이 개관하기 전까지 그런 전시 공간은 흔하지 않았다.

미술관은 예술을 감상하러 가는 곳이므로 주인공은 당연히 작품이다. 작품의 배경이 되는 벽 색깔이나 실내 장식에 연연하는 건 샛길로 빠지는 꼴이다. 그렇지만 샛길로 둘러가다 보면 의외로 깨닫게 되는 것도 있다. '미술관 벽이 무슨 색이었더라?' 같은 사소한 궁금증이 미술관의 역사와 현대미술이 걸어온 길을 일깨워줄지도 모른다. 흰 벽으로 둘러싸인 공간, 화이트 큐브가 어떻게 태어나서 오늘에 이르게 되었는지 따라가 보자.

1910년 4월 22일 베네치아 비엔날레에서 구스타프 클림트 개인전이 열렸다. 전시실의 벽은 수직선으로 표현된 기하학적 패턴 몇 줄을 제외하곤 거의 흰색이며, 작품은 눈높이에 맞춰 일정한 간격을 두고 걸려 있다. 이 기하학적인 공간은 클림트가 건축가이자 가구 디자이너인 비머❖에게 의뢰해 완성한 것이다. 화려하게 치장한 고풍스러운 건물에 회화 작품이 장식처럼 걸리던 종래의 전시장과는 전혀 다른 모습이다.

화이트 큐브는 미술관과 갤러리가 창안한 발명품처럼 보이지만 사실 이런 공간이 태어난 배후에는 예술가와 그들이 만들어낸 작품이 있었다. 클림트가 주도한 빈 분리파는 고색창연한 빈의 기존 건축물과는 달리, 조각이나 채색이 전혀 되지 않은 나무판을 작품 액자로 쓰는 등 파격적인 전시 방법으로

❖ 에두아르트 요제프 비머-위스그릴Eduard Josef Wimmer-Wisgrill은 건축가, 가구 및 오브제 디자이너이자 빈 공방Wiener Werkstätte 패션 부서의 첫 번째 예술 감독이었다.

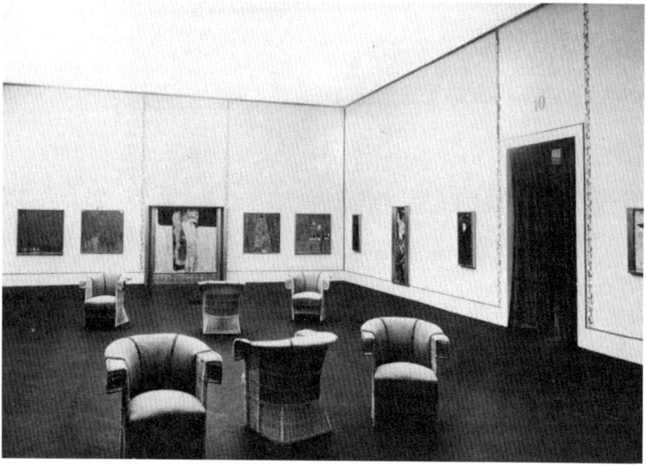

1910년에 열린 베네치아 비엔날레의 구스타프 클림트 개인전 전경.

이전의 예술과는 완전히 다른 혁신적인 흐름을 보여주었다.

20세기에 들어 회화가 추상화되는 경향이 전시 공간에도 영향을 미쳤다. 클림트의 작품을 보면 사람의 형상이 뚜렷하긴 하지만 얼굴을 제외한 배경을 기하학적인 패턴으로 채우는 등 평면화되어 있다. 곧이어 형상이 완전히 사라진 추상화가 등장한다. 데 스틸과 바우하우스에서 활동한 몬드리안, 판 두스뷔르흐, 칸딘스키, 클레 등은 오로지 색과 선, 면으로 그림을 완성했다. 이런 그림이 복잡한 패턴이나 장식이 많은 실내에 걸린다면 선과 색이 배경에 묻혀버려 제대로 볼 수 없을 것이다. 칸딘스키와 몬드리안의 추상화는 바우하우스가 만든 현대 생활을 위한 주택 모델, 단색 벽에 장식이 최소화된 가구와 서로 어울리는 짝이다. 추상 회화와 미니멀한 공간은 나란히 발을 맞춰 세상에 나왔다.

어쩌면 화이트 큐브의 기원은 전시장이 아니라 작가의 작업실에서 찾아야 할 것이다. 테오 판 두스뷔르흐Theo Van Doesburg는 이렇게 말했다.

> "작가 자신이 흰색이 되어야 한다. 그에게는 어떤 비극도 슬픔도 없어야 한다. (……) 현대 작가의 작업실은 만년설이 뒤덮인 9천 피트 높이의 산이 갖는 분위기를 자아내야 한다. 거기서 추위는 병균을 박멸한다."[6]

화이트 큐브는 제1차 세계대전 이후 독일 지역에서 먼저 실험되었다. 뉴욕 현대미술관 관장 앨프리드 바Alfred H. Barr Jr.와 건축 부문 책임자 필립 존슨Philip Johnson은 미술관 개관 전에 유럽 이곳저곳을 여행하면서 전시 방법을 조사했는데, 폴크방 미술관Museum Folkwang에서 열린 《에밀 놀데》전 같은 독일의 전시 연출에서 깊은 인상을 받았다. 중성적인 색채의 벽에 그림을 듬성듬성 거는, 단순하지만 영감을 주는 전시 연출이었다.

뒷날 화이트 큐브의 대명사가 된 뉴욕 현대미술관이지만, 앨프리드 바와 필립 존슨은 '흰색' 벽에 부정적이었다. 두 사

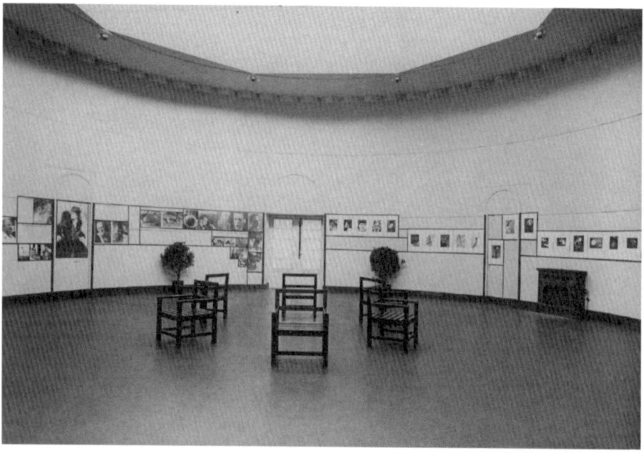

1929년 독일 각지에서 순회전이 열린《현대 사진전》전경.
출처: Stadtarchiv Magdeburg

람이 인상 깊게 봤던 폴크방 미술관 전시는 베이지색 천을 씌운 벽에 작품을 걸었다. 필립 존슨은 "베이지 색이 흰색보다 회화 작품에 훨씬 더 좋다. 절대로 흰색을 회화 작품에 사용하지 말라. 만약에 회화 주변이 회화보다 밝다면, 관람자는 회화로부터 관심을 빼앗긴다"[7]고 힘주어 말했다. 흑백 사진으로 남아 있어서 앨프리드 바가 선택한 색이 정확히 무엇인지 확인할 수 없지만 확실히 순백색은 아니었을 것이다. 화이트 큐브는 눈이 부신 순백의 상자가 아니라 흰색에 가까운, 자기 목소리를 내지 않는 중성적인 색에서 출발했다.

뉴욕 현대미술관은 딱 떨어지는 정육면체에 비즈니스 빌

딩 같은 생김새다. 전면이 유리로 된 1층은 미술관보다는 백화점 쇼윈도처럼 보인다. 실내는 온통 흰 벽이었다. 이전까지의 미술관이 신전이나 궁궐을 닮았다면, 이곳은 현대 산업사회가 낳은 공간들, 예컨대 병원이나 공장에 더 가까웠다. 흰 벽은 '현대'미술을 위한 새로운 공간이 태어났음을 알리는 선언이었다.

화이트 큐브는 무대 같은 곳이다. 그 공간은 작품을 일인극의 주인공으로 만든다. 흰 벽에 걸리는 그림은 액자가 따로 필요 없다. 벽이 사진을 둘러싼 흰 테두리처럼 그림에 시선을 집중시키는 프레임이 된다. 화이트 큐브 안에서 사물들은 세상과의 연결고리가 완전히 사라지므로, 낯설고 새로운 존재로 변신할 수 있게 된다. 철물점에서 파는 삽도, 건설 현장에 흔한 콘크리트 블록도 화이트 큐브 안에 들여놓으면 뭔가 있어 보이는 존재가 된다. 공장에서 찍어낸 남성용 소변기를 사인해서 전시장에 갖다 놓았을 때 그걸 예술로 보이게 만들 수 있는 힘을 지닌 공간이다.

화이트 큐브란 단어는 브라이언 오도허티Brain O'Doherty가 1976년 『아트포룸Artforum』지에 기고한 「화이트 큐브 안으로Inside the White Cube」라는 글에서 처음 사용했다. 그는 화이트 큐브 안에서는 모든 것이 신성시되기 때문에 어떤 물건이라도 예술이 될 수 있을 것이라고 지적했다. 모더니스트들이 가진 화이트 큐브 강박에 가한 일침이었다.

화이트 큐브 안에서 미술은 번잡한 세상에서는 스쳐 지나갔던 사물들이 지닌 아름다움을 일깨워주고 조형적인 아름다움에 몰두할 수 있는 기회를 주었다. 그러나 어느 겨를에 미술을 세상에서 떼어내고 가두는 밀실이 되기도 했던가 보다.

빛이 죽이는 그림,
빛으로 살리는 그림

"빛으로부터 그림을 보호해야 해."

어느 화가든 그렇지 않으랴만 마크 로스코는 자기 작품을 아이처럼 아꼈고, 그림이 놓일 공간과 조명, 관람객이 보는 방식까지 세심하게 계획했다. 색면 추상 회화의 대표자인 화가는 자기 그림을 최대한 가까이에서 살피다 천천히 물러서며 전체를 아우르는 방식으로 보길 원했다. 아니 그래야만 한다고 생각했다. 그는 45센티미터가 자기 작품을 감상하는 데 가장 이상적인 거리라고 꼭 집어 밝히기도 했다. 그가 말년에

특정한 장소를 염두에 두고 작업한 대작 석 점은 회화와 빛, 그리고 작품이 전시될 공간에 대한 진지한 고민거리를 던진다. 로스코의 시그램 벽화(1958년), 하버드 휴스턴 빌딩 벽화(1962년), 로스코 채플(1964년)을 차례로 살펴보자.

로스코는 1958년 위스키 시바스리갈로 유명한 회사 시그램의 빌딩에 3만 5천 달러짜리 벽화를 주문받았다. 부유층이 모이는 고급 레스토랑의 벽에 걸릴 그림이었다. 막대한 금액의 주문이었지만 화가는 끝내 이 계약을 파기했고, 선금 7천 달러를 돌려줬다. 완성된 그림 중 아홉 점은 지금 런던 테이트 브리튼에 있다.

마크 로스코의 작품처럼 특정한 형태 없이 미묘한 색의 정조를 담은 그림은 어떤 조명을 비추느냐에 따라 영향을 크게 받는다. 로스코는 일견 같은 색으로 보이는 적갈색을 유광과 무광 물감을 배치하거나 섞어서 쓰는 등 미세하게 변주해가며 화면에 담았다. 그의 캔버스에서 색은 번지고 부딪치고 흐르고 스며든다. 유리창에 대고 분 입김이 사라지지 않고 포개져 고정된 것같이 미묘하게 어른거린다. 그림은 마치 스스로 빛을 내는 것처럼 보인다. 로스코가 화면에 부린 이 마법이 효과를 보려면 작품에 몰입할 수 있는 정적인 공간, 외부의 소음과 화려한 빛이 차단된 그런 공간이 필요하다. 왁자지껄하게 대화를 나누고 음식을 먹는 레스토랑에서 이런 그림이 제대로 감상될 리 없다. 로스코의 시그램 벽화를 소재로 한 연극 〈레드〉에서 극중 로스코는 제자 켄에게 지하실 동굴처럼 빛이 들지 않는 곳에 그림을 보관해야 한다고 주장한다.

시그램 벽화 사건이 있은 지 몇 해 뒤인 1961년 로스코는 하버드 대학교 휴스턴 빌딩에 걸릴 벽화를 제작하게 된다. 화가가 빛에 노출되지 않도록 유념해 달라고 주문했음에도 작품은 섬세한 돌봄을 받지 못했다. 그림이 놓인 곳은 전면 유리창으로 강렬한 빛이 쏟아지는 빌딩 10층이었다. 1964년부터 1979년까지 15년 이상 로스코의 벽화는 그 공간에서 바래갔다. 빛에 의한 훼손은 돌이킬 수 없다. 결국 그림을 떼어내 하버드 포그 미술관 수장고에 보관하게 되었다.

인공과 자연을 구분하는 확실한 방법은 햇빛이다. 해 아래서 잎은 푸르러지고, 사과는 붉게 익고, 피부는 달아오른다. 하지만 제아무리 견고해 보이는 플라스틱도 색이 바래고, 종이도 누렇게 변하고 바스라진다. 인간이 만든 모든 것은 태양빛 아래서 점점 약해지고 한 번 입은 손상은 돌이킬 수 없다. 보기 위해서는 반드시 빛이 필요하지만, 빛은 시나브로 우리가 보려 하는 것들을 파괴한다.

태양에 비할 바는 아니지만 인공조명 역시 작품에 해를 입힌다. 미술관에서 플래시를 켜고 사진 촬영을 금지하는 것도 그 때문이다. 미술관에서는 작품이 돋보이고 더 잘 보이도록

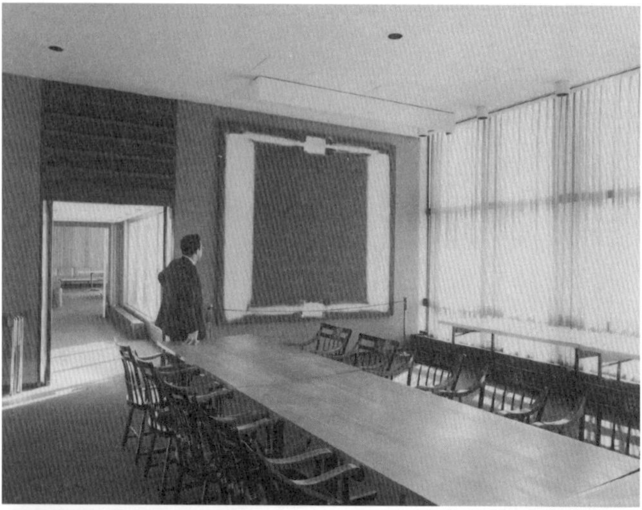

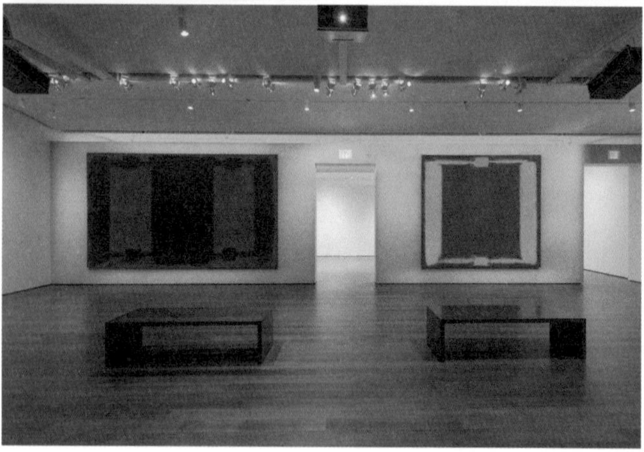

▲ 마크 로스코의 하버드 휴스턴 빌딩 벽화 〈패널5〉가 홀리오크 센터Holyoke Center에 걸려 있는 모습. 1968년 1월, 하버드대학교 아카이브.

▼ 조명을 이용해 색상을 복원한 마크 로스코의 〈패널4〉와 〈패널5〉.

조명을 배치하는 한편 그림이 손상되지 않도록 강도와 지속 시간을 관리한다. 대리석 조각이라면 더 강한 조명도, 자연광까지도 견디겠지만 말이다. 특히 약한 것은 종이류다. 용산 국립중앙박물관의 조명이 근현대 미술 작품을 전시하는 국립현대미술관이나 서구의 여러 미술관에 비해 어두운 이유는 우리 문화유산 중에서 빛에 약한 종이나 비단에 그리고 쓴 것이 많기 때문이다.

마지막 작품은 휴스턴에 있는 로스코 채플이다. 로스코는 1964년 도미니크와 존 드 메닐 부부로부터 가톨릭 예배당에 걸 벽화를 의뢰받았다. 화가는 이 작품이 설치될 현장과 유사한 환경을 뉴욕 작업실에 구축했다. 공간의 크기와 모양뿐 아니라 팔각형 천장에서 쏟아지는 자연 채광까지 고려해서 작품을 제작했다. 그런데 로스코는 이 사력을 다한 작품이 예배당에 걸리는 모습은 보지 못했다. 1970년 작업실에서 스스로 목숨을 끊었기 때문이다. 그는 자신의 작품이 예배당에서 완벽한 모습으로 관람객을 만나리라 확신하고 세상을 떴을까?

로스코 채플은 종교와 무관하게 경외감이 드는 공간이다. 관람객들은 이유 없이 그림 앞에서 눈물이 흐르는 신비로운 경험을 했다고 고백한다. 하지만 작품은 안전하지 못했다. 화가의 뉴욕 작업실과 텍사스 휴스턴은 내리쬐는 햇볕의 강도가 달랐기 때문이다. 해를 피하기 위해 천막을 세우거나 창을 가리는 방편을 쓰기도 했으나, 관람에 방해가 되었고 작품을 온전히 보호하지도 못했다. 로스코 채플의 관리자들은 작품 보호를 위해 지난 2022년 천장 구조물과 조명을 전격 교체했다. 팔각형 천창의 형태와 비율은 유지하면서 자연광이 부드럽게 퍼질 수 있는 알루미늄 루버 시스템을 도입했다.

빛이 파괴한 색을 어떻게 복원할 수 있을까? 작품을 복원할 때는 남아 있는 사진이나, 같은 회화에 사용된 안료의 성분을 분석해 같은 재료로 손상 부위를 메우는 방식을 쓴다. 하지만 이런 방식으로는 로스코의 작품을 복원하기 어려웠다. 앞서 말한 것처럼 그의 캔버스는 같은 색조라도 섬세하고 미묘한 차이를 통해 완성되므로, 어설픈 복원은 작품을 팬톤 색상표처럼 만들 위험이 있었다. 아이러니하게도 햇빛에 의해 훼손된 로스코의 그림은 '빛'을 이용해 복원됐다. 엄밀히 말하면 회화는 본래 상태 그대로 두고, 조명 도구를 이용해 훼손되기 전의 색상을 관람자들이 볼 수 있도록 조치한 것이다. 그리고 조명이 없을 때 어떻게 보이는지를 확인할 수 있도록 하루 한 차례 작품을 비추는 특수 조명을 끄고 작품의 민낯을 볼 수 있도록 했다.❖ 로스코의 작품에 남은 상처는 여전하지만

❖ 하버드 대학교 미술관 홈페이지에서 '로스코의 하버드 벽화 복원 작업'과 관련해 복원 필요성과 방법, 관련 전시와 콘퍼런스 등 다양한 자료를 제공한다. https//harvardartmuseums.org/exhibitions/4768/mark-rothkos-harvard-murals

우리 눈을 속이기엔 충분하다. '본다'는 것은 애초에 빛이 있어야 가능한 일이고, 빛의 온도와 색이 우리가 보는 것을 좌우한다는 사실을 새삼스레 확인해준 복원 작업이었다.[8]

우리는 눈높이에 맞춰진 작품들에 시선을 맞추며 걸어간다. 전시실 안에서 빛은 어디에서 왔는지 눈에 띄지 않으면서 공간을 채우고 작품에 주목하도록 만들어야 한다. 그리고 빛은 자연스럽게 관람객을 다음 작품과 다음 전시실로 안내하는 소리 없는 인도자가 된다.

'빛이 안내하는' 미술관은 안도 다다오, 리처드 마이어, 앙리 시리아니 같은 건축의 거장들이 미술관 건축에서 추구한 목표였다. 미술관에 가면 어느 때고 고개를 젖혀 천장을 바라보라. 거기에 우리에게 어디를 보고, 어디로 가야 할지를 가리켜주는 전시의 숨은 안내자, 빛이 있다.

예고편으로 볼까,
리뷰로 볼까

"나라 안에 이러한 장소가 많으면 자연히 인습을 교화하여 올바른 길로 나아가게 하고 방탕한 행실과 사특한 습관을 끊어서 악행에 빠지는 자가 적어진다."[9]

1895년 유길준은 미국 유학의 경험을 담아 고종에게 바친 『서유견문』에서 도서관, 식물원, 박물관, 공원을 개설하는 것이 정부가 힘써야 할 중요한 일이라고 썼다. 박물관, 미술관을 자칫 방탕한 행실과 사특한 습속에 빠지기 쉬운 우민을 교화할 장치이자 국민의 계몽을 돕는 기틀로 본 것이다. 서구에서도 뮤지엄을 바라보는 인식은 이와 다르지 않아서, 영국에선 사우스켄싱턴 박물관을 창립할 때 '빈둥거리며 노는 곳idle loungers'이 아니라는 점을 강조했다. 박물관이든 미술관이든 모든 전시는 교육적인 성격을 가지고 있다는 것이다.

뮤지엄이 배움의 공간이라면, 과연 어떤 방법으로 가르치는 것일까? 가장 기초적인 장치는 바로 작품에 붙이는 '라벨'이다. 작품의 아래나 옆 어딘가에 놓인, 제목과 제작자, 시기와 재료 등을 적어둔 작은 표지 말이다. 보라고 강요하는 것도 아니고 그다지 눈에 띄지도 않지만 라벨은 '미술관'의 정체를 알려주는 중요한 단서다.

미술관이나 갤러리에 걸린 작품에는 당연히 라벨이 붙어 있다고 생각하겠지만 늘 그랬던 건 아니다. '살롱전'의 시대인 17~18세기로 돌아가 보자. 그랑 루브르의 거대한 실내에 빼곡하게 걸린 액자들 사이에 틈이라곤 없고, 당연히 작품 제목이나 화가 이름을 적은 라벨은 존재하지 않았다. 그렇다면 그 많은 그림을 누가 그렸는지 어떻게 알 수 있었을까? 루브르 박물관에서 살롱전이 열릴 때는 출품 작품들의 목록을 적은 카탈로그를 제작했다. 하지만 작품 옆에 라벨은 달지 않았다. 4미터가 넘는 천장에서 스키 점프를 하는 자세로 매달린 그림 옆에 라벨이 붙어 있다고 한들 보이지도 않을 테고 말이다.

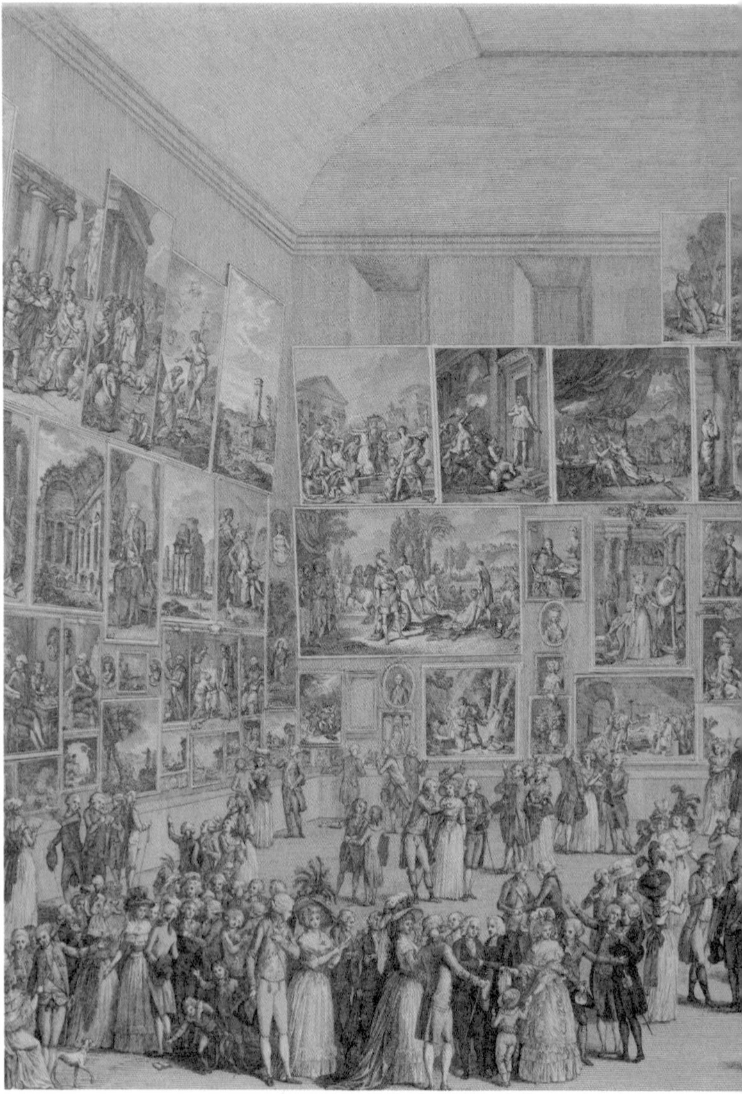

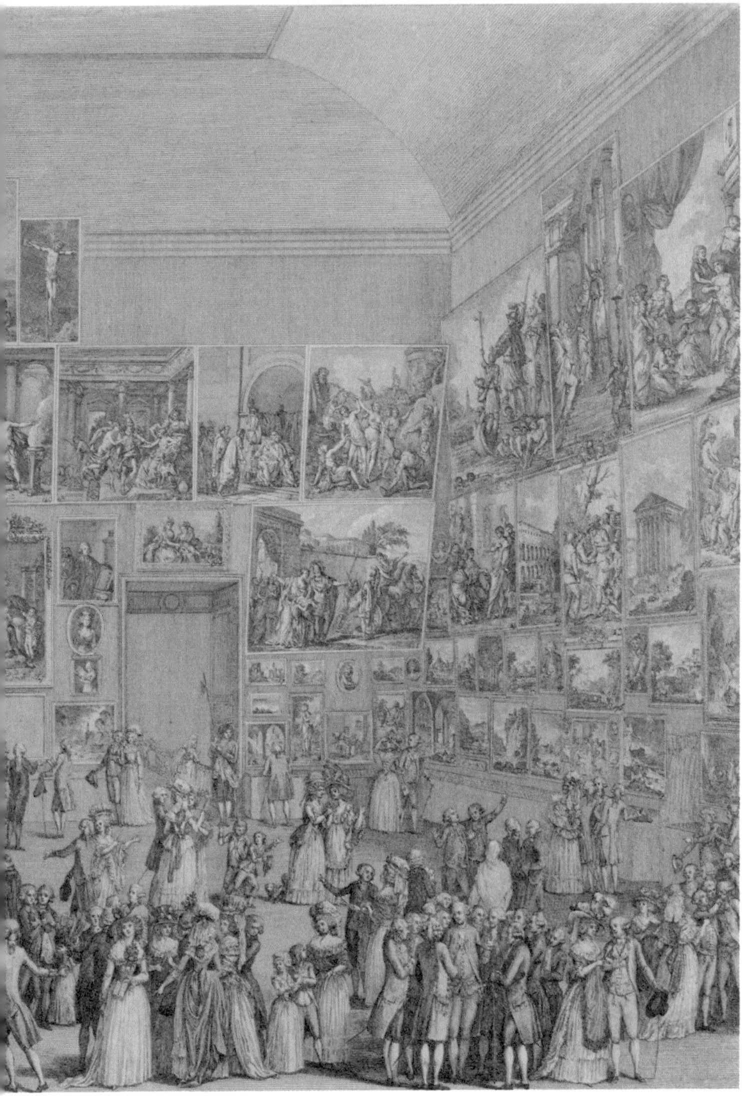

피에트로 안토니오 마르티니, 〈1787년 루브르 살롱전〉, 에칭, 32.2×49.1cm, 메트로폴리탄 미술관, 뉴욕.

어떤 작품이 소장되어 있는지 알 만한 사람들끼리만 보고 즐기던 시대에는 그 그림을 누가 그렸는지 언제 그렸는지를 '체계적으로' 알려줄 필요가 없었다. 하지만 이 소장품들이 불특정한 대중에게 공개되는 순간 라벨이 필요해졌다. 19세기에 공공 뮤지엄 시대가 열리면서 라벨이 세상에 등장했던 것이다. 미술사라는 학문은 막대한 양의 왕실 소장품을 분류하는 일에서 시작됐다고 볼 수 있다. 분류를 한다는 건 기준을 세우는 일이고 이름을 붙이는 일이기도 하다. 작가가 직접 제목을 붙인 현대미술과 달리 우리가 미술관에서 만나는 '명화' 대부분은 그려진 뒤 수백 년이 지나서야 분류 작업을 거치며 이름을 얻었다.

최초의 미술관 라벨이 언제 어디서 탄생했는지를 따져보긴 어렵지만 제목, 작가 이름, 제작 연대, 재료 등이 표기된 표준형 라벨은 19세기 독일의 미술사학자 구스타프 프리드리히 바겐Gustav Friedrich Waagen이 만들었다고 한다. 그는 1830년대에 베를린 왕립박물관의 초대 관장으로 있으면서 관람객들이 화가들, 예를 들면 루벤스와 반다이크를 구별하는 데 도움이 되도록 라벨을 제작했다. 그는 내셔널갤러리 관장 후보로 하마평에 오르내릴 정도로 영국 미술계에 영향력이 있었으며, 1861년에는 러시아 예르미타시 미술관의 소장품 분류와 작품 제목을 짓는 자문으로 활동했으니 그가 작품 제목을 정하

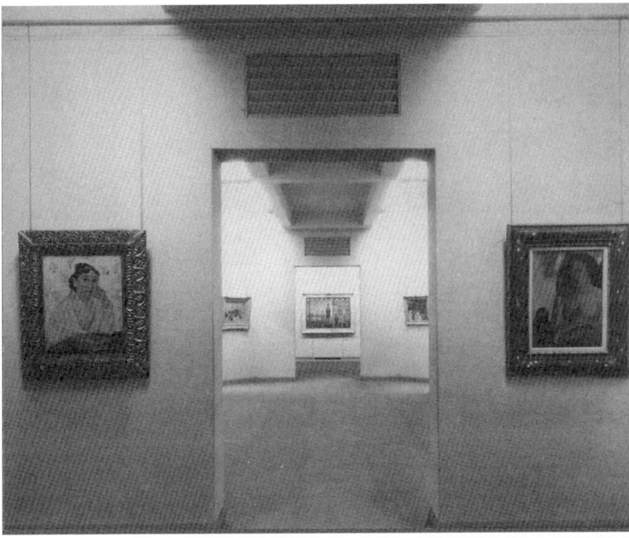
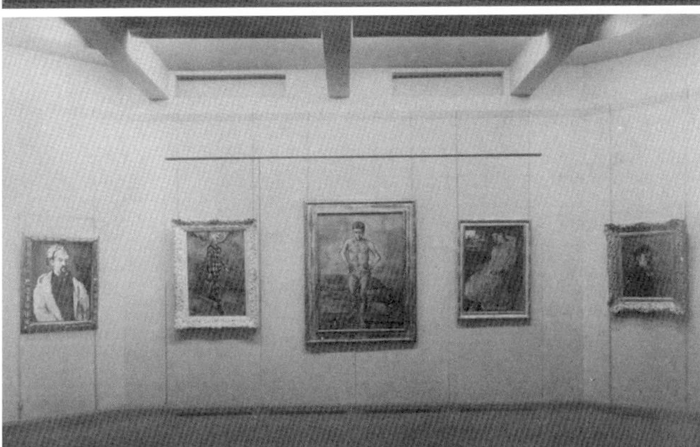

1929년 뉴욕 현대미술관 개관전 전시 전경.
출처: The Museum of Modern Art Archives, New York. photo: Peter A. Juley

고 분류하는 방식이 널리 통용되었으리라 짐작할 수 있다.

당신은 작품을 먼저 본 뒤에 라벨을 살피는가, 아니면 라벨부터 확인하는가? 만일 후자라면 1929년 뉴욕 현대미술관 개관전에서 당혹스러운 경험을 하게 되었을 것이다. 초대 관장 앨프레드 바는 작품 감상에 방해가 되는 '장식적' 요소를 모두 제거하고 작품과 관람자가 일대일로 대면하기를 원했다. 관람자가 작가 이름이나 시대 같은 배경 지식에 좌우되지 않고 오로지 눈으로 보며 그 형상에서 미적인 감흥을 얻는 경험을 제공하고자 했던 것이다. 현대미술관 홈페이지에 올라와 있는 1929년 개관전의 전시 전경 사진 23점에선 라벨을 찾아볼 수 없다.❖

작품 옆에 있는 듯 없는 듯 얌전히 있는 라벨인데 있고 없고가 그렇게 큰 영향을 줄까? 라벨이 없다면 우리는 미술관에서 지금과는 전혀 다른 경험을 하게 될까? 2006년 파리에 문을 연 케브랑리 박물관Musée du Quai Branly은 아프리카, 오세아니아, 아메리카, 아시아 대륙에서 근대 이전에 만들어진 유물

❖ 《세잔, 고갱, 쇠라, 반 고흐》전으로 1929년 11월 7일부터 12월 6일까지 열렸다. 뉴욕 현대미술관은 1929년부터 현재까지의 전시 5,323건에 대한 3만여 개의 사진 자료를 가지고 있다. 구글 아트앤드컬처 팀의 분석 기술을 바탕으로 각 전시 사진 아카이브에서 식별된 그림을 현대미술관에 소장된 작품으로 연결해볼 수 있도록 되어 있다. https://www.moma.org/calendar/exhibitions/history/identifying-art

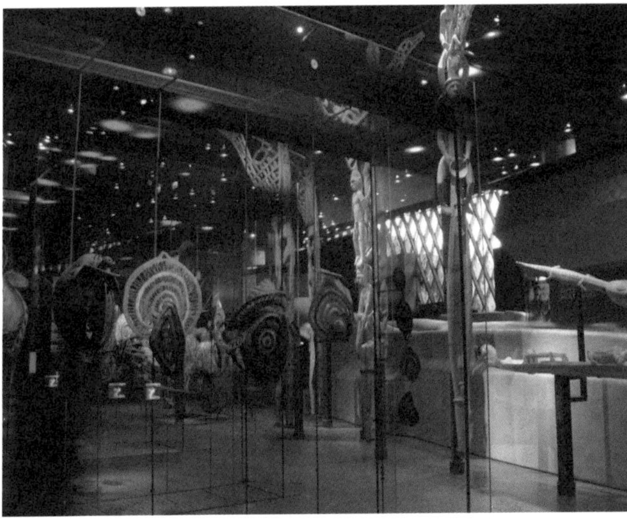

캐브랑리 박물관 전시 전경.

137만 점을 소장하고 있다.◈ 이곳은 문화유산을 다룬 여느 박물관과는 다르게 글로 유물의 역사적 성격이나 발굴지의 지리적 특성을 설명해주지 않는다. 정보를 최소화해 심미적으로 감상할 수 있도록 진열하는 방식을 취하고 있다. 마치 명품을 전시한 백화점 쇼윈도처럼 휘황할 뿐 라벨도 설명도 없다.

역사와 유물을 다루는 박물관은 물론이고 동시대 미술을 다루는 전시장들 역시 교육적인 역할에 관심이 높아져 더 쉬

◈ 이 박물관은 2016년에 '케브랑리-자크 시라크 박물관'으로 명칭이 변경되었다.

운 작품 설명, 더 효과적인 전달 방식에 대해 궁리하고 있다. 오디오 가이드, QR 코드, 스마트폰 앱 등 새로운 기술로 라벨이라는 작은 표지 안에 담을 수 없었던 상세한 설명을 관람객에게 전달하고 있다. 그럼에도 작품을 보는 것만으로 충분하므로 설명을 더할 필요가 없고 설명은 오히려 감상을 방해할 뿐이라는 주장 역시 살아 있다. 어느 미술관도 라벨을 읽으라고, 오디오 가이드는 필수라고 강요하지 않는 것이 그 증거다.

뮤지엄은 교육이라는 사명을 갖고 있지만 교실보다 자유롭다. 작품과 설명을 적당한 거리를 유지한 채 던져두고 관람객에게 나름의 방식으로 소화하라고 말한다. 관람객은 작품 라벨을 호기심을 유발하는 예고편으로 볼 수도 있고, 새로 산 스웨터에 붙은 세탁 표시 라벨처럼 무심히 훑고 지나칠 수도 있다. 그것이 미술관이 무언가를 가르치는 방식이다.

오디오 가이드

관람객 손에 쥐어진
소리 나는 기계

회화와 조각은 소리를 내지 않는다. 미술관은 관람객에게도 정숙함을 요구하는 침묵의 장소였다. 사진 촬영은 플래시가 터질 때 나는 강렬한 빛에 작품이 상할 우려가 있기 때문에 금지되었지만, 거기에는 소란스럽다는 이유도 있었다. 고요한 전시장에선 타박타박 발걸음 소리, 속닥거리는 말소리, 찰칵하는 기계 소리 하나에도 일순 정적이 깨지며 뭇 사람들의 시선이 쏠린다.

고요하게 눈으로 보는 관람 형태에 변화를 불러온 건 기계였다. 미술관 관람객에게 주어진 최초의 기계는 바로 오디오 가이드다. 오디오 가이드는 70여 년 전에 처음 뮤지엄에 등장했다. 1952년 암스테르담 시립박물관Stedelijk Museum은 관장인 빌럼 산드뷔르흐Willem Sandburg의 주도로 오디오 가이드를 도입했다. 이동 강의용으로 개발된 제품이었는데, 작품 설명을 녹음해서 폐쇄회로 단파 라디오 방송 시스템을 이용해 관람객에게 제공했다. 신기한 기계였지만 성능이 시원치 않았다. 전파가 송출되는 시간이 정해져 있으니, 그 시간을 맞추지 못하면 무용지물이었다.

이후 오디오 가이드는 휴대용 음향기기 변천사를 따라 변모해갔다. 1970년대는 '소니 워크맨'같이 카세트테이프를 이용해 녹음된 작품 설명을 틀어서 듣는 형태가 나왔다. 영국박물관의 관람객들은 그리스·로마 분야 큐레이터 이언 젱킨스

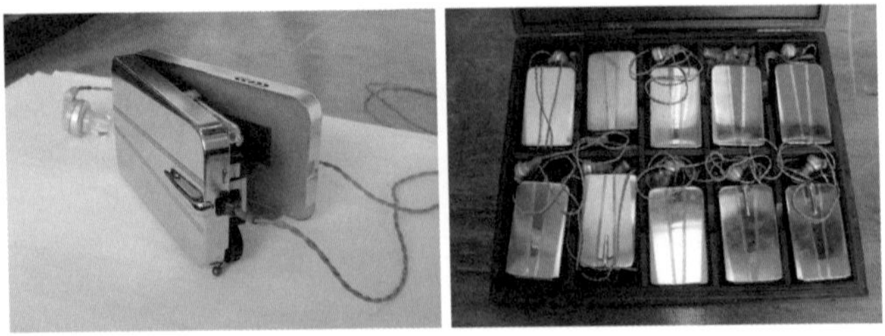

1952년 암스테르담 시립박물관에서 최초로 사용된 오디오 가이드.
『디지털 기술과 박물관 경험: 휴대용 가이드 및 기타 미디어』의 저자 로익 탤론Loic Tallon의 플리커에 게재된 사진. @LoicT

Ian Jenkins의 설명이 담긴 카세트테이프를 앞뒤로 돌려가며 설명을 들었다. 무선통신 시대가 열리자 오디오 가이드는 사용자가 근접한 작품이 무엇인지 파악해 작품에 부합하는 설명을 맞춰 내보낼 수 있게 됐다. 최근에는 인공지능 기술을 이용해 준비된 내용을 단순히 들려주는 것이 아니라 관람자가 질문하면 대답해주는 대화형 안내 기기, 증강현실 기술을 이용해 추가적인 시각 정보를 작품 위에 덧붙여주는 신기술을 뽐내기도 한다.

어떤 첨단 기술로 무장하든 오디오 가이드는 호불호가 분명한 기기다. 미술관에 오는 사람을 두 부류로 나눠야 한다면, 오디오 가이드는 확실한 분류 기준이 된다. 어떤 전시장이든 일단 오디오 가이드를 대여하는 사람과 '오디오 가이드 무료'라고 큼직하게 붙어 있어도 얼씬하지 않는 사람이 있다. 빌리는 쪽은 혼자 둘러볼 때는 절대 알 수 없는 정보를 얻을 수 있고 그 덕에 작품을 보는 눈이 달라진다고 주장한다. 확실히 오디오 가이드는 미술 작품 관람이 낯선 사람들에게 친절한 안내자가 된다. 오디오 가이드에 담은 음성 콘텐츠는 현장에서 쓰는 걸로 용도가 한정되지 않는다. 미술관 홈페이지나 앱을 통해서 서비스되는 오디오 가이드 콘텐츠는 현장을 직접 방문하지 않은 사람에게 큐레이터의 해설을 듣는 기분을 느끼게 해준다.

최근의 대형 전시에서는 유명 배우 목소리로 해설을 녹음하는 일이 늘고 있다. 국립현대미술관 이건희 컬렉션 특별전에선 배우 유해진이, 서울시립미술관에서 열린 《에드워드 호퍼》전에서는 배우 유지태가 오디오 가이드를 녹음했다. 영국 박물관 등 외국 박물관·미술관에서도 종종 한국어 오디오 가이드를 만날 수 있다. 바티칸 미술관의 시스티나 천장화 설명은 배우 안성기의 목소리로 들을 수 있었다. 낯선 외국 미술관에서 익숙한 배우의 목소리로 해설을 들을 수 있다니, 평소 오디오 가이드에 전혀 관심이 없던 관람객들도 솔깃할 만큼 매력적이다.

반면 오디오 가이드를 꺼리는 쪽에도 이유가 여럿 있다. 우선 귀로 설명을 듣느라 눈으로 집중해서 보는 데 방해를 받는다는 점이다. 보기와 듣기가 동시에 이뤄질 때 어느 쪽이 더 영향력이 클까? 오디오 가이드의 설명을 들을 때 생각해볼 문제다. 요즘은 관람객이 이동하면 자동으로 설명 내용이 현재 위치의 작품으로 바뀌도록 오디오 가이드가 똑똑해졌지만, 처음에는 고지식하게 자기가 준비한 분량의 안내를 계속했다. 오디오 가이드가 들려주는 설명을 착실하게 다 따라 듣는 관람자가 있다 치면 작품당 관람 시간을 오디오 가이드가 정해주는 셈이 된다.

미술관은 여러 갑갑한 규율이 많은 반면 놀랍도록 자율적인 면도 있다. 먹고 떠들고 뛸 수 없지만 관람 시간만큼은 마음대로다. 한 작품만 줄곧 보고 나오든, 작품마다 샅샅이 뜯어보든 관람객의 자유다. 그래서 관람객 숫자만큼 다양한 전시 동선과 관람 패턴이 생길 수 있는 곳이 미술관이다. 하지만 오디오 가이드가 정해주는 순서, 정해놓은 시간대로 작품을 관람한다면 그런 특성은 사라진다. 이런 관점에서 보면 오디오 가이드는 미술관에서 관람자에게 자기 눈으로 치밀하게 감상할 기회를 뺏고 관람자를 수동적으로 전락하게 만드는 존재다. 너무 유능하고 친절해서 숨 막히게 하는 가이드인 것이다.

오디오 가이드는 사람들 사이에도 벽을 만든다. 함께 온 사람이 있다면, 서로의 감상을 나누는 친밀한 눈빛 교환이나 소곤거리는 대화를 오디오 가이드가 원천 차단해버린다. 귀에 이어폰을 꽂고 있는 사람은 자신이 내는 소리가 얼마나 큰지 모르고, 주위 환경에도 둔감해진다. 별것 아닌 이어폰 하나가 미술관에서, 고요 속에 이뤄지는 섬세한 소통을 파괴한다.

이런 면에서 오디오 가이드의 초창기 역사에는 흥미로운 장면이 있다. 1960년대에 워싱턴 내셔널갤러리는 2인 1조로 사용할 수 있는 오디오 가이드를 도입했다. 이 독특한 운영 방식은 기기가 충분치 않아서 마련한 임시방편이었을까? 개발 이유가 무엇이든 막 사귀기 시작한 풋풋한 연인이 어깨를 붙이고 보폭을 맞춰 걸으며 작품 해설을 공유하는 흐뭇한 모습

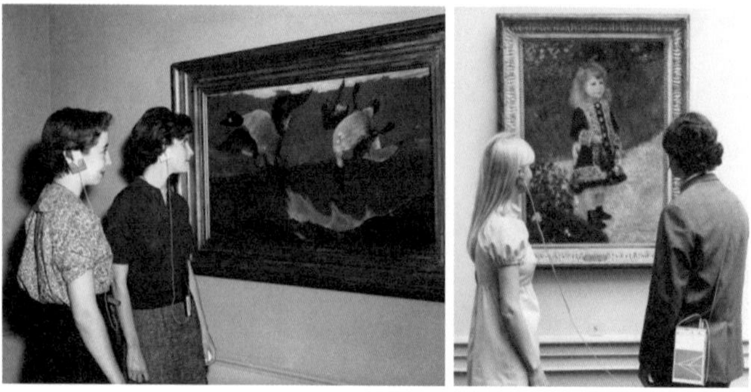

◂ 워싱턴 내셔널갤러리는 1958년 처음으로 오디오 가이드를 도입했다.
▸ 1965년 워싱턴 내셔널갤러리에서 도입한 2인용 오디오 가이드.
출처: National Gallery of Art, Washington

을 상상해볼 수 있다.

오디오 가이드, 미술관이 관람객에게 쥐어준 최초의 기계를 우리는 어떻게 바라봐야 할까? 오디오 가이드를 이용해 만든 재치 있는 작업에서 실마리를 찾아보자.

작가 소피 칼과 음악가 로리 앤더슨이 1994년에 협업해 제작한 '소피 칼: 방문 안내Sophie Calle: La Visite Guidee'[10]는 작품 자체에 오디오 가이드가 포함되어 있다. 관람객들은 입장하면서 워크맨을 지급받았고, 그걸 이용해 전시된 품목들에 대한 설명을 들었다. 전시장에는 로테르담의 보이만스 판뵈닝언 미술관Museum Boijmans Van Beuningen의 소장품과 작가의 개인 물건이 구분 없이 함께 전시되었다. 세월의 흔적이 켜켜이 쌓인 유물들 사이에 빨간색 플라스틱 양동이가 놓여 있다. 청소나 정원일, 물놀이 등 어디에 있어도 어색하지 않은 평범한 양동이가 왜 거기에 있는지, 어떤 의미가 있는지 보기만 해선 알 수 없다. 오디오 가이드는 과연 어떤 해설을 해줄까? 설명을 들어보면 이 양동이는 성 정체성을 두고 벌인 파격적인 퍼포먼스에 사용된 소품이다.❖ 그리고 옆에 놓인 유물들 역시 실내용 변기, 즉 요강이다.

작가들이 직접 쓰고 낭독한 이 작품 해설은 아무리 치밀하게 살펴본들 파악할 수 없는 작품의 의미를 확실하게 알려준다. 이 작품에서 오디오 가이드는 뻔한 해설을 늘어놓는 지루한 기계에서 상상력을 자극하는 도구로 변신했다. 하지만 어쩌면 꿈같은, 이 초현실적인 이야기를 어디까지 믿어야 할까? 작가들은 오디오 가이드 속에 파격적인 해설을 담아 뮤지엄에서 제공하는 오디오 가이드의 권위에 물음표를 던진다. 오디오 가이드는 경전이나 교과서같이 굴지만 사실은 해석의 하나일 뿐이라고 말이다.

❖ 오디오 가이드의 해설은 이렇다. "내 환상 속에서 나는 남자입니다. 그렉은 이걸 빨리 알아차렸죠. 아마도 그래서 그가 자기를 위해 소변을 눠 달라고 날 초대했겠지. 그건 하나의 의식이 되었어요. 나는 그의 뒤에 섰고, 보지 않은 채로 그의 바지를 내리고 음경을 꺼내 최대한 잘 조준해봤어요."

오늘날 '소리'는 미술관에서 점점 더 입지를 넓혀 가고 있다. 퍼포먼스나 미디어 아트같이 음향이 포함된 작품이 주류를 이루는 이 시대의 전시장은 고요와는 거리가 멀다. 작품들이 저마다 내는 소리가 섞이는 통에 몰입에 방해가 되는 일도 허다하다. 그 소리를 관리하느라 헤드셋을 비치하는 경우도 있고, 칸막이를 설치해서 빛과 소음이 서로 간섭하지 않도록 조치하기도 한다. 소리가 퍼지지 않고 작품 앞에 선 관람자에게만 쏟아지도록 하는 '사운드 샤워', 지향성 스피커를 설치하는 방법도 사용되고 있다.

우리 시대의 미술 전시장은 오디오 가이드가 딱히 방해될 일이 없는 곳으로 변모하고 있다. 스스로 소리를 내는 작품들, 스스로를 해설하는 작품들 앞에서 오디오 가이드는 무슨 일을 할 수 있을까? 오디오 가이드에게 영광의 날이 남아 있을까? 쉽지 않을 것이다. 펜과 수첩, 지갑을 삼킨 스마트폰이란 가공할 적 또한 이미 미술관 안에 들어와 있다.

작품 해설,
로봇도 가능할까?

1995년에 열린 제1회 광주 비엔날레는 160만 명이 넘는 이들이 찾아 대성황을 이뤘다. 관람자 수도 대단했지만 행사 진행에 참여한 인력도 상당했다. 광주시의 공무원과 경찰이 대거 파견되었고, 자원봉사자도 4백여 명이 참가했다. 그 수를 모두 합하면 천2백 명에 달했다. 광주 비엔날레는 말하자면 1988년 서울 올림픽의 1990년대 버전, 국위 선양을 위한 과제였다. 국내에 유례가 없는 국제 미술 행사를 성공리에 개최하겠다는 각오 속에 막대한 자원이 투입됐던 것이다. 그렇다면

이 인원 중에 전시 해설을 맡은 도슨트는 몇 명이었을까? 도슨트라는 명칭으로는 한 명도 없다. 전시장에 배치된 인력들은 '전시 도우미'였다.

이제는 비엔날레도, 도슨트도 흔한 말이지만 고작 30년 전까지만 해도 용어 해설이 필수인 낯선 말이었다.❖ 광주 비엔날레에 도슨트가 도입된 건 제4회째인 2001년에 이르러서다. 이 행사에서 "광주, 전남 미술 관련 대학 및 대학원을 대상으로 학과장 간담회에서 추천받은 13명이 관람객들에게 전시 작품을 해설했고 폭발적인 반응을 얻어"◈ 이후의 행사부터는 중요한 프로그램으로 정착되었다.

미술관 전시 해설사를 '도슨트'라 부른다. '가르치다'는 뜻을 가진 라틴어 'docere'에서 유래한 말이다. 국제박물관협의회ICOM가 정의한 박물관의 여섯 가지 목적에는 '교육'이 당당히 한자리를 차지하고 있다. 박물관·미술관이 교육의 장소라 할 때, 교육의 최전선에 선 사람이 바로 전시 해설사인 도슨트다. '교육의 질은 교사가 좌우한다.' 이 말이 분명히 보여주듯이 교육학은 어떤 공학적 장치도 교사의 질을 뛰어넘지 못한

❖ 1990년대 초 호암미술관에서 처음으로 '도슨트'라는 용어를 쓰기 시작했다.

◈ 『광주 비엔날레 1995~2014』, (재)광주비엔날레, 2015년 12월 백서. 제1회 비엔날레에서는 자원봉사자가 353명, 전시 도우미가 24명이었다.

다고 믿는다. 스마트폰 하나로 일타 강사 강의는 물론 세계 유수의 대학 강의까지 들을 수 있어도 여전히 교사와 직접 대면해서 배우는 효과를 따라가지 못한다고 말이다. 특히 코로나 팬데믹 기간 동안 교실에서 얼굴을 맞대고 이뤄지는 교육의 힘을 새삼 확인할 수 있었다. 그러나 미술관이라는 교육의 장은 이와 다르다. 여기서 사람은 교육의 주역이 아니라 조연, 아니 거의 엑스트라에 가깝다. 주요 미술관의 도슨트 양성 교육은 모집 즉시 마감되고 아이돌급 인기를 누리는 도슨트도 생겨났으니 그 위상이 변하고 있지만, 도슨트는 여전히 미술관 운영에서 보조적인 위치다.

도입 초기에 도슨트는 자원봉사라는 말과 동격으로 쓰였다. 국립중앙박물관과 국립현대미술관 두 기관에서 전시장 안내 및 설명 인력을 두기 시작한 때는 1986년이다. 당시 신문 기사를 보면 "일정 수준의 전문 지식을 갖춘 여성 자원봉사자들"◆이 전시장 안내 및 해설을 하게 된다고 나온다. 당시 언론 기사는 자원봉사자들이지만, 미술관에서 진행하는 미술 이론과 미술사 교육을 받은 이들을 대상으로 신청을 받고 이들 대부분이 미술을 전공해 전문 지식을 갖춘 사람들이라는 점을 강조했다. 여성, 전문 지식, 자원봉사, 미술관이란 단어는

◆ 1986년 7월 7일자 동아일보 기사 '새 국립박물관, 현대미술관 안내 자원봉사로 운영', 림연철 기자.

직소 퍼즐 조각처럼 서로를 붙잡고 맞춰진다. 그 조합이 자격을 갖춘 우수한 인력을 무보수로 운용하는 것을 가능하게 만들었다. 수십 년이 흐른 지금은 달라졌을까?

코로나19로 인해 세계 곳곳의 미술관들이 문을 닫았고, ICOM과 유네스코는 공동 연구를 통해 전 세계 미술관이 처한 위기를 알렸다. 가상 전시와 비대면 프로그램 등은 일부 인프라가 갖춰진 국가와 미술관에 한정된 이야기이며, 상당수 미술관이 재정 위기에 직면해 있어서 팬데믹 이후 일시적인 휴관이 아니라 영영 문을 닫게 될 상황에 처해 있다는 내용이었다.[11] 즉각적인 위협은 미술관 비정규직 중 상당수가 일자리를 잃게 되리란 점이었다. 미술관의 교육 담당은 가장 위태로운 자리로 지목됐다. 미술관이 문을 닫은 기간 동안 사람을 마주하는 도슨트는 일자리를 잃었다. 무급이든 유급이든 도슨트로 대표되는 교육 인력은 없어져도 그만인 불안한 상태라는 걸 보여주었다.

전 세계적인 '사회적 거리두기'로 미술관에서 사람들이 일자리를 잃는 동안 로봇 도슨트들이 화제를 모았다. 바이러스에 감염될 위험 없이 미술관을 지켜줄 로봇이다. 로봇과 그걸 운용하는 컴퓨터 운영체제 역시 그들 나름으로 '바이러스'에 몹시 취약하다는 걸 생각해보면 이런 대안은 아이러니다. 아무튼 십수 년 전부터 이따금 거론되던 안내 로봇들은 팬데믹

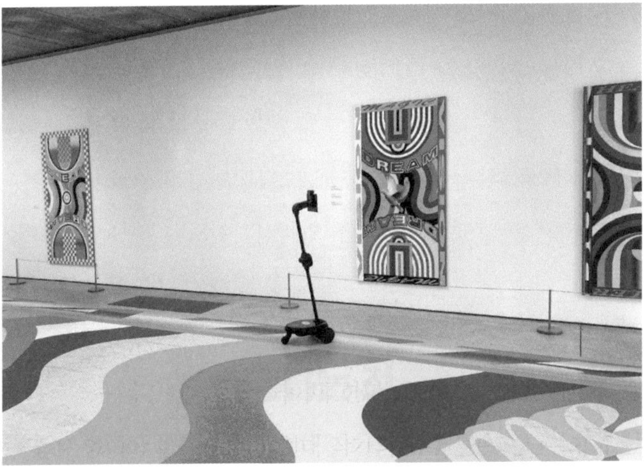

영국 헤이스팅스 컨템퍼러리 갤러리의 로봇 투어 장면. © Hastings Contemporary

을 계기로 다시 한 번 기회를 얻게 되었다.

영국 헤이스팅스 컨템퍼러리 갤러리는 코로나 팬데믹으로 문을 닫은 동안 '로봇 투어' 예약을 진행했다.[12] 더블 로보틱스Double Robotics 사가 개발한 전시 안내 로봇은 이족보행을 하는 사람을 꼭 닮은 휴머노이드가 아니다. 귀여운 얼굴도 없다. 둥근 바퀴가 달린 기다란 기둥 위에 얼굴 대신 아이패드 같은 스크린과 카메라를 장착한 단순한 형태다. 바퀴가 이동하면 카메라는 그림을 비추고, 화면에는 관람 중인 사람의 얼굴이 뜬다. 그림의 크기에 따라 기둥의 길이를 조정해 높아졌다 낮아지고, 카메라가 줌인 줌아웃을 하며 관람을 돕는다.

미술관에 오지 못하는 관람자들은 이 기계와 함께 전시장을 관람한다. 헤이스팅스 측은 로봇 투어는 그림 감상을 위한 것이 아니라고 말한다. 그림을 자세히 보려면 웹에 등록된 이미지들을 확대해 보는 편이 효과적이다. 로봇 투어는 미술관이란 공간을 걸으며 둘러보는 경험을 대체하는 용도라는 설명이다. 미술관에 올 수 없는 사람들을 대신해 돌아다니고 그 느낌을 전달하는 셈이다. 나를 대신해 분신인 기계를 특정 장소에 보내 가상으로 체험하는 방식이다.

코로나 팬데믹의 파도가 덮치기 전에도 미술관은 어떤 이들에게는 문턱이 높은 장소였다. 이 로봇들은 다중이 모이는 공공장소에 오기 어려운 공황장애 환자들, 거동이 불편한 환자나 장애인들에게 미술관을 방문해 둘러보는 경험을 가상으로 제공하기 위해 개발되었다. 모든 사람이 원할 때 원하는 장소에 갈 수 없다는 점에서 팬데믹은 인간이 그동안 누려온 자유가 오만은 아니었는지 반성하며 고통에 공감하는 법을 강제로 배우는 시간이었는지 모른다.

인적 없는 전시장을 로봇이 천천히 '관람'하며 돌아다니는 모습은 그 자체로 기묘한 충격을 준다. 벽에 걸린 그림과 그것을 둘러보는 카메라 눈을 단 로봇은 모두 인간이 만든 사물, 인간의 상상력과 노력의 결정체다. 한쪽은 예술, 다른 한쪽은 기계이지만 둘은 본질적으로 통한다. 만약 로봇이 생각을 할 수 있다면, 자기보다 앞서 만들어진 '예술품'을 어떻게 파악할까? 예술과 기술을 분리할까 아니면 동류로 놓을까.

미술관에 들어온 로봇은 아직 세 살배기 아이 같은 존재다. 진짜 안내를 하고 해설을 하기보다는 새로운 볼거리로 호기심을 자극할 뿐이다. 언론의 주목을 받던 국립중앙박물관의 안내 로봇은 어느 날부터인가 돌아다니지 못하고 24시간 충전 중인 신세가 됐다. 아이가 자라듯 로봇도 어느 결에 훌쩍 성장해 유능한 안내자가 되겠지만, 당장은 아니다. 로봇이 도슨트를 대신할 날이 과연 올 수 있을까?

미술관에서 전시 '해설'사 대신 도슨트라는 용어를 쓰는 것은 작품 앞에서 정해진 해석을 암기해서 읊어주는 일이 아님을 강조하려는 것이다. 도슨트는 사람들이 작품을 보도록 유도한다. 작품 앞에 선 사람들을 관찰하면서 그들이 더 깊은 감상으로 나아갈 수 있도록 순발력 있게 질문을 던지고 감상을 끌어낸다. 미술사에 박식한 것만으로는 훌륭한 도슨트가 될 수 없다. 도슨트는 시선을 통제하는 무대 위의 배우가 되기도 하고, 사람들의 마음을 읽는 상담가가 되기도 한다. 그리하여 본 것을 자신만의 언어로 말할 수 있도록 돕는다. 미술관 교육은 "그 경험이 무엇이어야 하는가를 미리 결정하지 않고"[13] 경험하면서 '보는 기술'을 배우도록 돕는 일이다. 이 무계획적이고 섬세한 임무를 로봇이 맡을 수 있을까? 로봇이 사람과 눈을 맞추고 대화할 수 있다면 가능할지도 모른다. 언제든 대체할 수 있는 쉬운 일거리로 생각한다면 어림없다.

애초에 예술 감상이란 정답이 있는 객관식 시험이 아니다. 예술 작품 감상에는 답이 없다. 아니 매번 답이 달라진다. 우리의 태도와 감정에 따라 작품은 다르게 다가온다. 그렇게 우리를 다시, 한 번 더 미술관으로 불러들인다.

걸어야지,
미술관이니까

체조 선수가 돌리는 흰 리본처럼 리드미컬하게 감겨 올라가는 독특한 생김새. 프랭크 로이드 라이트가 설계한 구겐하임 미술관은 한 번 보면 잊을 수 없는 인상을 남긴다. 콘크리트와 강철을 곡선의 형태로 빚어낸 뉴욕의 이 건물은 20세기의 기술로 구현한 21세기의 건축이라 해도 과언이 아니다.

구겐하임 미술관은 뻥 뚫린 중앙을 두고 굽이진 경사로가 점점 넓어지는 나선형으로 설치되어 있다. 이 경사로를 쭉 펼치면 총 430미터가 된다. 엘리베이터를 타고 올라가서 내려오든, 아래에서부터 올라가든 길은 하나다. 건축물 심의 당시 이 건물이 몇 층이냐를 두고 논쟁이 벌어졌을 때 건축가인 프랭크 로이드 라이트는 농담을 섞어 '1층'이라고 답했다고 한다. 엘리베이터는 여섯 번 서지만, 걸으면 동선이 끊어지지 않고 둥글게 이어진다. 1층이라는 건축가의 답은 하나의 길로 연결된 이 건물의 특징을 강조한 것이다.

공사 중인 구겐하임 미술관 사진을 보면 마치 고속도로 진출입로의 공사 현장을 보는 듯하다. 프랭크 로이드 라이트가 선택한 건설사는 미술관 건설보다 콘크리트 구조와 도로 공사 쪽에 경험이 더 많은 회사였다.❖ 이 미술관은 그 속에 거대한 길을 품고 있었던 것이다. 이런 구조 덕분에 이 미술관에선 작품을 보기 위해 반드시 수반되는 '걷기'라는 행위가 극적으로 드러난다. 구겐하임 미술관은 선명하게 일러준다. 미술관이니까 걸으라고.

프랭크 로이드 라이트는 솔로몬 구겐하임의 미술품 수집 조언가이자 구겐하임 미술관 초대 관장인 힐라 리베이Hilla Rebay에게 보낸 편지에서 자신의 의도를 이렇게 설명했다.

"뮤지엄은 바닥에서 위까지 좋은 비례를 지닌, 유일하고 여

❖ 건축 회사의 이름은 유클리드 컨스트럭션 코퍼레이션Euclid Construction Corporation이었다.

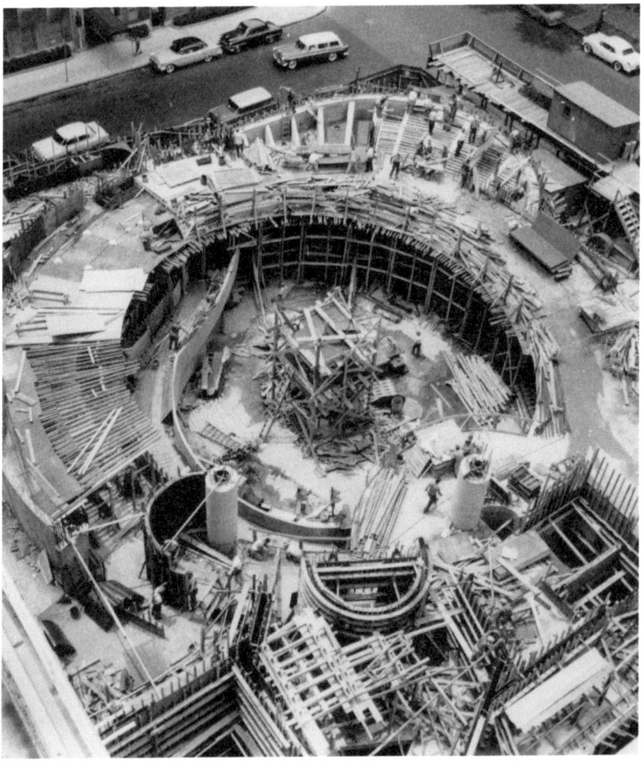

구겐하임 미술관 건설 현장.
출처: Frank Lloyde Wright Foundation

유 있으며 넓게 펼쳐진 층이 위와 아래 모든 곳에서 유동하는, 바퀴가 달려 회전하는 안락의자가 돼야 한다. 아무데서도 멈춤이 없고, 위로부터 화려하게 조명되는 칸막이 전시벽도 없는……."[14]

완공된 미술관은 엘리베이터를 타고 올라가 내려오면서 관람하는 형태로 관람객을 이끈다. 중앙이 빈 나선형 길은 지금 내가 어디에 있는지, 어디에서 와서 어디로, 얼마나 더 가야 하는지를 한눈에 확인할 수 있는 구조다. 낯선 곳을 찾아갈 때 가는 길보다 돌아오는 길이 짧고 편안하게 느껴지는 건 이미 그 길을 경험했기 때문이다. 구겐하임 미술관에서는 내 위치가 투명하게 파악되기 때문에 마음이 편하고 중압감이 덜 느껴진다. 구겐하임 미술관은 내려오기 위해서는 반드시 올라가야 하는 등산이나 계단 오르기 같은 일상에서의 걷기와는 다른 경험을 만들었다. 바퀴 달린 안락의자 수준은 아니더라도 내려오면서 관람하는 건 확실히 올라가면서 하는 쪽보다 수월하다.

현대 미술관을 설립하기로 결심한 솔로몬 구겐하임, 초대 관장 힐라 리베이, 그리고 건축가 프랭크 로이드 라이트는 이제까지와는 다른 예술 경험을 할 수 있는 장소를 만들겠다는 공통 의지를 갖고 있었다. 전문가뿐 아니라 "대중들이 자유롭

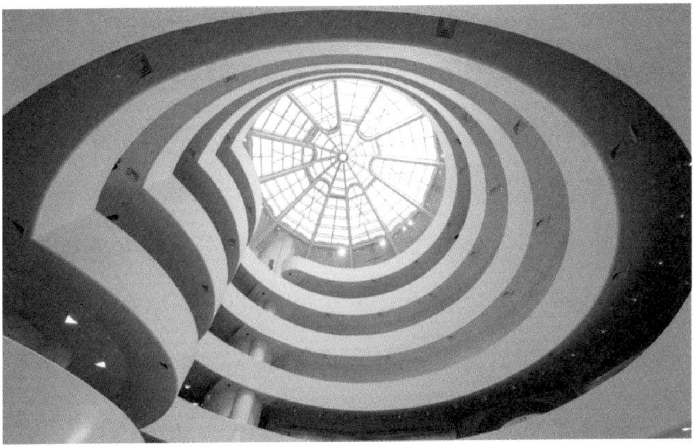

구겐하임 미술관의 나선형 구조.

게 즐기며 예술을 느끼고 깨우칠 수 있는 공간"을 만들겠다는 의지였다. 건축가는 그 의도를 끊어짐 없이 휘감아 올라가는 긴 길로 완성했다. 솔로몬 구겐하임은 건축가의 첫 프레젠테이션을 본 뒤 기뻐하며 이렇게 말했다고 한다.

"나는 당신이 해낼 줄 알았지만 이렇게 잘 해낼 줄은 몰랐소."[15]

물론 이 실험적인 미술관에 찬사만 쏟아진 건 아니다. 독특한 외양과 내부 구조 때문에 그 안에 담아야 할 미술 작품은 고려하지 않은, 건축가의 예술 작품이란 비판도 받았다. 작품을 걸기에 충분치 않은 각 층별 높이, 벽이 뒤로 3도가량 기울어져 있어 그림을 걸기가 어렵다는 점이 문제였다. 건축가 입장에선 나름대로 이유가 있는 설계였다. 설계 당시 이 미술관은 솔로몬 구겐하임의 소장품들을 영구 전시하기 위한 용도였으므로, 프랭크 로이드 라이트는 구겐하임 소장품들의 크기를 조사한 뒤 그에 맞는 층고를 설정했다. 뒤로 누운 벽은 화가가 이젤에 그림을 세워놓고 작업할 때와 유사한 각도로 관람자들에게 작품을 관람하게 하려는 의도였다. 하지만 당시 미술계는 이런 '혁신'을 달갑지 않게 여겼고 개관하기 전에 예술가 21명이 항의 서한을 보내기도 했다.

미술관 건축에 얽힌 사연과 건축가의 포부가 어떻든 관람객 입장에서 보자면 이 미술관은 들어서서 어느 방향으로 움직여 어디까지 가야 할지를 투명하게 보여주는 공간이다. 그 투명한 의지는 안팎으로 넘쳐 건물 밖에서도 누구나 그 동선을 알아볼 수 있다. 짐 캐리가 주연한 영화 〈파퍼 씨네 펭귄들〉을 보면, 펭귄 한 무리가 구겐하임 미술관에 쏟아지는 해프닝이 벌어진다. 분명 이 장소에 처음 왔을 펭귄들은 그러나 우왕좌왕하지 않고 양 날개를 들고 종종거리며 줄지어 달려간다. 고향인 극지의 얼음을 만난 듯 망설임이 없다. 프랭크 로이드 라이트가 계획한 그대로 펭귄들은 나선형 경사로를 워터파크 슬라이드인 양 타고 가뿐하게 내려온다.

시각예술을 감상할 때 우리는 눈만 사용하지 않는다. 몸으로 작품의 크기와 부피감을 측정하고 거기에 맞춰 작품을 느낀다. 책이나 스크린, 복제본으로 예술 작품을 감상할 때와 미술관에 방문해 직접 작품을 대면할 때의 차이는 우리가 눈만이 아니라 온몸으로 작품을 경험한다는 데 있을 것이다. 구겐하임 미술관은 우리가 온몸을 움직여 걸으면서 예술을 만나는 곳, 직접 방문해야만 그 진가를 경험할 수 있는 공간이다.

Side 2

관계자 외 출입금지

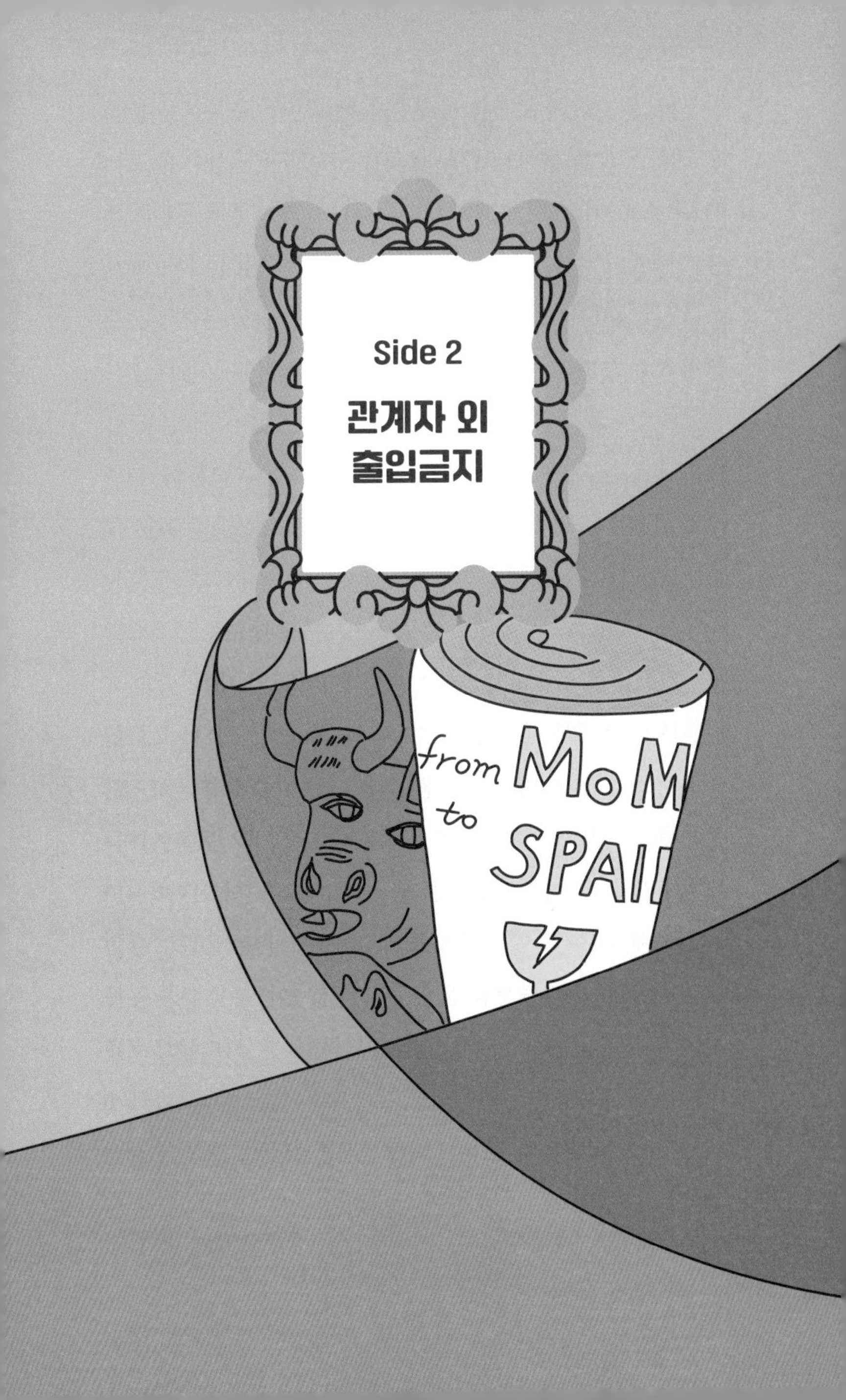

전쟁이 남긴 유산

과거의 한 지점으로 시간 여행을 떠난다면 보통의 여행과는 다른 준비가 필요하다. 요는 행선지가 어디냐에 달려 있다. 제2차 세계대전이 한창인 전장으로 간다면, 바퀴가 자유자재로 움직이는 최신식 트렁크가 무슨 소용이 있겠는가. 한데 SF 소설가들은 주저 없이 주인공을 그런 사지로 보낸다. 이야기가 시작되기에 딱 좋은 곳이니까 말이다.

1982년 휴고 상과 네뷸러 상을 동시에 수상하며 무명의 코니 윌리스를 단번에 SF계의 기린아로 주목하게 만든 단편소설 「화재감시원」이 그런 설정이다. 이 소설 속 미래의 역사 학도들은 과거로 현장 학습을 떠난다. 교사가 될 사범대학 학생들이 이수하는 교생 실습처럼 학위를 따기 위해 반드시 거쳐야 하는 필수 과정이다. 주인공 존 바솔로뮤는 컴퓨터의 실수로 실습 장소가 바뀐다. 준비해 온 사도 바울의 시대 대신 대공습 중인 런던으로 가게 된 것이다. 뉴욕에 가려다가 세렝게티 초원에 떨어졌다 해도 이보다 황당하지는 않을 터다.

제2차 세계대전 당시 나치는 밤마다 런던의 하늘 위로 까맣게 날아와 소이탄을 떨어뜨렸다. '블리츠Blitz'라 불리는 대공습은 1940년 10월부터 1941년 4월까지 이어졌다. 무차별로 떨어지는 폭탄 피해를 최소화하고자 무수한 시민들이 '화재감시원'으로 나섰다. 이들은 밤이면 밤마다 모래주머니와 삽을 들고 폭탄을 제거하고 불길이 번지지 않도록 막았다. 코니 윌리스의 소설 속 주인공은 바로 이 시공간으로 떨어져 폭탄 제거와 화재 감시 역할을 맡게 되었던 것이다. 소설에선 세인트 폴 대성당이 주요 배경으로 등장하지만 당시 런던을 상징하는 건물마다 화재감시원들이 뜬눈으로 밤을 지새웠다.

내셔널갤러리도 의당 지켜야 할 건물이었다. 미술관 앞 트래펄가 광장에 위치한 영국 영웅의 조각상들은 모래주머니로 겹겹이 싸 방비했다. 하늘에서 폭탄을 투하하려고 하강하는 독일 전투기를 방해하기 위해 비행선 모양의 대공 풍선을 띄

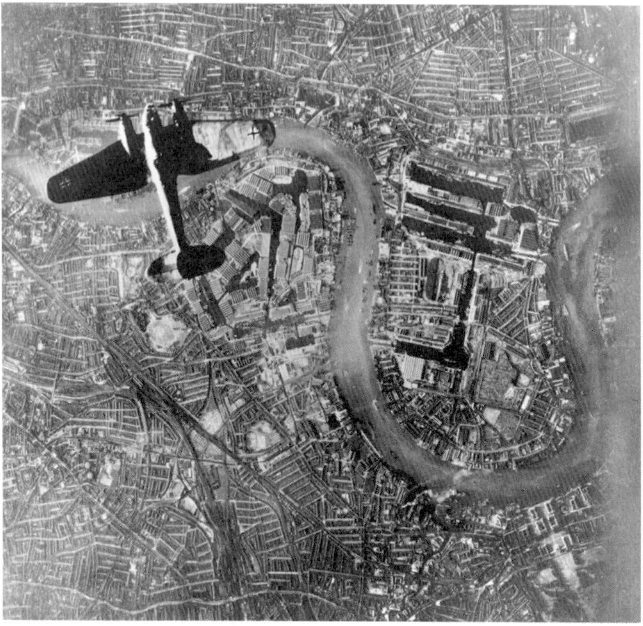

1940년 9월 7일, 독일 공군의 폭격기가 런던 상공을 비행하는 모습.

웠으나 피해를 모두 막을 순 없었다. 내셔널갤러리는 아홉 차례나 폭격을 당했고, 전쟁 전에 라파엘로의 그림이 걸려 있던 방은 천장이 뻥 뚫려버렸다. 벽만 덩그러니 남은 미술관을 담은 사진은 그 아찔한 순간을 생생히 증언한다. 그렇다면 작품들은 어찌 되었을까?

다행히 내셔널갤러리의 소장품은 전쟁이 발발하기 전에 이미 피란을 떠났다. 전운이 감돌기 시작한 1938년, 주요 소장품 50여 점을 먼저 대피시켰다. 그리고 독일과 불가침 협정을 맺으며 일시 귀가했던 작품들은 다시 일 년 뒤에 전격 피란에 나선다. 소장품 전체가 웨일스 지역 곳곳의 성과 저택들을 은신처로 정해 숨겨졌다. 1940년대 들어 영국 본토에 대한 공습이 시작될 기미가 짙어지자 작품들을 더 안전한 곳으로 옮겨야 했다. 바다 건너 캐나다도 후보지 중 하나였던 모양이다.

당시 내셔널갤러리 관장은, 이제는 미술평론가로 더 유명한 케네스 클라크Kenneth Clark였다.❖ 그가 처칠 수상에게 자문을 구한 기록이 남아 있다. 처칠은 "동굴과 지하에 숨겨라. 한 점의 작품도 섬을 떠나지 않도록 하라"[16]고 지시했다. 1천8백여 점의 소장품이 숨을 곳을 찾아 미술관을 나서야 했다.

다행히 웨일스 근처에 내셔널갤러리의 모든 소장품을 숨길 지하 은신처를 구했다. 블래노 페스티니오그Blaenau Ffestiniog 인근의 마노드Manod 채석장이 그곳이었다. 철도에서 가까워 많은 양의 작품을 운반할 수 있었고, 수많은 작품을 보관할 만큼 내부 공간이 넓었다. 기차에서 자동차로, 다시 갱도 내부까지 연결된 레일을 따라 작품들이 옮겨졌다.

내셔널갤러리의 소장품 중엔 바닥에 눕히면 웬만한 방 하나를 채울 만큼 큰 작품도 있었다. 필리프 드 샹파뉴Philippe

❖ 케네스 클라크는 1933년 서른 살의 나이로 내셔널갤러리 관장에 취임했다. 최연소 기록이다.

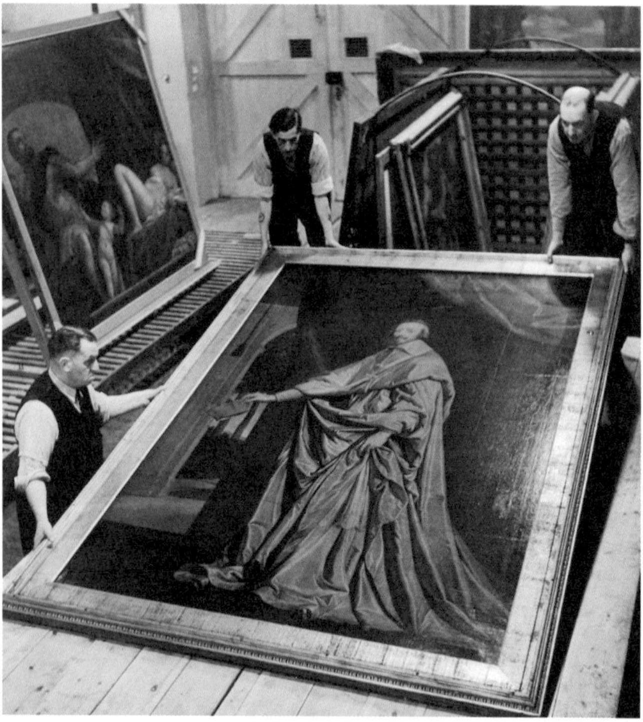

마노드 채석장에 옮겨진 〈추기경 리슐리외의 초상〉, 캔버스에 유채, 259.5×178.5cm, 1633~1640년, 내셔널갤러리, 런던.
photo: Fred Ramage/Keystone Features/Hulton Archive

de Champaigne의 〈추기경 리슐리외의 초상〉이 그런 예다. 가로 178.5, 세로 259.5센티미터의 대작을 나르기 위해 작품 크기에 맞춰 포장 상자를 제작했다. 나무로 만든 포장 상자는 한 면이 직각 사다리꼴인 육면체로, 건물 1층 높이를 훌쩍 넘는 육중한 몸체가 흡사 코끼리처럼 보였기 때문에 '코끼리 상자'라는 별명으로 불렸다. 채석장의 좁은 입구로 거대한 포장 상자들이 들어갈 수 없었기 때문에 확장 공사가 진행됐다. 출입구를 확보하기 위해 5천 톤에 달하는 돌과 흙을 퍼내야 했다.

런던 시가지 위로 폭탄이 두두두 쏟아지는 동안 렘브란트의 〈플로라 차림의 사스키아〉와 티치아노의 〈나를 만지지 말라〉는 컴컴한 굴속에서 숨을 죽이고 있었다. 전쟁이 서양 미술사의 걸작들을 미술관에서 끄집어내 사람들의 눈길이 닿지 않는 곳에 모이게 만들었다.

유례가 없는 경험은 예상치 못한 가르침을 남기는 법이다. 내셔널갤러리에는 1934년 과학 부서가 설립됐지만 오늘날처럼 보존 연구가 아니라 작품 세척과 보수가 주 업무였다. 담당자인 마틴 데이비스Martin Davies와 이언 롤린스Ian Rawlins는 전쟁 기간 동안 이 특별한 작품 수장고에서 작품들을 돌볼 임무를 맡았다. 역사의 비극이 안겨준 희귀한 기회였다.

작품을 잘 보존하기 위해서 일정한 온도와 습도를 유지해야 한다는 것은 당시에도 상식이었으나 실험으로 검증할 기회는 없었다. 그런데 전쟁으로 미술품들이 일정한 온도와 습도가 유지되는 땅속에서, 햇볕이나 조명에 노출되는 일이 극히 드문 채로 몇 년을 보내게 되었다. 작품들은 고향 집에 있을 때보다 훨씬 손상이 적었다. 그렇게 해서 내셔널갤러리의 마노드 시절은 향후 미술품 보존을 위한 기본 원칙을 세우는 계기가 되었다.

물론 마노드가 이상적인 미술품 보관 창고는 아니었다. 폭격을 피할 수 있었고 항온 항습이 가능하다는 점은 긍정적이었으나 천장이 허물어져 작품들이 토사에 깔릴 위험도 있었다. 그러나 마노드 시절의 교훈은 값진 것이었고, 전쟁 이후 폭격으로 인한 손상을 복구하면서 내셔널갤러리는 '에어컨디셔닝 시스템'을 도입한 미술관으로 변모했다.

에어컨디셔닝은 '공기를 조절한다'는 말이다. 우리는 에어컨이라고 하면 냉방을 우선 떠올리지만, 공기를 조절·처리하는 것은 크게 세 가지로 나눠볼 수 있다. 공기를 차갑게 하거나 덥게 만드는 냉난방이 하나고, 습하게 하거나 건조하게 만드는 습도 조절이 두 번째, 마지막으로 공기에서 불순물을 걸러내어 정화하는 것이다. 아이러니하게도 전쟁 덕에 미술관은 에어컨디셔닝 시스템을 갖추게 되었다. 폭격을 피하려다 미술품 보존과 관리의 기본 원칙을 확인했고, 모든 것이 괴멸된 뒤라 새로운 설비를 전격적으로 장착할 수 있었다. 에어컨디셔닝 시스템의 세 가지 기능 중 항온 항습과 공기 정화는 미술품 보존과 관리의 양대 축이 되었다.

전쟁이 아니었다면, 내셔널갤러리는 에어컨 없는 미술관으로 21세기를 맞았을지도 모른다. 런던은 비슷한 위도의 다른 나라 도시들에 비해 여름이 쌀쌀한 편이라 에어컨 보급이 더뎠다. 빅토리아앤드앨버트 박물관 같은 대형 박물관의 일부 시설은 2000년대까지도 에어컨 시설이 없었다. 최근 몇 년 사이 급격한 기온 상승으로 인해 그것도 옛말이 되어버렸지만 말이다.

오늘날 미술관의 세계적인 인기 뒤에는 에어컨이 있다. 바깥 기온이 40도를 넘나드는 사막 도시 두바이에서도, 습기와 열기가 뒤섞인 8월의 대구에서도 미술관 안에는 서늘한 공기가 채워져 있다는 걸 우리는 알고 있다. 『여름전쟁—우리가 몰랐던 에어컨의 진실』의 저자 스탠 콕스는 "창고형 대형 할인매장은 에어컨이 아니었다면 있을 수 없는 공간"[17]이라며 에어컨이 문화나 경제 체계의 산물이 아니라 그것을 구성하는 필수 요소라고 주장한다. 오늘날 전 세계 곳곳에서 미술관이 누리는 인기는 예술 애호의 결과이겠지만, 에어컨디셔닝 시스템도 기여한 바가 적지 않을 것이다. 미술관은 분명 '쾌적함을 추구하는 문화'를 이끄는 장소다.

바깥 날씨가 지독한 날, 미술관의 상쾌한 공기는 사치스럽게 느껴지기도 한다. 사람이 편하자고 이래도 되나 싶은데, 작품의 입장에서 보자면 그건 착각일 수 있다. 관람객의 편의를 살피지 않는 미술관이 어디 있겠냐만, 더 안절부절못하며 눈치를 보는 대상은 작품들이다. 그들은 온도가 높거나 습하다고 미술관에 평점 테러를 가하지 않고 민원도 넣지 않지만, 소리 없이 망가져버리기 때문이다.

그림이 편히 숨 쉴 수 있도록

1952년, 런던의 겨울은 추웠다. 더 많이 난방을 하지 않으면 견딜 수 없었는데 거기에 몇 가지 악재가 겹쳤다.❖ 그해 12월 5일부터 9일까지 '그레이트 스모그Great Smog'라 불리는 전대미문의 대기 오염이 발생했다. 전쟁을 승리로 이끌었던 처칠은 스모그가 시간이 지나면 걷힐 안개일 뿐이고 날씨 문

❖ 당시 런던 도심 안에는 배터시Battersea 등 5기의 화력 발전소가 운영되고 있었고, 대중 교통수단을 전차에서 디젤 버스로 전환하는 사업이 이루어졌다. 상공에 형성된 고기압 때문에 오염 물질은 도심에 갇혀 있게 되었다.

제는 신의 영역이라고 외면했으나, 이 비극으로 무려 1만 2천 여 명이 사망했다. 이 스모그는 2019년 말 지구를 덮친 코로나19 바이러스처럼 런던 시민들의 일상을 멈추게 했고, 세계에 대한 인식을 바꿔놓았다.

당시 런던에는 12개 장소에서 공기 질을 측정하고 있었다. 지금에 비하면 초보적인 모니터링 장치였기 때문에 그레이트 스모그 동안 대기에 일어난 급격한 변화를 측정해 즉각 알려줄 수 없었다. 뿌연 안개처럼 모든 것이 희미한 짐작뿐이었다. 런던 시민들을 숨 막히게 한 안개는 아황산가스가 농축된 치

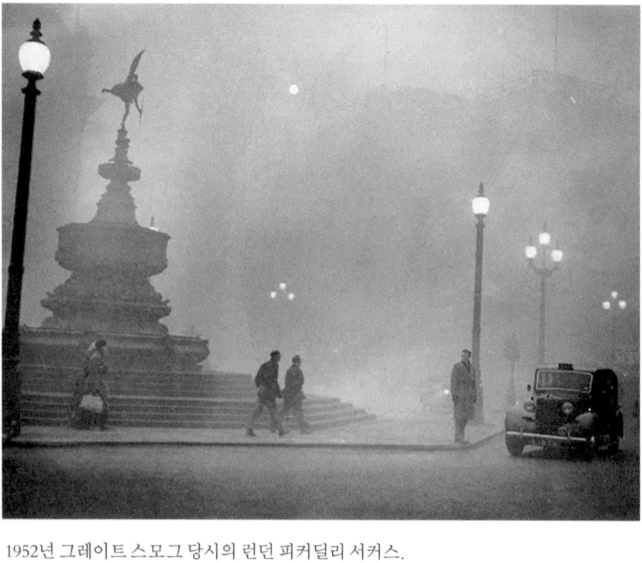

1952년 그레이트 스모그 당시의 런던 피커딜리 서커스.

명적인 것이었다. 오늘날 우리는 실시간으로 공기 중의 오염물질 농도를 확인하는 시대에 살고 있다. 하지만 당시 런던 시민들은 뿌연 대기의 원인이 무엇인지, 얼마나 심각한 위험인지도 알지 못했다. 이 유례없는 비극의 목격자는 런던 시민 전체였으나, 그 비극을 설명할 숫자는 존재하지 않았다.

그런데 그레이트 스모그의 위력을 짐작케 하는 의외의 증언자가 있다. 바로 내셔널갤러리다. 전쟁 이후 파괴된 미술관을 복구하는 과정에서 설치된 내셔널갤러리의 최신식 먼지 측정 장치는 이 기간 동안 공기 질을 측정한 결과를 기록으로 남겼다.❖

언뜻 전쟁으로 얻은 우연한 기회처럼 보이지만 내셔널갤러리의 '첨단' 공기 관리 시스템은 런던의 문화계가 19세기부터 염원한 사업이었다. 영국은 산업혁명이 촉발된 18세기, 아니 석탄 연료 사용이 시작된 13세기부터 이미 공해에 시달려왔다. 1824년 내셔널갤러리가 설립될 때 런던은 이미 공해로 악명을 얻은 터였다. 안개와 먼지가 뒤섞여 도시는 늘 뿌옇고 건물들은 찐득한 검댕으로 뒤덮여 있었다. 공기는 어디에나 들어가니까, 사람들의 몸속으로도 들어왔고 미술관도 예외일

❖ 1952년 12월 4일에서 8일 사이에 내셔널갤러리의 먼지 측정기는 14mg/m³를 기록했다. 보통 때의 56배였고, 대기 중의 아황산가스 수치는 700ppb로 7배 증가했다.

수 없었다.

유화는 기름으로 그린 그림이다. 먼지가 잘 달라붙고 쉽게 떨어지지 않는다. 그림에 들러붙은 먼지를 닦아내고 작품을 보호하는 일은 설립 초기부터 미술관의 중대 과제였다. 실크 손수건부터 젖은 면직물이나 마른 면직물, 깃털 붓과 스펀지까지 온갖 도구가 오염 물질을 제거하는 데 사용되었지만 역부족이었다. 먼지 문제를 해결하기 위해 내셔널갤러리의 위치를 지금의 트래펄가 광장 앞이 아니라 아예 런던 외곽의 다른 도시로 옮기려는 논의까지 있었다.

1840년대 초에 매연으로 인해 발생하는 피해를 막기 위한

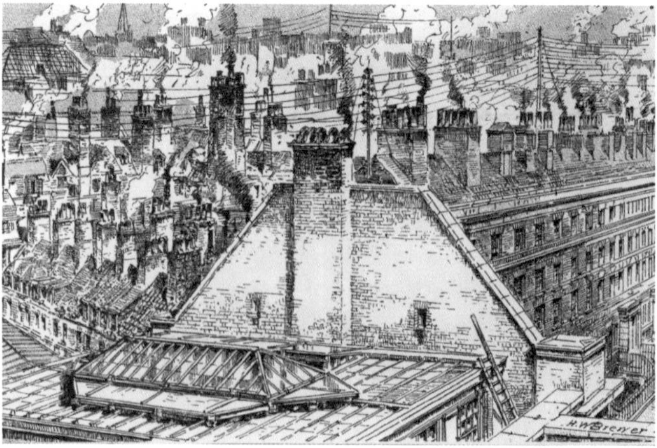

19세기 말 굴뚝마다 검은 연기가 피어오르는 내셔널갤러리 인근의 풍경.
출처: 『더 데일리 그래픽The Daily Graphic』, 1895년 6월 6일자, 968쪽.

위원회가 소집됐는데, 여기에는 전시장 책임자, 화가와 함께 과학자들도 참가하게 됐다. 전자기장 이론으로 유명한 마이클 패러데이도 그중 한 명이었다. 그는 공기 오염원을 분류하고 아황산가스의 위험성을 경고했으며, 납 성분이 포함된 흰색 물감을 쓴 그림들이 황화수소 때문에 검게 변하고 있다고 지적했다. 그러나 상황을 파악했더라도 해결할 방안은 마땅치 않았다. 오염 방지책으로 나온 대안이 작품에 유리를 씌우는 것이었다. 오염 물질로부터 보호하기 위해 작품 앞면은 유리를 씌우고 뒷면은 코팅된 삼베를 부착했다. 1856년에 86개의 그림에 이 작업이 시행되었다.

앞서 언급했듯이 제2차 세계대전 중 독일군의 무차별 폭격으로 파괴된 미술관을 복구하면서 내셔널갤러리는 당시로서는 첨단의 에어컨디셔닝 설비를 갖추게 되었다. 온도·습도 조절과 함께 실내 공기 질을 관리할 수 있게 된 것이다. 그리하여 오랜 기간 작품에 씌워졌던 유리를 벗겨낼 수 있게 되었다. 유리로 가로막힌 작품은 조명에 반사되어 제대로 감상하기 어렵다. 봐야 할 작품은 안 보이고 유리 위로 안 봐도 좋을 내 얼굴이 둥둥 떠다니는 민망한 상황이 벌어진다. 유리를 벗겨내고 나서야 작품들은 맨 얼굴로 관람객들 앞에서 편히 숨 쉴 수 있게 되었다.

미술관은 공기 중에 떠다니는, 보이지 않는 미세먼지 입자 하나까지 단속한다. 미술관은 창문을 열어 환기하지 않는데도 늘 상쾌한 공기를 머금고 있다. 그 쾌적함 속에서 폭격과 스모그로 사람들이 죽어가던 도시를 떠올리기란 쉽지 않다. 그러나 미술관 역시 냉혹한 역사의 시간을 겪어왔고, 그 상처를 딛고 한 걸음씩 나아가고 있다.

CCTV

메트로폴리탄 미술관으로 가출하기

십 대에 해당하는 나이는 숫자상으로만 보자면 열 살부터지만, 흔히 열다섯이나 열여섯 정도의 나이를 지칭하는 말로 여겨져왔다. 하지만 내 아이가 열 살이 되던 해, 생일 케이크에 초를 꽂으며 새삼 십 대가 된다는 의미를 묵직하게 느꼈다. 태어났음을 공식적으로 인정받는 돌, 즉 첫 생일에 하나의 초를 꽂고, 열 살에 또다시 한 개의 초를 꽂는다. 십 대가 된다는 것, 유아기를 끝내고 한 인간으로 독립한다는 의미심장함이 거기에 있다. 그렇다, 독립이다. 그래서일까? 반항하는 십 대는 일단 가출부터 하고 본다. 몸이 먼저 나가는 것이다. 협상도 없고 대책도 없다.

하지만 클로디아는 '낡아빠진 방식'으로 가출하지 않았다. 동화 『클로디아의 비밀』의 주인공, 한 달 뒤면 열두 살이 되는 우등생 클로디아 킨케이드는 "널찍한 곳, 편안한 곳, 지붕과 벽이 있으면서도 되도록이면 아름다운 곳"이란 조건하에 가출 장소를 물색했다. 이런 전략적인 고려 끝에 가출 장소로 정한 곳은 미국 뉴욕에 있는 메트로폴리탄 미술관이었다. 클로디아는 체험 학습을 통해 이미 메트로폴리탄 미술관에 가본 적이 있었다. 가출 파트너로 선택된 동생 제이미는 "제일 시시한 방법으로, 제일 시시한 곳으로" 가출을 한다며 발끈하지만 클로디아의 선택은 탁월했다. 미술관에서는 머리말에 아름다운 조각이 새겨져 있고 "완벽하리만치 훌륭한" 16세기 침대에서 잘 수 있었다.

이 미술관 가출 계획은 경비원이 들어오는 사람의 숫자는 꼭 세지만 나가는 사람의 숫자는 세지 않기 때문에 가능했다. 클로디아와 제이미는 2만 6천 명이 넘는 입장객들 사이에 섞여 당당하게 미술관에 들어갔고, 폐장 시간에 나가지 않은 채 몰래 숨어 있기만 하면 됐다.

"클로디아와 제이미가 5번 거리에 있는 미술관 정문으로 들어가자, 경비원이 관람객 숫자 측정기를 찰깍찰깍 두 번 울렸다."[18]

누를 때마다 찰깍찰깍 소리를 내는 숫자 측정기, 즉 계수기는 입장객 수를 세야 하는 박람회나 공연장에서 흔히 사용하는 간단한 기계 장치다. 놀이 기구 앞의 긴 줄에 지쳐서 기대감도 시들시들해질 즈음에 탈칵 하고 울리는 이 소리는 심장을 다시 콩닥거리게 하는 신호탄이 된다. 하지만 이제 이런 수동식 계수기를 사용하는 공공장소는 드물다.

방문 인원수를 확인할 필요가 있는 곳들은 디지털 기기를 사용한다. CCTV처럼 카메라로 설치되는 종류도 있고, 행사장에서 흔히 볼 수 있는 차단용 벨트에 디지털 계수기가 장착된 모델도 있다. 부산의 한 미술관에서는 차단봉에 설치된 디지털 계수기를 직접 볼 수 있었다. 전시실로 들어서자 487이란 붉은 디지털 숫자가 떴다. 뒤로 몇 걸음 물러섰다 다시 들어서니 488. 전시실이 여러 군데로 나뉘어 있는 미술관이라 전시실마다 드나드는 사람의 수를 파악하기 위해 설치했으려니 짐작했지만 나의 입장 번호를 확인하는 기분은 묘했다. 내가 계수기 앞을 들락거리며 더한 숫자 2는 어떤 보고서의 빈칸에 기록됐을 것이다.

2020년대를 살아가는 이라면, 미술관으로 가출한다는 내용에 아이조차도 이렇게 반문할 것이다. "CCTV로 확인할 텐데 어떻게 미술관에 숨어서 자나요?" 좀 더 물정에 밝은 아이라면 "세콤 경비원들이 달려오지 않나요?" 하고 아는 체를 할 테다.

E. L. 코닉스버그가 쓴 『클로디아의 비밀』은 1967년에 발표되었다. 아직 메트로폴리탄 미술관 입구에서 경비원들은 기계식 숫자 측정기를 손에 들고 딸칵 버튼을 누르고 있었고 미술관 어디에도 감시 카메라가 설치되어 있지 않았다. 메트로폴리탄 미술관의 보안 담당자로 40여 년을 근무한 존 바렐리John Barelli는 『스틸링 쇼Stealing Show』라는 책을 냈다. 이 책에서 그는 재직 기간 중에 겪었던 도난 사건 몇 가지를 사례로 들며 미술관 보안의 여러 갈래와 변천사를 알려준다. 바렐리는 그가 입사한 1973년에는 미술관에 CCTV가 전혀 설치되지 않았으며, 1980년대에 처음 도입된 CCTV도 단순히 비디오테이프에 녹화만 가능한 카메라였다고 말한다. 그러니 킨케이드 남매가 밤의 미술관에서 무슨 일을 벌였다 해도 기록될 일은 없었던 것이다.

CCTV가 없던 시절의 얘기를 좀 더 해보자. 레오나르도 다빈치의 〈모나리자〉는 1911년 빈첸초 페루자Vincenzo Peruggia가 모나리자의 미소를 모국 이탈리아에 돌려주겠다며 훔쳤을 때를 제외하고 루브르 박물관을 떠난 일이 없었다. 1962년,

프랑스 문화부 장관인 앙드레 말로가 미국 영부인 재클린 케네디의 요청에 응해 〈모나리자〉의 미국행이 결정되었을 때 루브르 박물관의 큐레이터들은 사임하겠다고 배수진을 쳤고, 여론도 반대의 목소리를 높였다. 하지만 결국 그림은 대서양을 건넜고, 1963년 2월 4일 '합법적으로' 메트로폴리탄 미술관에 도착했다.

CCTV가 없던 시절, 미술관은 대서양을 건너온 이 귀빈을 어떻게 보호했을까? 〈모나리자〉는 배편으로 대서양을 건넜다. 물과 불로부터 그림을 지킬 수 있도록 방수·방화 처리가 된 케이스에 담긴 그림은 다시 대형 침대 프레임에 고정되어 흔들림 없이 바다를 건너도록 채비를 갖췄다. 항해하는 내내 총으로 무장한 경관과 미술관 직원이 24시간 곁을 지켰다. 뉴욕항에 내린 〈모나리자〉는 국빈급 경호를 받았다. 그림이 지나가는 동안 신호등은 모두 초록불을 유지하도록 조정됐고, 〈모나리자〉는 한 번도 멈추지 않고 목적지까지 달렸다.

메트로폴리탄 미술관에서 가장 넓은 중세 조각홀에 〈모나리자〉가 걸렸고, 이후 약 한 달간 백만 명에 이르는 인파가 이 그림을 보기 위해 줄을 섰다. 전시장에는 사복 차림의 형사들이 관람객 사이에 배치되어 있었다. CCTV가 자리 잡기 전까지 그 역할을 담당한 것은 사람의 눈이었다.

〈모나리자〉를 훔친 빈첸초 페루자에게 007 제임스 본드나

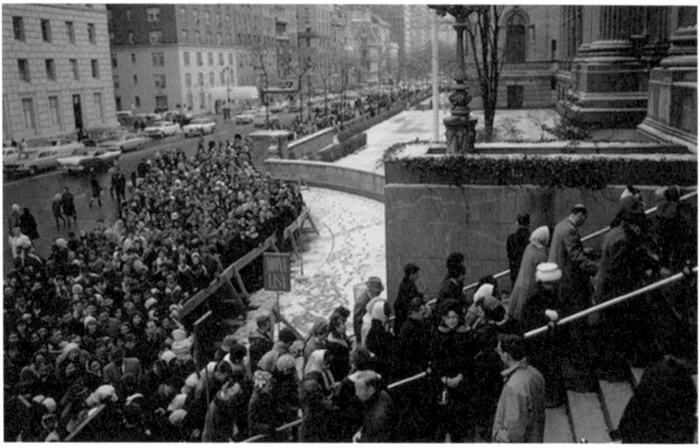

1962년 〈모나리자〉를 보기 위해 메트로폴리탄 미술관에 몰린 인파.

배트맨처럼 은밀한 자기만의 개발실에서 만들어낸 첨단 무기는 없었다. 영화 〈미션 임파서블〉에서 활약한 팀워크도 없었다. 루브르 박물관의 전직 경비원이라는 점이 그의 유일한 자원이었는데, 그것으로 〈모나리자〉를 훔치기에 충분했다. 영화와 드라마를 통해서 미술관을 터는 도둑과 몰래 잠입하는 스파이에 너무나 익숙해진 터라 어떤 문이든 카메라든 해킹해서 열고 속이는 '기술자' 없이는 제아무리 톰 크루즈라고 해도 별수 없을 것 같지만, 실제 세계에선 그저 '전직' 미술관 직원이면 충분했다. 미술품 절도 사건은 내부자가 연루된 경우가 많지만, 의외로 치기 어린 젊은이들이 장난삼아 저지른 사건도 상당수 있다.

여기까지는 CCTV가 등장하기 전의 세계다. 이제 보안의 출발은 계수기가 아니고, 관록 있는 형사의 눈썰미도 아니다. 우리는 깜박이지 않는 카메라의 눈에 노출된 채로 살아간다. 오늘날 우리들은 9초에 한 번꼴로 CCTV에 찍힌다. 2017년 기준으로 우리나라 공공기관에서 설치한 CCTV는 95만 대에 달한다는데 민간의 CCTV 개수는 그보다 가파르게 늘어나 수를 헤아리기도 어려울 정도다. 메트로폴리탄 미술관 역시 이제 개수를 다 밝힐 수 없을 정도로 많은 CCTV 카메라가 설치되어 있다. CCTV와 동거하는 삶은 이렇듯 익숙해졌지만, CCTV는 일상적인 필요로 개발된 물건이 아니었다.

시작은 전쟁이었다. 멀리 떨어진 무언가를 관찰하기 위한 기술로 폐쇄회로 텔레비전, 그러니까 CCTV가 처음 사용된 것은 제2차 세계대전 중인 1941년 독일에서였다. 텔레풍켄 Telefunken 사가 페네뮌데 로켓 시험 발사장에서 2.4킬로미터 떨어진 기지까지 케이블로 연결해 로켓 발사를 감독할 수 있도록 한 것이 최초의 CCTV였다. CCTV는 이후에도 핵폭탄과 같이 고도로 위험한 물질을 조작·관찰하기 위해 사용되었다. 애초에 이 장치는 1940년에 개최될 예정이던 도쿄 올림픽을 위해 개발된 것이었다.

전쟁이 끝난 뒤 CCTV가 도시에 설치되기 시작한 것은, CCTV의 사촌이라 할 수 있는 텔레비전이 가정의 거실을 점령한 것보다 한참 늦었다. 1969년 뉴욕 경찰이 시청 근처에 설치한 것이 최초였고, 우리나라에서는 1971년 서울 시내의 주요 교차로 12곳에 설치되었다. CCTV가 미술품의 관리·감독을 위해 도입된 것은, 앞서 언급했듯 1980년대에 들어서다.

쓰레기가 무단으로 버려지는 후미진 골목길에, 혹은 혼자 일하는 상점 주인이 'CCTV 있음'이라는 스티커를 호신 부적처럼 붙여 놓는 일이 흔해졌다. 가짜 카메라를 붙여 놓는 경우도 있다. 카메라가 찍고 있다는 문구만 봐도 멈칫할 테니, 효과가 전혀 없지는 않을 것이다. 하지만 진짜 녹화가 되는 카메라가 달려 있다고 해서 금지된 행동을 막을 수는 없다. 악동들에게는 오히려 카메라가 보고 있다는 것이 모험심을 자극한다.

촌철살인의 그라피티로 세계적인 명성을 누리고 있는 뱅크시는 여 보란 듯이 미술관에 잠입했다. 미술관에 몰래 숨어든 이들은 대부분 작품을 훔치는 것이 목적이겠지만 뱅크시는 반대로 가져다 놓았다. 그는 트렌치코트에 모자를 쓰고 수염을 단, '나는 변장했소'라는 차림을 하고 사진을 찍을 사람까지 대동한 채 메트로폴리탄 미술관에 들어가 금박의 장식 액자에 방독면을 쓴 여인의 초상화를 걸어두고 갔다. 2005년 3월 13일의 일이다. 그림은 다음 날 경비원에 의해 발견됐고, 벽이나 다른 작품에는 전혀 손상이 없었다.

메트로폴리탄 미술관만 보안이 허술했던 것일까? 아니다.

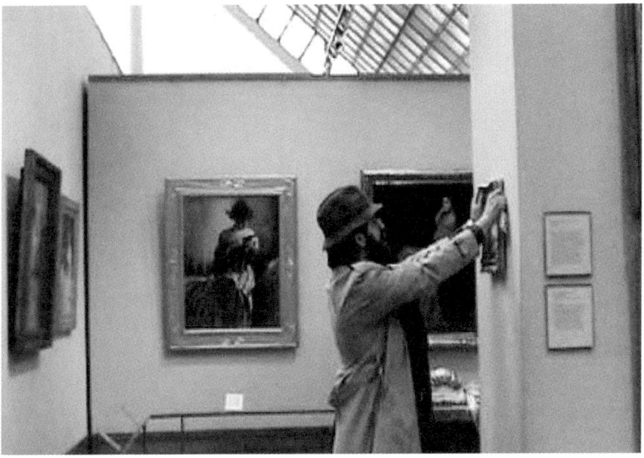

2005년 뱅크시는 뉴욕 메트로폴리탄 미술관, 현대미술관, 미국 자연사박물관, 브루클린 미술관에 자신의 작품을 걸고 나왔다. 사진은 변장한 채 메트로폴리탄 미술관에 들어가 액자를 거는 모습.

뱅크시는 뉴욕 현대미술관, 브루클린 미술관, 미국 자연사박물관에도 자기 작품을 남겼다. 영화 〈오션스 8〉에는 이런 뱅크시의 행적에서 따온 장면이 나온다. 주인공들이 메트로폴리탄 미술관에 잠입해 패러디한 그림을 걸고 이 사건을 계기로 미술관 보안이 전면 개편된다는 전개다.

영화처럼 뱅크시 사건으로 비롯됐는지는 확실치 않지만 메트로폴리탄 미술관은 2005년을 기점으로 보안 시스템을 개편했다. 5년의 시간을 투자해 2010년에 CCTV 시스템을 업그레이드했다. 20세기 말까지 인류를 감시하는 빅 브라더라는 눈총을 받던 CCTV는 21세기엔 일상이 됐다. 교통량 측정에서 신호 위반, 주차 위반 등의 단속과 번호판 식별은 기본이다. 게다가 카메라들은 이제 서로 연결된다. 하나의 카메라는 다른 모든 카메라와 연결되어 상상 이상의 일을 해낸다. 카메라에 잡힌 차량이나 인물을 지정하면 주변 카메라를 이용해 이동 경로를 따라 추적할 수 있다. CCTV는 방문객을 관리하고, 화재를 감시하며, 주변 기기, 예를 들면 스프링클러를 작동해 실제로 불을 끌 수도 있다. 기계들이 자기들의 센서로 세계를 감지하고 협업하는 사물인터넷IoT의 시대, CCTV는 기계들의 말초신경이 되었다.

만약 클로디아가 지금, 메트로폴리탄 미술관으로 가출을 감행한다면 성공할 수 있을까? CCTV에게 맹랑한 꼬마 가출자를 위한 아량을 기대할 수는 없는 일, 약점 없는 기계들 앞에서 이야기와 모험은 자리를 잃어간다. 아니다. 2020년생 클로디아라면 AI와 공모해서 CCTV를 잠재우고 미술관을 누빌 깜찍한 방법을 분명 찾아낼 것이다.

혹시 오늘밤에도 누군가 어둠을 틈타 미술관으로 들어설까? 우리는 여전히 밤의 미술관에서 일어나는 일을 알지 못한다. 그것을 보고 있는 건 CCTV뿐이다.

〈게르니카〉의 여행

〈게르니카〉는 여행을 많이 다녔다. 이 그림은 지금까지도 종종 '벽화'라고 불리는데, 가로 길이 7미터가 넘는 크기 때문에 생긴 오해일 수도 있지만, 실은 그 위용에 바치는 감탄사에 가까운 칭호일 것이다. 〈게르니카〉는 역작이니 대작이니 하는 말로는 부족한, 그림 앞에 선 사람을 압도하는 작품이다.

이 육중한 그림은 한때 세계 곳곳을 누볐다. 1938년에 완성된 뒤 1950년대까지 20여 년 동안 전 세계 30개 이상의 도시를 돌았다. 지금의 관람객에게는 스페인 마드리드의 레이나소피아 미술관에 있는 방이 그림이 탄생할 때부터 정해진 거처인 양 자연스럽지만, 〈게르니카〉의 입장에서는 칩거인지도 모르겠다. 하여간 이 정도 크기의 그림이 어떻게 대륙을 건너다녔을지 잘 상상이 되지 않는다. 그림에게 고된 일이었을게 틀림없다.

피카소는 1937년 1월 파리 만국박람회에 걸 작품을 의뢰받았다. 4월 26일 바스크 지방의 작은 마을 게르니카에 무차별 폭격이 일어나자 그림의 주제가 정해졌다. 화가는 거대한 화폭에 절규하는 여인과 쓰러진 군인, 황소와 말의 형상을 펼쳐놓았다. 흑백으로 색을 절제해 오히려 보는 이의 감정을 격렬하게 흔드는 그림이 완성됐다. 〈게르니카〉는 1937년 7월 파리 만국박람회 스페인관에서 첫선을 보였다. 박람회가 끝나자마자 그림은 첫 번째 여행을 떠났다. 프랑스의 미술상 폴 로젠베르그Paul Rosenberg가 조직한 순회 전시로 마티스, 브라크 등의 작품과 함께 오슬로, 스톡홀름, 코펜하겐 등의 도시를 돌았다. 두 번째 여행이 바로 이어졌다. 이번엔 빌바오 출신의 시인 후안 라레아Juan Larrea와 함께 런던, 옥스퍼드, 리즈, 맨체스터 등 영국의 도시들을 돌았다.

〈게르니카〉는 스페인의 반파시즘 운동을 알리는 깃발로서 어디서나 눈에 띄고 강렬하게 의미를 전달하는 걸개그림이었다. 피카소는 〈게르니카〉를 필요로 하는 곳이 있으면 어디에

나 보냈다. 1939년에는 미국으로 건너가 뉴욕, 로스앤젤레스, 샌프란시스코와 시카고를 돌았다. 제2차 세계대전의 위협 때문에 그림을 뉴욕 현대미술관에 장기 임대하기로 결정했지만, 1950년대까지 피카소가 요청하면 세계 곳곳으로 보내졌다. 1940년대에 미국의 11개 도시를 돌았고, 멕시코에도 갔다. 1953년 밀라노와 상파울루, 1955년 파리와 뮌헨, 쾰른을 거쳐 1956년 브뤼셀, 암스테르담, 스톡홀름까지 갔다.

〈게르니카〉가 빡빡한 일정을 마치고 뉴욕에 돌아왔을 때 현대미술관 측은 그림의 상태를 정밀하게 살폈다. 잦은 여행으로 말았다 펴는 과정을 반복한 그림은 심각한 손상을 입은 상태였다. 미술관 보존팀은 〈게르니카〉에 여행 불가라는 판정을 내렸고, 피카소는 이를 받아들였다. 시대의 어둠을 알리는 깃발이던 그림이 은퇴를 선고받은 것이다. 이후 1981년 스페인으로 반환되기 전까지 그림은 뉴욕에 머물렀다.

피카소의 〈게르니카〉가 둘둘 말린 채 세계 곳곳을 순회하는 모습을 이제는 상상하기 어렵다. 미술관에 소장된 피카소 같은 작가의 작품이 여행을 떠나려면 운반 중에 손상되지 않을 케이스에 넣는다. 개중 몇몇은 해당 작품만을 위한 케이스를 맞추기도 한다. 작품을 케이스의 어느 면에도 닿지 않도록 허공에 띄운 상태에서 움직이지 않도록 고정한다. 그리고 관계자들의 서명이 딸린 운송 서류와 보험 서류를 구비한 뒤에

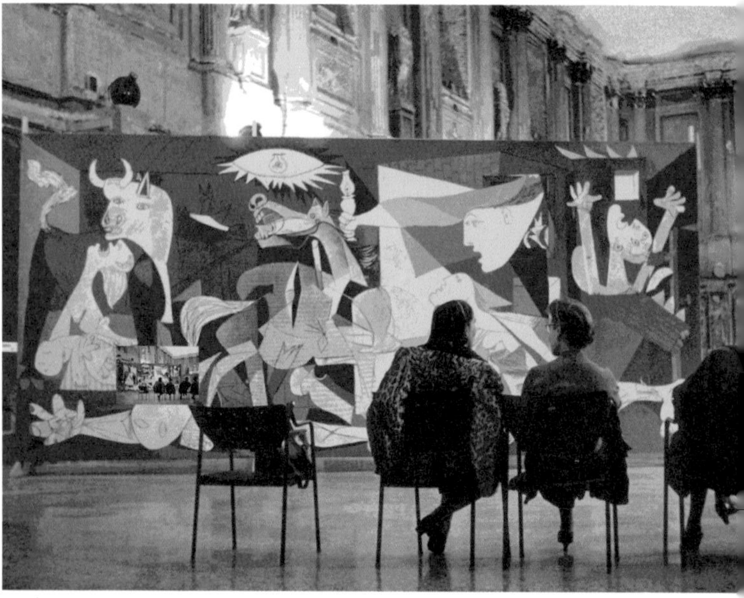

1953년 이탈리아 밀라노에서 전시 중인 〈게르니카〉.

야 해외로 나갈 수 있다. 도로를 달릴 때는 항온 항습 조절 장치가 달린 무진동 트럭에 안전벨트를 단단히 한 채 모셔진다.

그러나 미술품이 그런 대접을 받기 시작한 것은 그리 오래된 일은 아니다. 골동품상이며 화랑이 즐비한 서울 인사동에선 1990년대까지도 손수레, 좀 더 친숙한 용어로 '리어카'에 그림 액자를 수북하게 쌓아 끌고 가는 모습을 심심찮게 볼 수 있었다. 미술품 전문 운송업체가 본격적으로 활동하기 전에 개인이 운영하는 '용달'이 이삿짐이나 화물을 나르듯 미술 작품도 맡아 옮겼다. 미술품 운반으로 스스로를 특화한 '개인 용달'들은 파란색 1톤 트럭에 담요를 깔고 비닐 완충제, 일명 '뽁뽁이'부터 박스, 스티로폼, 옷가지 등 무엇이든 소용이 될 물건들로 감싸고, 부드럽고 질긴 끈으로 묶어 가며 작품을 훼손 없이 옮기려 분투했다. 아직 '전문 운송'이 시작되기 전 시대에 그들이 담당한 역할이 있었다.

미술대학 학생들에겐 이 '용달 아저씨'가 친근했다. 특히 사용하는 재료가 다양하고 양이 방대한 조소과 학생들에겐 더 그랬다. 그들은 재료를 가져오고, 완성된 작품을 옮기고, 작업 과정에서 생긴 폐기물을 처리해야 한다. 시작부터 끝까지 '나르는' 게 일이다. 조각가 이상준에겐 대학원 시절에 만나 20여 년을 같이 일한 '용달 아저씨'가 있었다. 그는 작가가 된 뒤로 갤러리나 미술관에서 계약한 전문 운송업체도 경험해보았으나 안전, 효율, 신뢰 등 작품 운송에 필요한 모든 면에서 용달 아저씨의 '휴먼 무진동'은 나무랄 데 없었다고 회고한다. 결국 사람이 하는 일이니 서로 간에 나르는 물건에 대한 이해와 믿음이 장비를 앞선다는 말이다.

도로 위에서 간혹 미술품 운송 전문이라고 적힌 트럭을 만날 수 있다. '차가 어떻게 진동이 없을 수 있을까? 예술 작품을 나르는 트럭에는 모종의 신기술이 적용되는 것일까?' 사실 이 무진동이라는 말은 일종의 광고다. 허위까지는 아니지만 과장이 섞였다. 승용차와는 달리 트럭 등 화물용 차량은 충격을 흡수하는 서스펜션이 적용되지 않는다. 무진동 차량은 승용차에 쓰이는 서스펜션이 적용된 화물차인 것이다. 사람을 나르는 승용차처럼 노면에서 차로 전해지는 진동과 충격을 배려한 정도니까 무진동보다는 저진동이 적확할 테지만 그래서는 감흥이 없을 것이다. 무진동은 자동차 회사에서 출고 시 선택할 수 있는 옵션이 아니다. 국내에서는 운송 회사들이 구매한 차량을 운송하는 물품의 필요에 맞게 개조한다. 승용차의 경우는 어떤 서스펜션을 설치하느냐가 차량의 이미지와 판매에 영향을 미치는 요소라서 자동차 회사가 적극적으로 개입하지만 화물차는 아니다. 그러니 미술품 운송 장비의 세계는 전문 회사라 하더라도, 아니 그럴수록 섬세한 수작업으로 전문성을 발휘하는 곳이다.

미술관에 걸린 작품들은 관람객인 우리에게 뒷모습을 보여주지 않는다. 포장과 운송, 설치 등의 과정은 미술관이 문을 닫은 뒤에 일어나는 일로 그저 미지의 영역에 있었다. 하지만 소셜 미디어 시대가 도래하면서 전시 작품의 '언박싱'은 미술관이 애호하는 콘텐츠가 됐다. 큰 전시가 있으면 미술관들은 설치 과정을 사진으로, 영상으로 제작해 관람객들을 유혹한다. 극소수의 전문가만이 관여하는 날것의 현장일수록 호기심이 커진다.

피카소는 늘 〈게르니카〉를 자신의 고향이자 그림의 고향인 스페인으로 돌려보내길 원했다. 하지만 독재자 프랑코가 살아 있는 한 허용될 수 없었다. 프랑코 사후, 여전히 요동치며 어느 쪽으로 향할지 갈피를 잡을 수 없었던 스페인 정세는 1981년 봄이 돼서야 민주적인 투표로 선출된 공화국으로 자리를 잡았다. 드디어 〈게르니카〉가 스페인으로 돌아갈 조건이 충족된 것이다. 〈게르니카〉의 반환 작업은 조용히 진행되었다. 그리고 마지막 밤이 왔다. 1981년 9월 8일, 뉴욕 현대미술관은 부산했다. 41년 동안 뉴욕에 머무르면서 2천 5백만~3천만 명의 방문객이 보고 간 그림의 마지막 여행을 준비해야 했으니까.

누가 그림을 벽에서 떼어냈을까, 어떻게 그림을 말아 옮겼을까, 그 큰 그림을 떼어서 옮기는 데 몇 사람이 필요했을까? 미술관은 〈게르니카〉의 스페인 귀향 과정을 촘촘하게 기록했고, 우리는 이제 미술관 웹 사이트를 통해 그날 밤의 광경을 동영상으로도 볼 수 있다. 관계자들이 전시장을 가득 채운 가운데 그림은 벽에서 떼어져 바닥에 눕혀졌고, 캔버스 프레임을 제거한 뒤 청소기로 뒷면의 먼지를 제거하고 중성지를 깐 뒤 십여 명의 사람들이 둥글게 말아, 아름드리나무같이 육중한 두루마리로 만들었다.❖ 심야에 이뤄진 〈게르니카〉의 포장 작

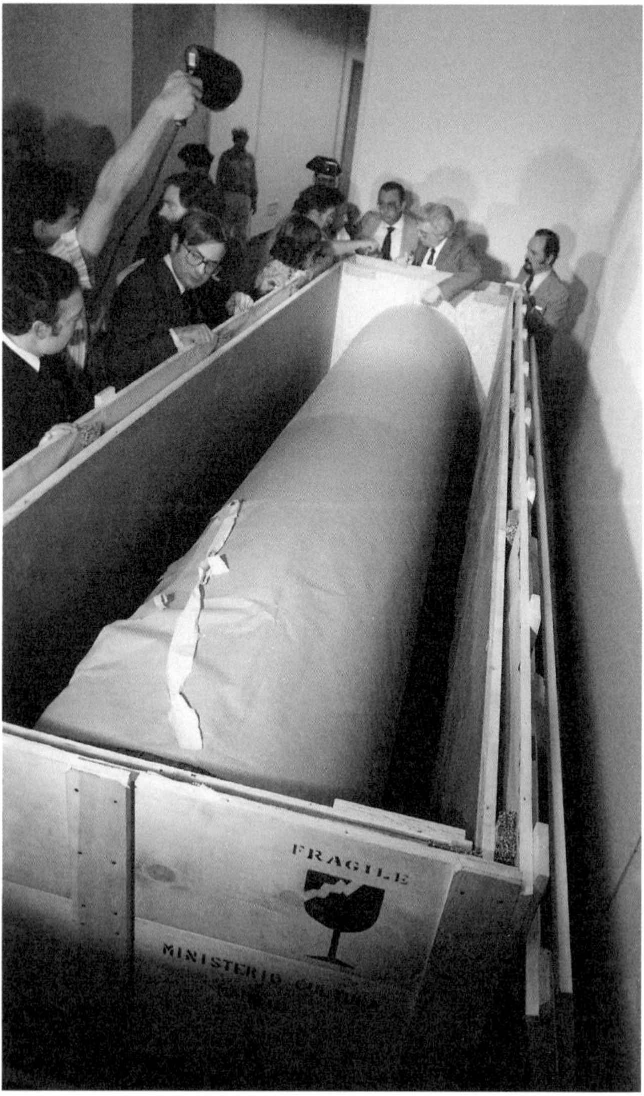

스페인에 도착한 〈게르니카〉를 개봉하는 장면.
© Jesús González

업에는 미술관의 보존과 기록 부서의 직원들은 물론 리처드 올든버그Richard Oldenburg 관장과 주요 부서의 책임자들, 영상과 사진 기록 담당자, 목수와 사진작가, 예술가 등이 두루 참여했다. 계단을 내려온 두루마리 상태의 〈게르니카〉는 딱 맞는 크기로 짜놓은 나무 상자에 넣어 봉해졌다. 그림이 담긴 상자는 항공기에 실려 다음 날 스페인 마드리드에 도착했다.

예술 작품과 문화재 운송은 한 편의 드라마와 같다. 거대한 작품을 손상 없이 들이기 위해 과감히 건물 벽을 부수었다든가, 국립중앙박물관 이전 작업에 5백여 대의 무진동 차량이 동원되었다는 등의 일화에 깊은 인상을 받는다. 이 드라마의 디테일은 그 자체로 명품의 경지에 이른, 단 하나의 작품만을 허락하는 정교한 맞춤 케이스 안에 천으로 감싼 솜과 중성지를 겹겹이 두른 포장으로 완성된다.

그렇지만 이 비밀스럽고 섬세한 작업은 어쩌면 아날로그 시대의 또 다른 유물이 될지 모른다. 우리 시대엔 무진동 차량이 필요하지 않은 작품들이 무수히 태어나고 있기 때문이다. 개념으로 승부하는 이 시대의 미술 작품들은 우리가 사진을

❖ 뉴욕 현대미술관 홈페이지에서 게르니카 반환 과정을 기록한 영상과 사진 자료를 제공한다. https://www.moma.org/interactives/moma_through_time/1980/adios-guernica/

전송하듯 데이터를 전송해 작품을 전시 장소로 보낸다. 또 전시 장소 근처에서 구할 수 있는 재료들을 이용해 현장에서 제작한다. 작가의 모든 생각과 행동이, 그러므로 운송 과정 역시도 작품의 일부가 되는 시대가 된 것이다. 드라마틱한 운송의 뒷얘기는 전설이 될 준비를 하고 있다.

청소

2백 년 동안 쌓인 먼지의 무게

청소한 지 며칠만 지나도 선반 위가 뽀얗다. 먼지는 시간의 때 같아서 딱히 어지럽히는 이가 없어도 쌓이고, 청소는 허탈하게 되풀이된다. 미술관에 들어서면 그토록 많은 사람들이 드나드는 드넓은 공간이 먼지 하나 얼룩 하나 없이 반들반들하다는 사실에 놀란다. 미술관은 얼마나 쾌적한가. 장마철의 눅눅한 습기와 열기도 한겨울의 칼바람도 그 안에 들이치지 못한다. 세상 어디에나 무시로 쌓이는 먼지 역시 미술관에선 좀처럼 보기 힘들다.

관람객들은 이 이상적인 환경을 만끽하지만, 미술관의 완벽한 실내 공기와 말끔한 청소 상태는 사람에 앞서 작품을 보호하기 위해 조성된 환경이다. 드나드는 사람들은 귀하신 작품 덕에 청정한 환경이란 혜택을 누리는 셈이다.

바닥 청소는 비교적 간단한 일이다. 면적이 넓은 전시장이라면 먼지 흡입과 물청소가 모두 가능한 청소차를 이용할 수도 있다. 하지만 목공으로 솜씨를 부리고 금박을 입힌 액자들은 굴곡진 틈마다 먼지가 쌓인다. 사람의 키를 훌쩍 넘는 거대한 액자와 조각상을 닦아야 한다면 난이도가 상당할 것이다. 박물관용이라 표방하는 청소기들은 흡입한 먼지가 다시 배출되지 않는 헤파 필터는 물론, 진동 강도와 속도를 미세하게 조정할 수 있는 기능을 갖추고 있다. 작품에 해를 끼치지 않기 위해서다. 대단한 기능을 자랑하는 장비를 갖췄다고 해도 청소는 절로 되지 않는다. 누군가가 청소를 해야 한다! 그리고 어떤 도구를 선택하고, 어떤 순서로 하느냐에 따라 청소의 결과는 상당히 달라질 수 있다.

지난 2004년, 장장 일 년에 걸친 〈다비드〉 상의 청소 작업이 진행되었다. 미켈란젤로가 〈다비드〉 상을 제작한 지 5백년 만에, 피렌체의 시뇨리아 광장에 있던 조각상이 아카데미아 미술관으로 이동한 지 130년 만에 이루어진 대청소였다. 1843년에 보수될 때 도포된 다량의 염산과 보호용 왁스 그리고 조각상 위에 쌓인 때를 제거하기 위한 작업이었다.

〈다비드〉 상에게 손상을 가하지 않고 청소하는 방법을 찾기 위해 근 십 년에 걸쳐 전문가들이 협의했으나 어떤 청소법을 택할지 합의하지 못했다. 물을 사용해 세척할 것을 주장한 쪽과 솔을 이용해 먼지만 제거하자는 의견이 팽팽했다. 결국 〈다비드〉 상은 습식으로 청소하게 되었다. 물청소라고 해도 자동차 세차 같은 센 물살을 쏘는 거친 방식은 아니다. 두 번 증류한 물에 적신 청소용 종이를 이용해 조각상 표면에 앉은 때와 황산염 찌꺼기를 긁어내 제거했다. 이 청소포는 셀룰로오스와 해포석을 혼합해 만든 것으로 아카데미아 미술관 측은 "신생아를 목욕시켜도 좋은 방법"이라며 조각상에 해가 없다고 강조했다. 이 작업에 소요된 예산은 16만 달러(약 2억 1천만 원)였다.

광장에 서 있는 동안 〈다비드〉 상은 여러 차례 위기를 맞았다. 번개를 맞기도 했고, 메디치가家에 반대하는 군중에 의해 왼쪽 팔이 부서지기도 했다. 이후 19세기에 들어 손가락과 발가락이 파괴되어 보수한 일도 있었다. 이런 일을 겪으며 야외에서는 안전하게 보존할 수 없다는 판단을 내렸고, 원래 위치에는 복제품을 설치하고 원본은 미술관으로 옮기게 되었다.

어떤 일이 벌어질지 모르는 위험천만한 바깥에서 안전한 실내로 데려왔지만 미술관 안이라고 해서 백퍼센트 안전하진

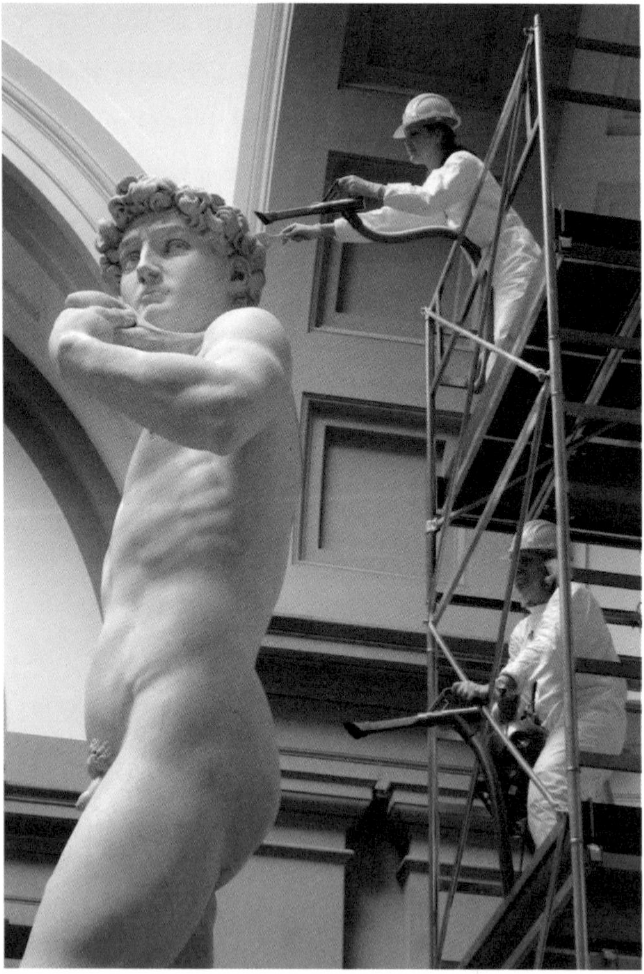

받침대를 포함한 〈다비드〉 상의 전체 높이는 5.17미터에 달한다. 비계를 세우고 〈다비드〉 상을 청소하는 모습.
출처: Florence Daily News

않다. 아무도 건드리지 않아도 먼지는 쌓인다. 관람객들이 입고 있는 옷에서 나오는 각양각색의 먼지들이 〈다비드〉 상에 내려앉는다. 밖에선 바람과 비에 의해 떨어져 나갈 먼지이건만 미술관 안에서는 인간의 손으로 털어내고 돌봐주지 않으면 안 된다.

대청소를 마친 뒤 20여 년 동안 〈다비드〉 상은 두 달에 한 번씩 미술관이 쉬는 월요일에 먼지를 털어주는 '건식' 청소 방법으로 몸을 닦고 있다. 〈다비드〉 상은 지지대를 포함해 총 높이가 5.17미터다. 〈다비드〉의 먼지를 털기 위해서는 먼저 철제 비계를 세워야 한다. 그 뒤에 전담 직원이 등에 매는 청소기와 솔을 들고 올라가 한나절 꼬박 먼지를 터는 작업을 한다. 미켈란젤로가 만든 다른 걸작들, 또 미술관의 다른 보물들 역시 관람객이 없는 월요일이면 먼지를 털고 손상된 부분이 없는지 살피고 점검하면서 휴일을 보낸다. 다른 미술관·박물관의 사정도 다르지 않을 것이다.

후후 불면 날아가는 먼지려니 하고 가볍게 보아선 안 된다. 뮤지엄 관리에서 먼지는 결정적이다. 표면에 달라붙은 먼지는 시간이 지나면 털어내는 정도로는 떨어지지 않고 떼어내려면 작품에 손상을 입히게 된다. 먼지는 박물관 종사자들에겐 직업병을 부르는 원인이 되기도 한다. 이난영 전 국립경주

박물관 관장은 창고에서 유물을 관리하던 시절 지독한 먼지 알레르기가 생겼다. "박물관 생활을 알레르기하고 같이 했네요. 10년 잠복기, 20년 긁고, 7년 낫고, 딱 37년이니까요."[19]

새로운 기획전이 수시로 열리는 전시장은 일 년 내내 인테리어 공사를 하는 집과 같다. 가벽을 설치하고 전시 가구를 들이고 작품 포장을 뜯고 설치하는 일 모두 먼지를 일으킨다. 공사 흔적 하나 없이 매끈한 바닥과 상쾌한 공기로 입장객을 맞는 미술관이 새삼 감탄스럽다.

프레더릭 와이즈먼 감독이 2016년에 제작한 다큐멘터리 〈내셔널갤러리〉는 개장 전의 텅 빈 전시실에서 윤이 나는 매끈한 바닥 위로 벽에 걸린 그림들이 그림자를 드리우고 있는 장면에서 시작한다. 영국 런던의 내셔널갤러리를 세 시간에 걸쳐 소개하는 이 영화에서 처음으로 나오는 소리는 위잉 하고 돌아가는 진공청소기의 모터 소음이고, 뒤이어 등장하는 첫 번째 인물은 청소부다. 청소기가 작동을 멈추고 나서야 미술관의 문이 열린다.

지진

흔들려도 쓰러지지 않는 조각상을 위해

1755년 11월 1일, 포르투갈 리스본 대지진은 유럽에서 가장 번성한 도시를 한순간에 파괴했다. 진도 8.5에서 9로 추정되는 대지진과 쓰나미, 이어진 화재로 도시는 폐허가 되었다. 가톨릭 사제들은 지진을 죄악으로 물든 도시에 대한 신의 심판으로 단정했고, 공포에 질린 군중들에게 회개하라고 다그쳤다.

이 재난에 깊은 관심을 갖고 있던 프랑스 철학자 볼테르는 『캉디드 혹은 낙관주의』란 작품을 통해 맹목적인 교단을 신랄하게 풍자했다.

> "지진이 리스본의 4분의 3을 파괴한 후, 나라 안의 현자들은 대책을 강구했다. 코임브라 대학이 지진을 막는 가장 확실한 비법이라며 내놓은 방책이란 바로 몇 사람을 골라 약한 불에 천천히 태워 죽이는 장엄한 의식을 군중에게 제공하는 것이었다."[20]

한편 유럽 각국의 신문들은 이 가공할 지진 소식을 자극적인 삽화를 곁들여 전하며 대중에게 공포심을 불러일으키기 바빴다. 육지를 덮치는 광폭한 파도와 폐허가 된 건물, 화염에 휩싸인 군중들의 아비규환……. 삽화 속 리스본의 모습은 영락없이 「요한계시록」 속 최후의 날을 맞은 도시였다. 그런 삽화를 본 사람들은 다음 차례는 런던이나 파리가 될 거라며 두려움에 떨었다. 프랑스 판화가 자크-필리프 르 바Jacques-Philippe Le Bas만 이 비극을 흥분하지 않고 묘사했다.

지진 피해는 참혹했지만 리스본은 폼페이처럼 역사에서 사라지지 않고 부활했다. 지진을 하느님의 심판이라 여기고 금식과 회개 기도만 올렸다면 가능하지 않았을 일이다. 왕에게 전권을 받은 총리 카르발류*는 지진이 자연현상일 뿐이라고 시민들을 설득하고 도시 재건에 박차를 가했다. 설문 조

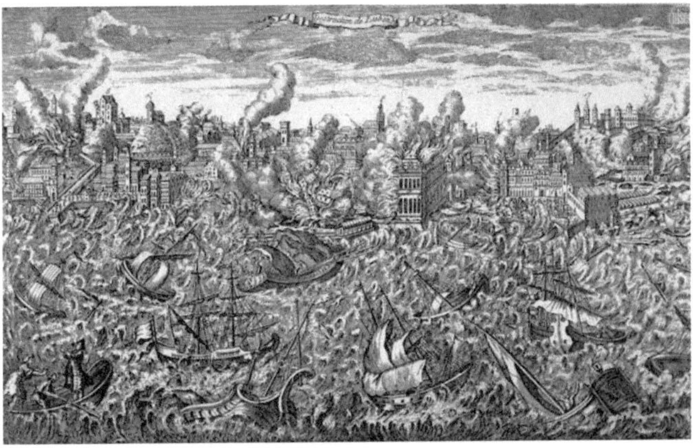

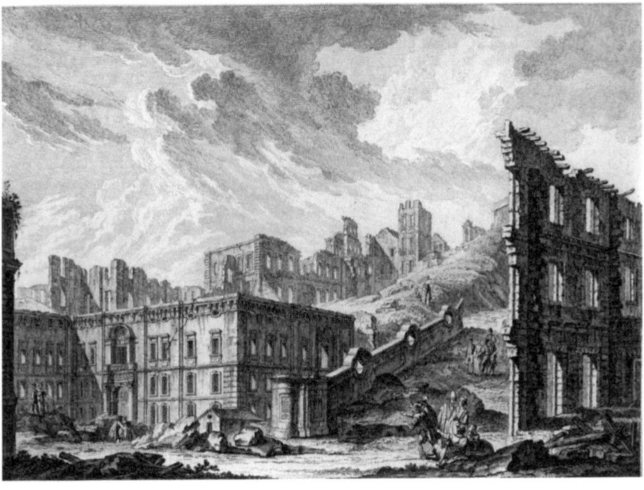

▲ 리스본 대지진을 다룬 작자 미상의 판화.

▼ 자크-필리프 르 바, 〈파트리아르칼 주변〉, 1757년.

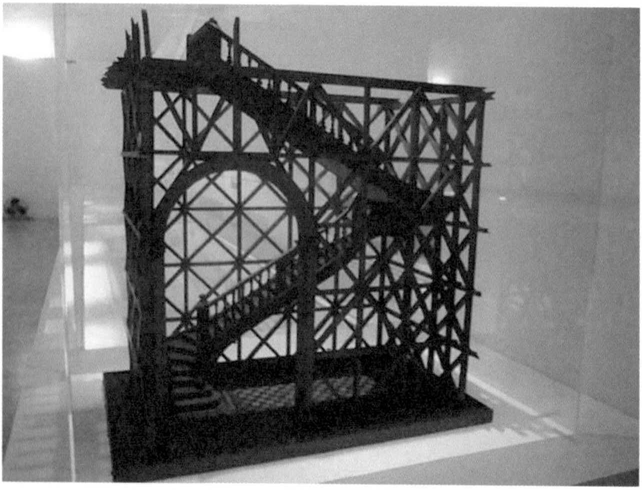

지진으로 파괴된 리스본의 폼발리나 지역을 재건하기 위해 고안된 내진 목조 건축물인 가이올라 구조 모형.

사 방법◈을 통해 지진 현황을 파악했고, 다시 지진이 닥쳐도 흔들리지 않을 건축 방법을 고안했다. 그 과정에서 나무를 엮어 만들어 엄청난 탄력을 가지는 '새장'이라는 뜻의 가이올라gaiola라는 구조물을 만들어냈다. 효과를 시험하기 위해 가이

❖ 정식 이름은 세바스티앙 주제 드 카르발류 이 멜루Sebastião José de Carvalho e Melo, Marquis of Pombal(1699~1782년)이며, 흔히 폼발 후작으로 불린다.

◈ 폼발 조사Pombal Survey라 불린다. 지진 현상에 대해 묻는 13개 항목의 설문 조사로 지진 측정 수단이 없던 시기에 현대 지진학의 출발점이 된 조사 방법으로 인정받고 있다.

올라 모형을 만든 뒤 군대를 동원해 주변을 행진하며 진동에 견디는지 시험하고 방망이로 세게 치거나 밟는 등 여러 실험을 거쳐 내구성을 확인했다. 대재앙은 한 도시를 파괴하고 셀 수 없이 많은 목숨을 앗아갔으며, 티치아노, 코레조, 루벤스 등이 그린 명화 수백 점을 잿더미로 만들었지만 다음 번 재앙에 대비할 기회가 되기도 했던 것이다.

미국 로스앤젤레스에 있는 게티 센터는 샌 안드레아스 단층 가까이에 위치하고 있다. 1906년 수천 명의 사상자를 낸 샌프란시스코 대지진을 일으킨 단층이다. 드웨인 존슨이 주연한 영화 〈샌 안드레아스〉(2015년)에서 진도 9.6의 지진으로 샌프란시스코를 초토화시킨 것도 바로 이 단층이다. 1983년 규모 6.5로 캘리포니아 콜링가Coalinga 지역을 강타한 지진이 일어났을 때 그 진동은 2백 킬로미터 떨어진 폴 게티 미술관까지 전해졌다. 미술관 측은 이 지진을 계기로 소장품 보호 방법을 다각도로 연구하기 시작했다.◆

◆ 게티 보존연구소는 그리스, 네팔 등 지진이 잦은 지역의 문화재 보호를 위한 공동 연구를 장기 프로젝트로 진행하고 있다. 2006년부터 2011년까지 로스앤젤레스, 이스탄불 등에서 일련의 국제 심포지엄을 열었으며 2022년부터는 미술관 '고정 작업' 전문가들의 국제 포럼International Mountmakers Forum을 운영하고 있다. https://www.getty.edu/projects/seismic-mountmaking/

게티 미술관은 1976년 창립자인 폴 게티 사후 그의 유산을 바탕으로 박물관과 연구소, 재단을 포함하는 방대한 규모의 게티 센터 건립을 추진했다. 게티 센터 공사가 한창이던 1994년, 이번엔 로스앤젤레스 도심 북서쪽에서 지진이 일어났다. 노스리지Northridge 지진은 규모 6.7의 강진으로, 인명 피해는 사망자 54명, 부상자 9천여 명에 달했다. 고속도로 등 기간 시설이 파괴되었고, 5백 개 이상의 주요 건축물이 손상을 입었으며, 가스관과 수도관이 끊어져 도심에선 화재와 홍수가 동시에 발생하는 혼돈에 빠져들었다. 할리우드의 영화와 드라마 제작이 중단되었고 대학들은 개강을 연기했다. 기숙사가 폐쇄되고 수업이 임시 강의실에서 열리는 파행으로 등록을 포기하는 학생들이 속출했다. 지진이 모두를 멈춰 세웠다.

그런데 폴 게티 미술관 소장품들은 의외로 큰 피해를 입지 않았다. 높이 2미터가 넘는 아프로디테 조각상도 멀쩡했고, 유리로 만든 그리스 화병도 무슨 일이 있었냐는 듯 흔들림 없이 서 있었다. 인근의 다른 미술관과 박물관들은 그보다 더 피해를 입었지만 바깥세상에 비하면 경미했다. 그저 운이 좋았던 것은 아니었다. 지진이 언제든 다시 온다는 걸 알고 준비했기 때문이다.

뮤지엄에선 깨지기 쉬운 유리 소재의 작품이나 도자기류를 여러 가지 방법으로 고정한다. 아크릴같이 투명한 소재를 사용하기도 하고 관람객의 눈에 보이지 않는 뒷면에 가느다란 철제로 된 틀을 부착해 지지하기도 한다. 보이지 않는 곳에 왁스를 발라 부착하기도 한다. 어느 소장품에나 사용 가능한 기성품은 없다. 소장품에 맞춰 형태도 소재도 완전 맞춤 제작을 해야 한다. 고정 작업은 작품의 무게중심을 고려하고, 움직임에 따라 입을 타격을 예상해 대처하는 한편 작품 감상이란 사명도 지켜야 한다. 물리학과 미학을 모두 만족시켜야 하는 까다로운 작업이다.

키가 큰 대리석 조각상들은 어떤 대비책을 써야 할까? 지지대를 세우는 방식은 작품 감상에 방해가 될 테고 바닥을 나사로 고정하는 방식을 쓰면 지진이 발생했을 때 고정된 밑부분만 남고 윗부분은 파손될 위험이 있다. 작품 진열대 자체가 지진파에 맞춰 천천히 움직이면서 충격을 흡수하는 방식이 이상적이다. 게티 연구소는 세 개의 프레임이 각각의 방향으로 움직이며 지진파를 완화하는 장치를 개발해 조각 작품의 지지대로 사용하고 있다. 수직으로 서 있는 작품 지지대 밑에는 각각의 형태에 맞게 고안된 강철 구조물과 롤러, 스프링 등이 작품을 떠받치고 있다.

보존 연구소에서는 각각의 작품의 형체와 무게에 꼭 맞는 지지대를 만들기 위해 3D 스캐너를 이용해 소장품의 본을 떠서 원본과 같은 모형을 만든 다음 다양한 진동을 주며 실험

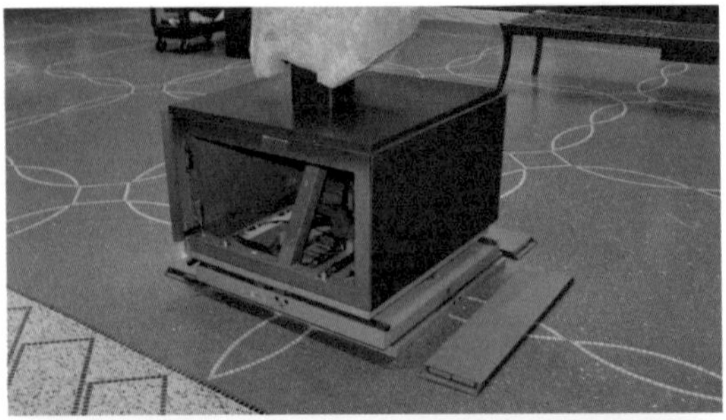

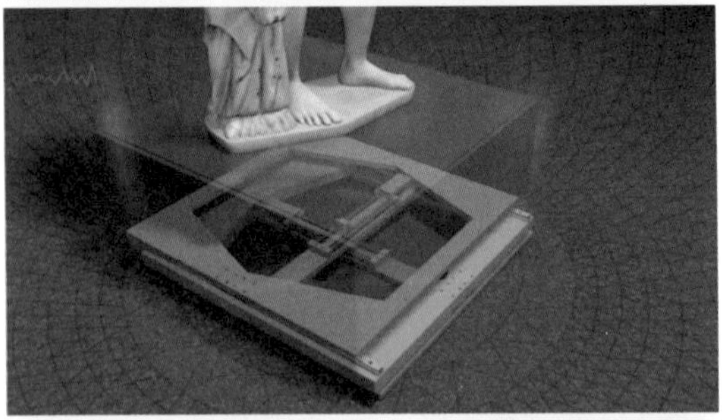

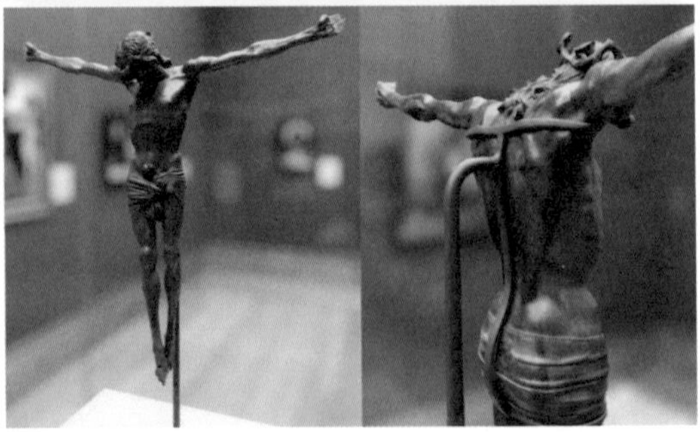

▲▲ 게티 보존연구소에서 실험한 대리석 조각상 지지대 시뮬레이션.

▼ 게티 미술관에서 목재 조각상을 고정한 모습. 〈코퍼스 크리스티〉, 베이트 슈토스, 1490~1500년.

출처: www.getty.edu

한다. 가이올라 모형을 만들어 발로 굴려보고 방망이로 쳐보면서 내구성을 테스트하던 18세기 리스본 사람들의 방식은 21세기까지 그대로 이어지고 있다.

일본은 이웃인 우리나라와는 비교가 불가할 정도로 지진이 잦다. 일본은 어떻게 미술관 건물과 작품들을 보호하고 있을까? 도쿄의 우에노 공원 안에 있는 일본 국립서양미술관은 1959년 건축가 르코르뷔지에가 설계한 건물이다. 제2차 세계대전 때 프랑스가 압류했던 마쓰카타 고지로松方幸次郎의 수집품을 기증 형식으로 돌려주면서 건립되었다. 국립서양미술관이 소장한 미술 작품은 루벤스, 모네, 르누아르, 고흐 등 서양미술 작품이 6천여 점에 달하고, 건물 자체도 현대 건축의 거장 르코르뷔지에의 작품이라 2007년에 유네스코 세계문화유산으로 지정되었다.

국립서양미술관은 1995년 한신 대지진 이후 2년에 걸쳐 대대적인 지진 대비 공사를 진행했다. 이미 완공된 건물에 내진성을 키우려 할 때는 벽을 추가하고 기둥과 보의 두께를 늘리는 것이 일반적이지만 국립서양미술관처럼 건축물 자체가 작품이요 문화재인 경우는 원래의 모양을 해칠 수 있으므로 적절하지 않았다.

그래서 국립서양미술관은 기존 건축물의 기초 아래에 면

진 장치를 추가하는 방식을 택했다. 면진免震은 진동에 쿠션 역할을 하는 장치를 설치해 건물이 지진 진동에 맞춰 천천히 흔들리며 지진 피해를 입지 않도록 하는 방식이다. 건물의 기초 부위를 파서 임시로 지지할 기둥을 세우고 기둥을 잘라내 그 안에 면진 장치를 삽입하는 형태로 진행되었다. 물건이 가득 올려져 있는 탁자를 조금도 흔들리지 않게 조심하며 발판을 하나씩 끼우는 일을 상상해보면 된다. 국립서양미술관에는 개당 140~300톤을 지탱하는 49개의 면진 장치가 설치되었다. 지난 2011년 후쿠시마 원전 사고를 일으킨 진도 9.0의 동일본 대지진 때 46만 점의 문화재가 피해를 입었으나, 이런 대공사 덕분에 국립서양미술관은 큰 피해를 입지 않았다.

우리나라에서도 지난 2016년 9월 경주에서 진도 5.8의 지진이 발생한 바 있다. 이 지진으로 첨성대의 정자석井字石이 3.8센티미터가량 이동하는 피해를 입었고, 기우는 속도가 더 빨라졌다. 다행히 그해 7월에 있었던 울산 동구 해역 지진 이후 박물관 유물들에 고정 작업을 해두어 큰 피해를 입진 않았지만, 지진이 남의 나라 일이 아니라는 점은 분명히 알게 되었다. 지진 이후 경주 국립박물관은 다방면으로 지진 대책을 세웠다.* 지진 이후에 부착된 진열대의 유리 안전 필름은 유물뿐 아니라 관람객도 보호해줄 것이다.

미술관은 우리가 아는 어느 장소보다 평온한 표정이지만

미술관의 역사를 돌아보면 이내 완벽하게 안전한 곳은 없다는 걸 확인하게 된다. 전쟁, 홍수, 화재 등은 불시에 미술관을 침범해왔다. 『아기 돼지 삼형제』의 셋째가 벽돌을 한 장씩 쌓아 올려 지은 조적식 집은 늑대의 입김에는 끄떡없겠지만 지진 앞에선 와르르 무너진다. 미술관은 과연 지진을 이겨낼 수 있을까? 겉보기로는 알 수 없다. 지진 대비 장치들은 건물 벽 속에, 작품 지지대 속에 숨어서 지표면 밑에서 예고 없이 덮쳐올 지진을 묵묵히 기다린다. 꼭 필요한 위기의 순간에만 스스로를 드러낼 것이다.

❖ 2018년 경주 국립경주박물관은 '박물관 지진방재 국제학술 심포지엄'을, 국립문화재연구원은 '건축문화재 지진재해 대응 국제심포지엄'을 개최했다.

화재

미술관이 불을 끄는 방식

벨라스케스의 대작 〈시녀들〉(1656년)은 운이 좋았다. 1734년 12월 24일, 크리스마스이브에 마드리드 왕궁Alcazar de Madrid에 불이 났다. 9세기에 건설되어 수세기 동안 증축된 이 궁 안에는 틴토레토, 뒤러, 다빈치 등의 유럽 회화 걸작이 2천 점 가까이 있었고 수많은 금은보석 공예품이 있었다. 불길이 타오르는 궁정 안에서 그림들을 구하기 위해 정원으로 집어던졌지만 5백 점가량이 불타고 말았다. 살아남은 예술품들은 마차에 실려 피난을 떠났다. 불은 나흘 동안 계속되며 궁전을 다 태우고 나서야 꺼졌다. 현재의 마드리드 왕궁Palacio Real은 불탄 자리에 새로 지은 것이다. 벨라스케스의 그림 〈시녀들〉의 마르가리타 테레사 공주는 왼쪽 뺨이 불길에 그을렸고 액자가 망가졌지만 끝내 살아남았다. 이후 왕실 화가 후안 가르시아 데 미란다Juan García de Miranda가 훼손된 부분을 다시 칠해 넣었다.

2018년 파리 노트르담 대성당이 불길에 휩싸였다. 다음 해인 2019년에는 브라질 국립박물관이 화마에 휩싸여 유물 2천만 점이 불탔다. 전 세계 곳곳에서 많은 이들이 마음을 졸이며 손에 든 스마트폰으로 불타는 성당과 박물관의 모습을 지켜봤다. 인터넷의 위력 덕분에 전 세계의 많은 이들이 실시간으로 이 장면을 목격했지만 제아무리 많은 사람이 발을 동동 구르며 지켜보고 있어도 불을 끌 수는 없었다. 먼 나라 얘기만이 아니다. 가까이는 2008년 숭례문 화재가 있었고, 한국전쟁 때문에 부산으로 대피했던 국보급 문화재 4천여 점이 1955년 부산 용두산 화재로 소실된 일이 있다.❖

그러니 18세기에 일어난 대화재에서 살아남은 〈시녀들〉을

❖ 용두산 화재로 소실된 문화재 중에는 조선 시대 왕의 어진도 있었다. 총 48점의 어진이 보관되어 있었는데 30점은 재로 변하고 조각이라도 남은 건 18점뿐이었다. 국립고궁박물관은 2007년부터 2017년까지 십 년에 걸쳐 보존 처리 작업을 진행해 부분적이나마 7점의 복원을 마치고 2020년 한국전쟁 70년을 맞아 공개했다. https://news.kbs.co.kr/news/view.do?ncd=4477951

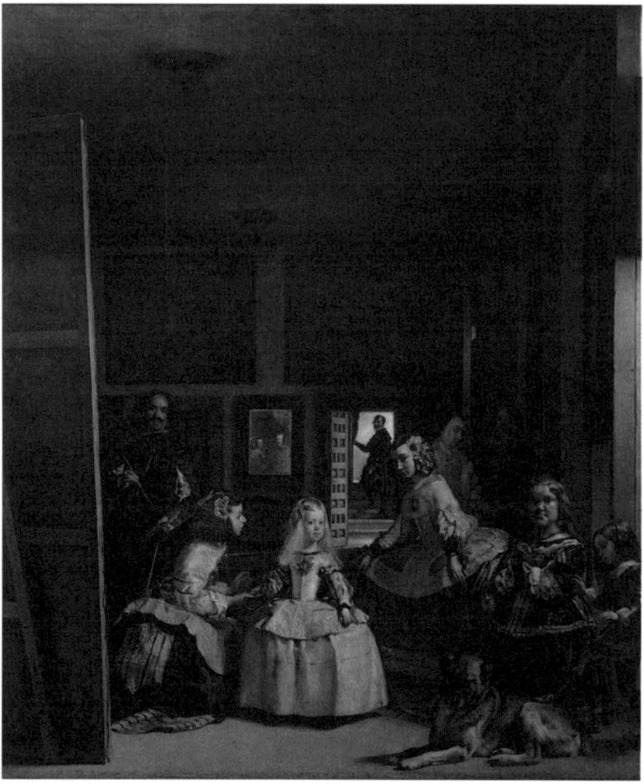

벨라스케스, 〈시녀들〉, 1656년경, 캔버스에 유채, 316×276cm, 프라도 미술관, 마드리드.

생각하면 안도의 한숨을 내쉬게 된다. 이 그림이 사라졌다면, 모리스 라벨의 〈죽은 왕녀를 위한 파반느〉도, 프라도 미술관 부관장이었던 페르도 페르난데스가 쓴 소설 『벨라스케스의 거울』도 세상에 태어나지 않았을 것이다. 이 그림이 없었다면 미셸 푸코의 『말과 사물』은 어떻게 되었을까? 『말과 사물』의 1부 1장 제목은 '시녀들'이며, 제목 그대로 이 그림에 대한 해석으로 가득하다. 〈시녀들〉이 무사한 덕분에 참 많은 것들이 뒤따를 수 있었다.

홍수나 지진, 폭격 등도 치명상을 입히지만 가장 두려운 건 화재다. 불은 복원할 여지도 주지 않고 일시에 모든 것을 재로 만들 수 있기 때문이다. 종이나 직물 등 불에 타기 쉬운 유물들을 대량 소장하고 있는 미술관·박물관에선 불에 민감할 수밖에 없다. 화재 진압은 빠르면 빠를수록 좋지만 미술관에서는 그와 동시에 소장품을 보호해야 한다는 이중의 과제가 있다. 소방 호스로 강력한 물을 뿌린다면 작품은 수해를 입게 될 테고, 분말 소화기 잔여물이 남아도 문제다. 미술관·박물관은 대부분 일반 건물보다 층고가 높은데 이런 점도 불이 나면 끄기 어려운 특성이 된다. 보통 가정이나 사무실 천장에 설치되는 습식 스프링클러는 층고가 높으면 화재 시 개방이 늦어져 초기 대처가 어렵기 때문에 일제살수식 스프링클러를 설치해야 하는데, 이 장치는 화재에 신속하게 대처할 수 있지만 광범위한 살수로 물에 의한 피해가 발생할 수 있다.

물이 아니라면 무엇으로 불을 끌 수 있을까? 박물관과 도서관 등에는 '기체'를 이용한 소화 설비를 갖추기도 한다. 불연성 가스를 일시에 대량으로 방출해서 공기 중의 산소 농도를 낮추거나 연소 반응을 차단하는 방식을 쓴다. 이산화탄소를 이용하는 소화 설비의 경우는 전기 화재에 효과가 크고 약제 잔여물이 남지 않는다는 장점이 있으나 소화용 약제는 이산화탄소 농도가 9퍼센트 이상으로 인체에 극히 해롭다. 이 때문에 불을 끄기 위한 장비가 오히려 사람의 목숨을 위협하는 안타까운 일이 벌어지기도 한다. 지난 2001년 서울 종로구 사간동의 금호미술관 2층 전시실에서 소화용 이산화탄소 가스가 누출되는 사고가 발생했다. 관람 중이던 유치원생을 비롯해 60여 명이 가스에 질식했고, 그중 한 명이 사망하는 비극이 발생했다.

소화 능력이 뛰어나고 무색, 무취, 무독성인 할론 1301은 박물관과 도서관용 소화 설비로 널리 이용되어왔으나 오존층 파괴 주범으로 지목되어 퇴출되었다. 우리나라에서도 2010년부터 할론 소화약제의 생산과 수입이 금지되었다. 필수 시설에만 예외적으로 사용을 허가하고 있다. 할론 1301의 대안으로 일명 청정 소화약제로 불리는 '할로겐 화합물 및 불활성기체 소화 설비'가 도입되고 있다. 불소, 브롬, 요오드, 염소 등이 사용되는데, 성능은 할론 계열 소화약제에 미치지 못한다고 한다.

2000년 용산 국립중앙박물관 건립 당시 어떤 소화 방식을 쓰느냐를 두고 논쟁이 있었다. 가스 소화 방식과 수계水計, 즉

물을 이용한 방식 중 어느 것을 택할 것이냐에 찬반 주장이 엇갈렸다. 가스 소화 방식을 반대하는 쪽에서는 이 방식이 세계적 흐름에 역행하고, 물의 소화 결정력을 따라갈 수 없음을 지적했다. 또 가스 소화 설비의 경우 매우 숙달된 인력이 필요하다는 점, 유물과 인체에 무해하다는 정밀 검토가 필요하다는 점을 들었다. 실제로 서대문 자연사박물관에서 기기 조작 미숙으로 소화액이 관람객에게 쏟아지는 사고가 발생한 일이 있었다.

물을 반대한 쪽에서는 우리나라 유물의 특성상 종이류가 많으므로 가스를 이용한 설비가 적절하고 소화 후 약제 잔재물이 남지 않는다는 점을 장점으로 들었다. 결과적으로 국립중앙박물관 어린이 박물관과 사무동은 수계 소화 방식인 스프링클러를, 전시실과 수장고 구역에는 가스계 소화 방식을 채택했다.

고요한 전시실, 칸막이 뒤에 몸을 숨긴 은색 소화기를 볼 때면 '여기엔 너도 색을 빼야 들어올 수 있는 곳이구나'라고 혼잣말을 하곤 했다. 미술관이니 미관에 신경을 썼으리라 지레짐작한 것이다. 소화기는 모두 눈에 번쩍 띄는 빨간색일 줄 알았는데 사실 몸통 색이 정해져 있진 않다. 통상 일반 화재에 사용하는 분말 소화기는 빨강을, 유류 화재와 전기 설비를 포함한 화재에 효력이 있는 가스계 약제 소화기는 은색 용기를 사용한다.❖ 오해하지 말자. 미술관은 겉멋만 부리는 부류가 아니다.

언제 닥칠지 모를 재난에 대비하는 일은 인간의 현명함과 인내심을 시험한다. 뮤지엄은 인류가 쌓아온 문명을 담은 보물 창고다. 그리고 문명을 지속하기 위해 예상되는 모든 위험을 가늠하고 가장 탁월한 대비책을 준비하는 곳이다. 미술관은 세련된 차림새로 화재에 맞서는 치열한 싸움을 준비하고 있다.

❖ 우리나라에서는 화재를 일반 화재(A급), 유류·가스 화재(B급), 전기 화재(C급), 금속 화재(D급)로 구분한다. 소화 기구는 화재 소화 능력시험 결과에 의해 승인된 능력 단위가 표기되어 있어, 어떤 화재에서 사용 가능한지 알 수 있다.

〈다다익선〉은 언제까지 에이에스가 되나요?

‘순간의 선택이 십 년을 좌우합니다.’ 오래도록 회자된 이 가전제품 광고는 텔레비전이란 게 오래 써봐야 십 년이란 걸 알려준다. 브라운관(CRT) 모니터의 수명으로 십 년은 사람으로 치면 장수한 나이다. 관리를 잘하면 더 연장되겠지만 수명의 끝은 오고야 만다.

국립현대미술관 과천관의 전시장들을 잇는 나선형 램프코어에 설치된 백남준의 〈다다익선〉은 브라운관 1,003개로 이루어진 조형물이다.❖ 서울 올림픽을 앞둔 1988년 9월 15일

공식 제막식을 갖고 가동을 시작했다. 과장이 당연지사인 광고를 설령 믿는다고 해도 내구연한이 십 년인데, 30년 넘게 가동했다.

우리 집 거실에서 브라운관 텔레비전이 언제 사라졌던가? 1988년 이후로 텔레비전을 몇 번 바꿨던가? 기억조차 나지 않는다. 한때 우리들의 집에도 〈다다익선〉과 똑같은 텔레비전이 있었고, 그걸 눈치챈 짓궂은 관람객들이 집에서 쓰는 리모컨을 미술관에 가져와 화면을 조작하고 꺼버리는 해프닝도 벌어졌다고 한다. 그렇지만 우리는 너 나 할 것 없이 기회가 될 때마다 신기술로 무장한 더 얇고 더 화질 좋은 텔레비전으로 옮겨 갔다. 최신 브라운관 텔레비전이 골동품이 되어가는 34년 동안 〈다다익선〉의 브라운관만이 변함없이 미술관이 문을 여는 시간에 맞춰 스위치를 올리고 영상을 송출해왔다.

작가 백남준과 국립현대미술관 측은 설치 전부터 이 작품이 지닌 기술적인 문제를 알고 있었다. 1987년 11월과 12월에 열린 기술 검토 회의에서 하루 8시간 가동할 경우 십 년 뒤 전량 교체해야 한다는 점, 교체에 수반되는 구조적인 문제점, 장

❖ 백남준은 작품의 설치를 '조국에 대한 보답'이라고 표현하고, "이번에 큰 놈을 만들어 조국에 바친다"며, 한국의 개천절이 10월 3일이기 때문에 1,003대의 모니터를 사용한다고 했다. 장엽, 「국립현대미술관은 무엇을 수집하는가」, 『미술관은 무엇을 수집하는가』, 국립현대미술관, 2019년, 62쪽.

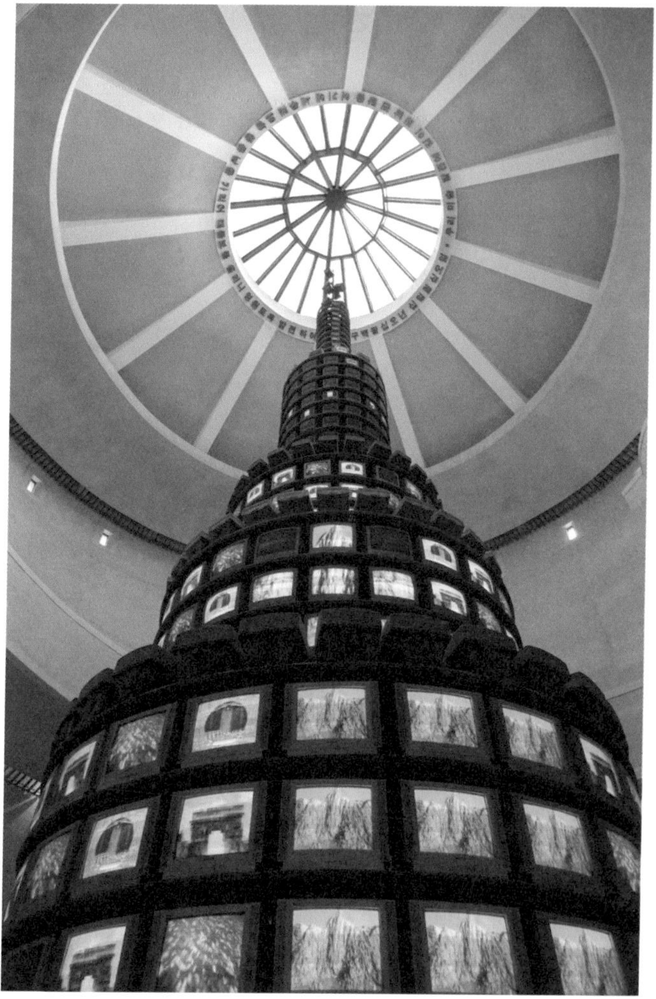

백남준, 〈다다익선〉, 영상 설치: 4채널 영상·컬러·사운드, 모니터 1,003대, 철 구조물, 1,850×1,100×1,100cm, 1988년, 국립현대미술관, 과천.

기 작동 시 화재 발생 가능성 등이 언급되었다. 삼성 측은 작품에 쓰일 1,003개에 수리 교체용을 더해 1,300개를 기증했고, 고장 나면 그때그때 교체하며 2003년까지 상설 전시를 계속해 갔다. 스위치를 하나 올릴 때마다 스파크가 파바박 이는 긴장된 하루하루, 〈다다익선〉은 미술관 직원들의 아날로그적인 돌봄을 받으며 생을 이어갔다.

첫 위기는 2003년에 왔다. 화재가 발생한 것이다. 변압기, DVD 플레이어, 영상 콘트롤러와 함께 모니터 전면 교체가 진행됐다. 이번에도 삼성이 모니터 470대를 지원했다. 십여 년 뒤 〈다다익선〉은 다시 멈췄다. 가동할 경우 누전에 의한 화재, 폭발 위험이 있다는 전기안전점검 결과에 따라 2016년 2월 가동이 전면 중단됐다. 그 뒤로 2022년까지 〈다다익선〉은 오랫동안 불 꺼진 채로 서 있었다.

〈다다익선〉을 어떻게 할 것인가? 결정은 쉽지 않았다. 온 세상의 브라운관을 훑어 모아 얼마간은 작동할 수 있을지 모른다. 하지만 1,003개의 브라운관을 지속적으로 정상 가동하는 건 불가능하다. 설사 브라운관이 있다고 해도 화재 위험과 전력 사용 문제는 남는다. 〈다다익선〉을 계속 가동하려면, 브라운관을 LED로 전면 교체하는 방법을 택하는 게 현실적일까? 그것 역시 미봉책이다. 브라운관에서 LED까지 텔레비전 모니터는 십 년 주기로 PDP(플라스마 디스플레이), LCD(액정 디스플레이)를 거쳐 오늘에 이르렀다. LED가 십 년 뒤에도 지금 처럼 주류로 남아 있으리라고 장담할 수 없다.

백남준은 작품을 제작할 때 특정 모니터를 고수하지 않고 그때그때 일반적으로 쓰이는 걸 사용해왔다. 영상이 잘 송출 된다면 어떤 것을 쓰든 문제없다고도 말했다. 2003년의 모니 터 교체 때도 원래 사용한 검은색 프레임을 구할 수 없어 일부 는 은색으로 대체해야 했는데 백남준은 이를 흔쾌히 승낙했 다. 수리와 교체에 대한 전권을 기술자(테크니션) 이정성에게 일임한다는 각서도 써주었다.

그렇지만 작품을 관리하고 보수하는 입장에선 작가처럼 유연하기 힘들다. 원형 그대로가 가장 이상적이다. 볼록한 브 라운관이 납작한 LED로 바뀐다면 그 다른 모양새가 여전히 〈다다익선〉일까? 외양만 다른 게 아니다. 브라운관과 LED는 물성이 전혀 다르다. 백남준의 조수로서 〈다다익선〉 설치에 참가했던 폴 개린은 이렇게 말한다.

> "브라운관 모니터를 켜면…… 방 안이 전기로 가득 차고 솜털이 비쭉 서요. 1,000대가 넘는 모니터를 켜면 어떻게 되겠어요! 붐 하고 고음파가 쭉 올라가죠. LED 모니터는 그런 효과가 없어요. 1,003대의 브라운관 모니터가 그 크기의 공간에 있다는 것은 영상을 켜지 않아도 그 작품만의 아우라가 있어요. 그

건 물질적인 매체를 빼고는 보존할 수 없어요."[21]

백남준의 〈다다익선〉을 보존하는 방향은 크게 세 가지다.❖ 영상 없이 브라운관으로 이루어진 외양을 그대로 유지하는 안, 현재의 기술로 영상을 송출할 수 있는 모니터로 교체하는 안, 마지막으로 작품의 소멸을 인정하고 해체하여 보관하는 안이다. 각각 〈다다익선〉이란 작품의 정체를 무엇으로 보느냐에 따른 입장이다. 1안은 18.5미터의 계단형 철골 구조물에 1,003대의 브라운관 모니터로 이뤄진 〈다다익선〉의 외양이 곧 이 작품이라고 본다. 2안은 백남준이 만든 영상을 작품의 핵심으로 보기 때문에 어떤 스크린에서 송출되든 상관없다. 3안은 〈다다익선〉은 1과 2의 결합이고 이제는 제대로 작동되지도 감상할 수도 없으므로 작품의 소멸을 인정하자는

❖ 우종덕의 〈The More The Better(다다익선)〉은 〈다다익선〉 복원을 둘러싼 세 가지 의견을 시각화한 영상설치 작품이다. 여기에서 '시간의 흐름이 반영되기를 원하는 나 자신'의 입장은 이렇다. "지금 그대로 전시하다가 하나둘 꺼지면 꺼지는 대로 두는 것은 어때? 시간이 지나 브라운관이 점차 꺼져가는 그 자체 역시 하나의 이야기이고, 이 작품의 생애라고 생각해. 작가도 이 작품에 대해 '꺼져도 상관없다'라고 이야기한 적이 있거든. 미술관 원형 계단 위에서 작품을 내려다본 적 있어? 나는 꺼져 있는 〈다다익선〉을 보면 작품이 나에게 말을 거는 듯한 기분이 들어. 켜져 있을 때의 현란한 영상이 사라지고 검은 화면만 있는 것이, 죽은 느낌이 아니라 오히려 그 검은 화면에서 나오던 현란한 이미지를 상상하게 만드니까." 『보존과학자 C의 하루』, 국립현대미술관, 2020년, 196쪽.

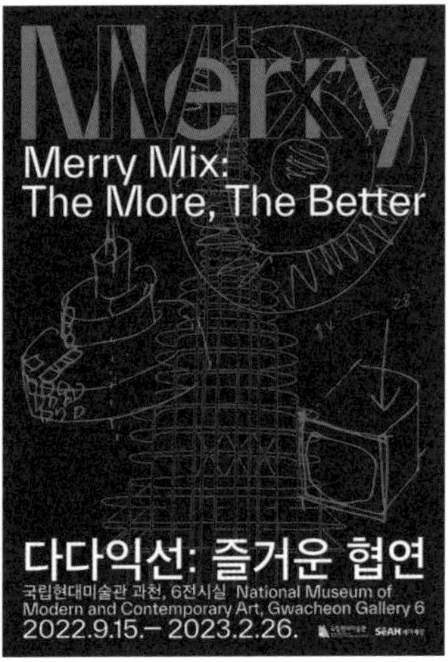

백남준의 〈다다익선〉 재가동을 기념해 국립현대미술관에서 열린 《다다익선, 즐거운 협연》(2022. 9. 15~2023. 2. 26) 전시 포스터.

것이다. 다 나름의 설득력이 있고, 하나를 고르긴 어렵다. 작가가 세상을 뜬 마당에 이 문제를 누가 결정한단 말인가?

〈다다익선〉은 몇 년 동안 꺼진 채로 있었다. 그건 단순한 방치는 아니었다. 쉽게 결정할 수 없는 일이기에 쉽게 처리하지 못했을 뿐이다. 〈다다익선〉은 '한강의 기적'의 예술 버전으로 만들어졌다. 한국형 '빨리빨리'가 총동원되었다. 처음 제작이 언급된 1986년 10월부터 서울 올림픽 전에 완성해야 한다고 못 박혀 있었다. 실제로 올림픽 개막 이틀 전에 가동을 시작했다. 만들 땐 거침없었지만 보존하는 일엔 섬세함과 지루

할 정도의 논쟁이 따라붙는다. 이번엔 '빨리빨리'가 통하지 않는다.

현대미술 작품 복원과 보존에는 따르기만 하면 되는 원칙과 매뉴얼이 없다. 국립현대미술관이 소장하고 있는 신미경의 조각 〈비너스〉는 그리스·로마풍의 대리석 전신 조각과 꼭 닮은 모습이지만 재료는 비누다. 물에 닿으면 녹아 사라지는 비누. 신미경 작가는 이 비누 연작을 전시장 화장실에 설치해 관람객들이 젖은 손으로 마음껏 쓰다듬고 만져서 녹아내리며 변형되게 하는 참여형 퍼포먼스를 벌이기도 했다. 비누는 사람 손과 물이 닿지 않아도 습도가 높아지면 표면에 물방울이 맺히거나 갈라지는 현상이 발생한다. 〈비너스〉는 변형되고 언젠가 소멸되는 것이 당연한 재료로 만들어진 작품이다.

현대미술은 표현 매체와 재료가 셀 수 없이 다양하다. 수백, 수천 년 동안 사용되어 내구성이 검증된 안료, 나무와 금속 같은 단일한 소재가 아니라 미술 재료라고 여겨지지 않는 일상용품이 덜컥 사용되기 때문에 보존·복원 방법을 가늠하기 어려운 경우가 많다. 앞서 언급한 비누 조각처럼 시간이 흐르면서 작품이 서서히 소멸해가기를 작가 자신이 의도한 경우도 있다.

미술관은 과연 이러한 작품을 어떻게 보존하고 복원해야 할까? 오히려 보존은 작품의 죽음을 예정했던 작가의 의도에

반하는 것이 아닐까? 백남준의 〈다다익선〉, 신미경의 〈비너스〉만이 아니라 동시대의 시각예술 작품 상당수가 이런 질곡에서 벗어나지 못하고 있다. 작품은 쉬지 않고 소멸의 길을 걷고 미술관은 전전긍긍한다. 무엇을 수집하고, 어떻게 보존할 것인가. 미술관의 고민이 깊어질 수밖에 없다.

〈다다익선〉은 설치 단계에서 이 작품이 십 년 뒤에 감당 못할 상태에 놓인다는 것을 모두 알고 있었다. 저주를 받은 공주는 열여섯 살이 되면 백 년 동안 잠들게 된다. 알고도 막을 수 없다. 현대미술 작품들은 영상, 사진, 문서로 된 아카이브 더미에 파묻혀 백 년을 잠들어 있어야 다시 깨어날 수 있는 운명인지도 모른다. 우리에겐 당장 방법이 없지만, 두 세대쯤 지나 문명이 새로운 눈을 가지면 어떤 방법을 찾아낼지 모른다. 잠자는 숲속의 공주는 신기하게도 백 년을 자고 난 뒤에도 눈곱 하나 주름 하나 없이 열여섯 생일날의 모습 그대로 깨어났다. 미술관에 들어온 작품들에게 언젠가 그런 미래가 오리라 상상해볼 뿐이다.❖

❖ 『보존과학자 C의 하루』, 98쪽. 「미술관은 무엇을 수집하는가」에서 피프 로렌슨은 "언제나 보존은 작품의 미래를 상상하는 것이다"라고 말했다.

비밀의 공간,
수장고는 왜 문을 여나

첩보 영화에서 흔히 보는 설정은 이렇다. 지구 평화를 흔들 수 있는 중대한 비밀 병기가 숨어 있는 그곳은 복잡한 비밀번호에 관리자 홍채 인식 같은 생체 보안 장치를 거쳐야 하고 마침내는 두 사람이 동시에 열쇠를 돌려야만 들어갈 수 있다. 미술관·박물관에도 그런 장소가 있다.

그곳은 '관계자 외 출입금지'라는 경고문이 붙은 문 뒤에 숨겨져 있다. 하지만 직원조차도 아무나 무시로 드나들 수 없다. 이중 삼중의 잠금장치를 풀고 2인 1조가 되어야만 들어갈 수 있는 곳이 바로 수장고다.

국립중앙박물관 정명희 큐레이터는 첫 발령 부서가 유물 관리부였다. 그의 책 『한 번쯤, 큐레이터』는 수장고에 드나드는 일을 세세하게 전해준다. 작품에 영향을 끼쳐서는 안 되기 때문에 마스크와 실리콘 장갑은 필수 준비물이다. 수장고에 들어갈 때는 상체를 숙일 경우 유물에 닿을 수 있는 소지품을 다 풀어놓는다. 스카프, 넥타이, 출입증을 벗어둔다. 통이 넓은 바지나 치마, 굽이 높은 신발도 금기다. 어떤 매뉴얼에도 나와 있지 않지만 큐레이터들 사이에 불문율처럼 통하는 수장고용 패션 지침이라고 한다.

> "신입 시절 선배들은 수장고 작업이 있거나 벽부 진열장 안에 들어가 유물을 교체할 때면 일단 바지 밑단을 양말 안에 접어 넣었다."[22]

위대한 예술품과 문화유산을 직접 만지고 보살피는 일을 하려면, 그 진중한 업무를 위해 우스꽝스러운 복장은 감수할 일이다. 또 손톱을 꾸미고 가꾸는 네일아트 같은 건 가볍게 포기해야 한다.

박물관은 가치 있는 인류 공통의 유산을 길이, 가능하면 영구히 보존하기 위해 설립된 장소이고 이런 관점에서 보자면 수장고는 그 정수다. 이내옥의 『문화재 다루기』는 단호하고 자못 비장하게 수장고의 조건을 설명한다. "수장고 시설은 완벽해야 한다."[23]

'완벽해야 한다'라는 정언명제에는 '완벽하기 어렵다'는 현실이 담겨 있다. 수장고 안에는 물성이 제각각인 소장품들이 모여 있다. 같은 그림이라도 종이 위에 그린 것과 비단 위에 그린 것이 다르고, 파스텔로 그렸는지 유화 물감으로 그렸는지에 따라 보관할 장의 모양이나 장을 짜는 재료가 달라진다.

언뜻 도기류는 질 좋은 나무로 짠 장에 넣어두면 좋겠다 싶지만 나무 장은 온습도 변화에 따라 뒤틀리는 변형이 일어나기 쉽다. 게다가 목재는 송진이나 수지가 흘러나올 수 있고 벌레도 낄 수 있는데 이를 방지하기 위해 칠을 하는 경우 그 성분이 소장품에 영향을 미칠 수 있다. 금속 재질은 녹이 슨다든가 날카로운 표면이 위험 요소다. 수장고의 수납장으로 무난한 소재는 알루미늄이다. 가장 안전하고 무해한 소재라고 여겨지는 종이조차 '리그닌' 성분을 제거한 것만 사용 가능하다. 수장고 안에서 사용할 집게, 장갑, 메모할 때 쓸 문구류, 먼지를 털기 위한 도구 하나까지도 바깥세상과는 다른 기준으로 엄격하게 골라 갖춰놓아야 한다.

수장고 내의 온도는 20±2도, 습도는 50±5%가 이상적이라고들 하지만 정확하게 말하면 '소장품에 따라' 달라야 한다. 예를 들어 작품이 사진이라면 적정 온습도는 확연히 달라진다. 사진은 빛에 의한 변색이 심하기 때문에 유리 원판 필름은 섭씨 15~25도, 일반 필름은 21도 이하에서 보관하는 걸 권장한다. 온도가 32도를 넘어가면 필름과 사진 모두 손상이 일어나기 때문에 전시장에서 조명에 의한 온도 상승에도 주의해야 한다. 사진은 습도에도 취약하다. 60% 이상이 되면 곰팡이가 생긴다. 흑백 필름은 40~50%, 천연색 필름은 15~25%로 관리해야 한다.

이런 까다로움 때문에 지난 2022년 서울 삼청동에 개관한 사진 전문 미술관 '뮤지엄한미'는 사진 전용의 저온 냉장 수장고를 갖췄다. 미술관 측은 온도가 4도 낮아질 때마다 보존 기간이 두 배씩 늘어난다며 저온 수장고는 15도, 냉장 수장고는 5도를 유지한다고 밝혔다.

사진 전용 수장고만큼은 아니더라도 수장고는 대체로 지하 깊은 곳, 햇빛도 들지 않고 사람도 가닿기 어려운 곳에 자리잡기 마련이다. 불 꺼진 수장고 안은 무덤처럼 깊지만, 그곳에선 아무것도 썩거나 상하지 않고 마르지도 무르지도 않은 채 벌레 하나 없이 외로워야 한다.

그런데 이 은밀한 공간, 수장고가 관람객들을 향해 문을 열고 있다. 국립현대미술관 청주관은 '개방형 수장고'를 표방하며 2018년 문을 열었고, 국립민속박물관 파주관 역시 그렇다.

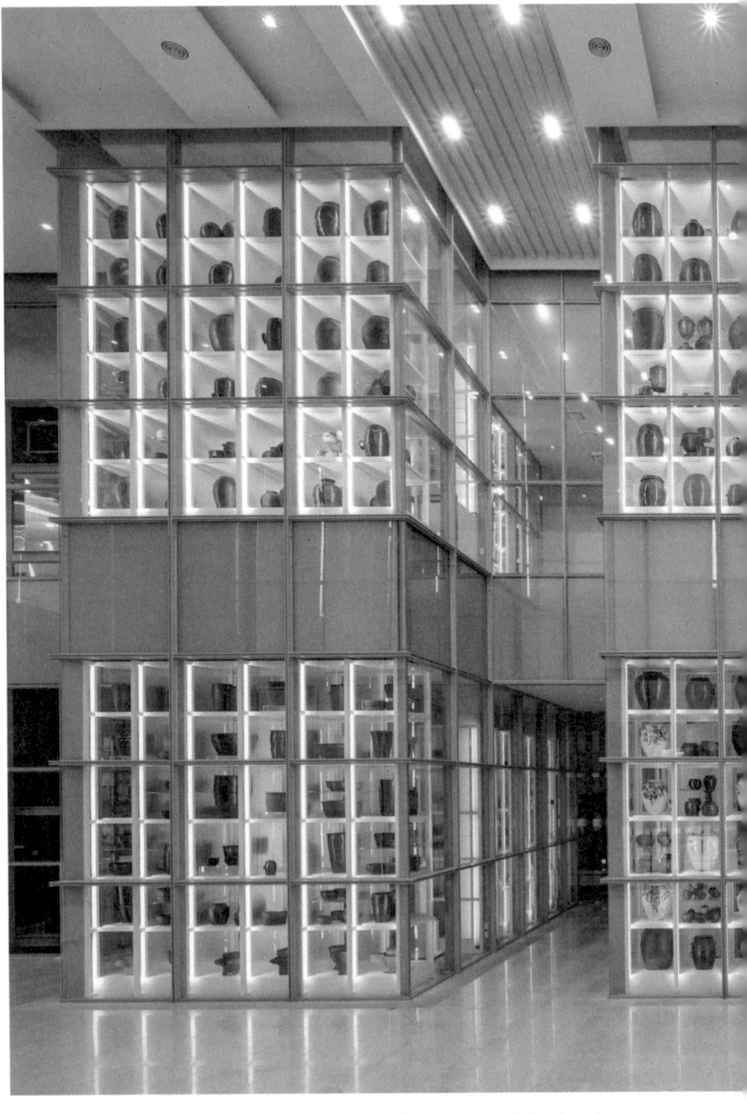

2021년 개관한 국립민속박물관 파주관의 보이는 수장고. photo: 국립민속박물관

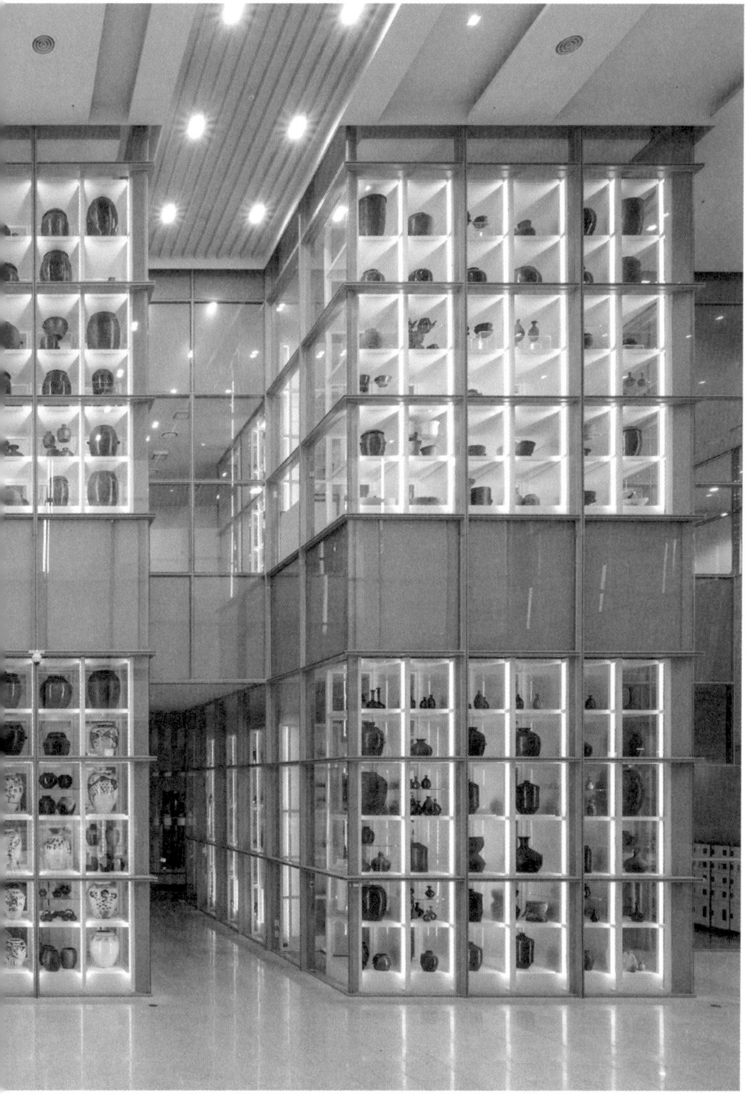

국립현대미술관 청주관 1층의 개방형 수장고는 빛이나 온습도 등 비교적 환경에 덜 민감한 조각 작품들이 빼곡하게 진열되어 있다. 작품들 사이가 널찍하게 떨어진 전시장보다는 칸칸이 적재해놓은 '창고형' 마트를 닮았다. 2층에 올라가면 투명한 유리 너머로 수장고 안을 들여다볼 수 있고, 4층에선 보다 본격적으로 수장고를 경험할 수 있다. 신을 갈아 신고 들어가서 서랍을 열어 그 안에 보관된 사진이나 회화 작품을 살펴보고, 레일이 설치된 장들을 움직여볼 수도 있다.

헤이리 예술마을에 접해 있는 국립민속박물관 파주관은 관람객들에게 더 격의 없이 다가선다. 로비에 들어서면 15미터 높이의 거대한 진열대가 빛을 뿜는다. 이곳에 칸칸이 들어찬 유물은 옹기, 요강, 연적, 다듬이돌 등 나이 지긋한 분들이라면 "우리 집에도 똑같은 물건이 있었는데"라고 할 만한 것들이다. 민속박물관은 국가 지정문화재보다는 생활용품에 가까운 유물들을 다룬다. 그러니 소장품 양이 많을 수밖에 없다. 국립민속박물관은 매년 실물 유물이 7천 점 이상씩 늘어나고 있는 실정이다. 부족한 전시 공간을 해결하고, 관람객에게 최대한 많은 유물을 보여줄 수 있으니 개방형 수장고가 딱 알맞다.

이런 변화는 극적이라 어리둥절하기도 하다. 개방형 수장고는 1970년대에 처음 도입되었지만 2000년대 들어서며 세계의 주요 박물관·미술관들이 활발하게 도입하고 있다.❖ 개방형 수장고에 관심을 촉발시킨 곳은 2003년 스위스 바젤에 문을 연 샤울라거Schaulager다. 독일어의 '보다Schauen'와 '창고Lager'를 합성한 이름 그대로 샤울라거는 '보는 창고'다. 모든 소장품을 관람 가능한 형태로 보관하는 수장고이면서 연구자들에게만 개방하는 연구 기관이다. 지상에 건립된 수장고라는 취지에 맞게 미술관 건축물엔 창이 거의 없다.

뒤이어 주요 뮤지엄들이 잇달아 개방형 수장고를 열었다. 스미소니언 박물관의 개방형 수장고인 루스 재단 센터Luce Foundation Center(2006년), 빅토리아앤드앨버트 박물관의 도자 갤러리(2010년), 루브르 박물관의 루브르 랑스(2012년) 등이 대표적이다. 이들을 통해 일반 전시실에선 상상도 못 할 막대한 양의 소장품이 대중에게 공개되었다. 예를 들어 빅토리아앤드앨버트 박물관의 도자 갤러리는 기존에 3천여 점이던 전시품이 2만 6천5백여 점으로 늘었다. 물량 공세만 펼치는 게 아니다. 개방형 수장고들은 대개 연구 기능을 표방하며 보존센터 기능을 갖추고 있고, 관람객들은 실제 복원 전문가들이 일하는 모습을 유리 너머로 볼 수 있다. 유리 너머에서 마주하는 건 지난한 복원 작업의 한 단면일 뿐이겠지만 관람객 입장

❖ 최초는 캐나다 밴쿠버의 인류학 박물관으로 1976년에 개관했다.

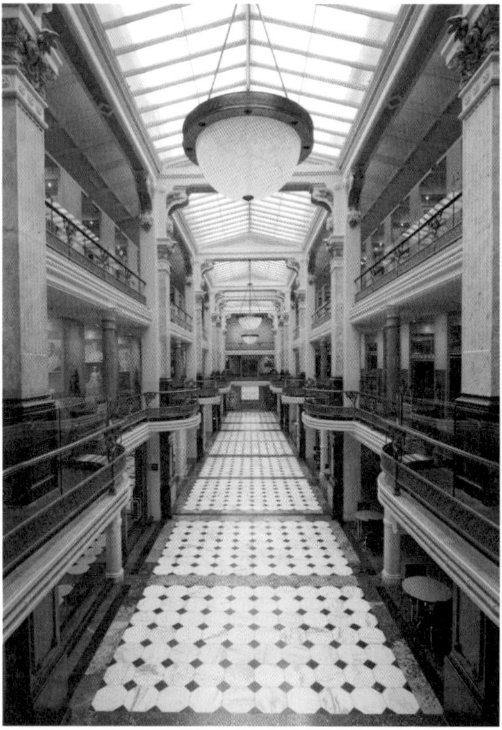

루스 재단 센터의 개방형 수장고.

에선 전시장에서는 절대로 경험할 수 없던 미지의 영역이 열린 것이다.

당연한 일이겠지만, 관람객들을 맞는 전시장보다 수장고에 훨씬 더 많은 작품이 있다. 〈모나리자〉가 연중무휴로 인파에 시달리는 동안 한 번도 수장고 밖을 나오지 못하는 이탈리아 르네상스 작품들이 있다는 건 낭비가 아닐까? 전시장에 늘 걸려 있는 명화들은 영화로 치자면 흥행이 보장된 스타들이다. 수장고 개방은 이제 미술관 관계자가 아니라 대중에게 결정권이 주어졌다는 뜻이다. 서바이벌 오디션처럼 관람객은 경중 없이 창고형으로 진열된 작품들 중 '나의 최애'를 선택할 수 있다. 관람자가 스스로 볼 작품을 선택하고 나름대로 그 작품들을 서로 연결 지으며 기존의 미술사 계보나 미술 전문가들과는 전혀 다른 관점에서 새로운 해석을 만들어낼 수 있게 되었다. 개방형 수장고는 그런 의미에서 '디지털 아카이브'와도 맞닿아 있다.

많은 뮤지엄들이 소장품 데이터를 고화질로 만들어 대가 없이 만인에게 공개한다. 이전 시대에 수장고 안에 들어갈 수 있었던 극소수의 연구자와 미술관 직원들만 누리던 특혜가 가상공간에선 누구에게나 열려 있다. 인류의 유산을 선별해 보존하고 연구하고 교육하는 기관인 미술관은 관람객을 더 이상 계몽의 대상으로 보지 않는다. 예술 작품을 보고 느끼기 위해 미술관을, 혹은 미술관 홈페이지를 찾는 한 사람이 바로 미래의 미술관을 가능하게 한다는 걸 알기 때문이다.

Side 3

미술관이 과거를 기억하는 방법

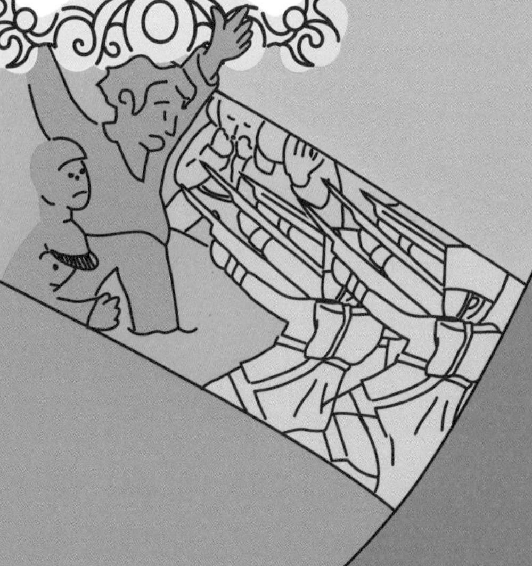

기원

장식장에서 태어나다

한 시절 중산층 가정집의 거실 한쪽에는 공식처럼 TV 옆에 유리 장식장이 놓여 있었다. 반짝거리는 도자기 인형, 탑 모형, 위스키 샘플러 같은 것들이 언제 어디에서 구입했는지, 용도가 무엇인지와 무관하게 두서없이 들어차 있던 가구. 오늘의 미술관은 편한 신발을 신고 무릎이 아프도록 걸을 각오를 하고 가야 하는 장소지만, 미술관·박물관이란 따지고 보면 모아놓고 보여주는 그 장식장과 다를 게 없다.

미술관의 기원은 수만 년 전 구석기인이 남긴 쇼베 동굴이나 라스코 동굴로까지 거슬러 올라갈 수 있지만, '수집품 보여주기'라는 특성에 맞춰보면 16세기 중엽부터 18세기까지 유럽에서 성행한 '호기심 캐비닛cabinet of curiosities'이 직접적인 선조다. 기이한 사물들을 모아둔 장은 수집한 물건의 생김새에 맞춰서 서랍이 여러 개 달린 것도 있고 수집품을 보여주기 좋게 문이 여러 겹으로 열리는 것도 있었다. 장식장은 벽 전체로, 나중에는 사면과 천장까지 방 하나를 빼곡히 채우게 됐다. 세상 만물을 수집해 놓은 방은 '분더카머Wunderkammer', '쿤스트카머Kunstkammer' 등 여러 이름으로 불렸다.

덴마크의 의학 교수 올레 보름Ole Worm이 꾸린 분더카머는 그중 수집품의 종류나 규모에서 두드러진 사례로 꼽힌다. 올레 보름의 분더카머에는 공중에 매달린 곰과 악어, 외뿔고래 두개골, 거북 등껍질과 투구게, 아르마딜로 같은 뭍과 물, 습지, 하늘을 거처로 삼는 온갖 생물들이 뼈로 가죽으로 박제로 그득하다. 그뿐 아니라 옷과 악기, 돌, 금속에서 조각 모사품까지 계통을 알 수 없는 물건들이 여백 없이 놓여 있다. 이 방에 들어서면 압도하는 물건들 앞에서 일순 호흡을 멈추고 고개를 이리저리 두리번거리게 될 것이다. 미술관이 태생부터 '걸어야' 하는 곳은 아니었던 것이다.

도메니코 렘프스Domenico Remps가 그린 〈호기심 캐비닛〉 역시 흥미롭다. 볼록거울, 해골, 모양 좋은 산호초와 용도가 궁

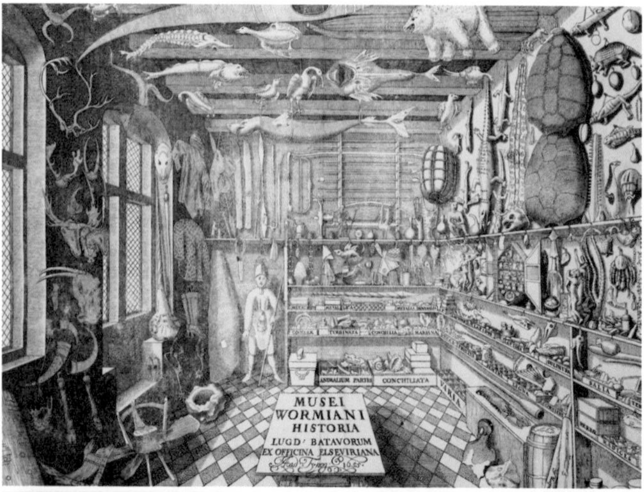

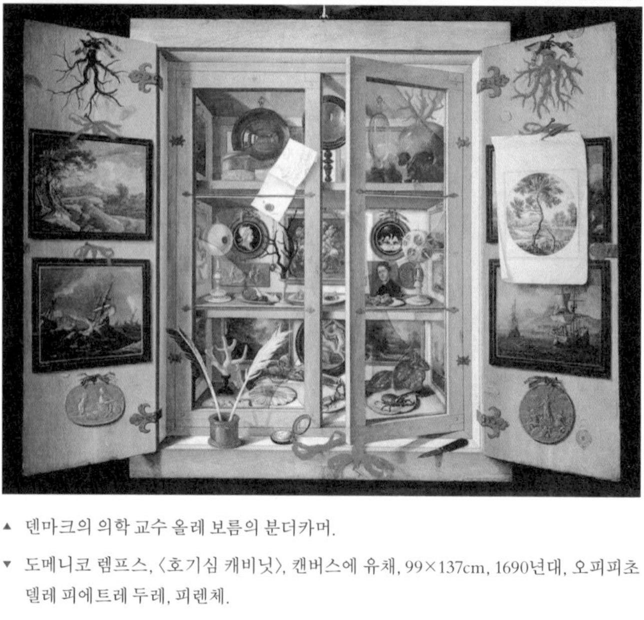

▲ 덴마크의 의학 교수 올레 보름의 분더카머.

▼ 도메니코 렘프스, 〈호기심 캐비닛〉, 캔버스에 유채, 99×137cm, 1690년대, 오피피초 델레 피에트레 두레, 피렌체.

금한 신기한 기구들이 칸칸이 놓여 있고 문 안쪽과 벽면들엔 액자까지 두른 작은 그림들이 촘촘하게 걸려 있다. 거친 바다를 항해하는 배와 잔잔한 항구 풍경, 초상화와 꽃 정물화, 신화 속 한 장면을 그렸지 싶은 그림도 언뜻 보인다. 자연사박물관과 미술관을 축소해서 하나의 장 안에 담아놓은 볼거리다.

캔버스라는 2차원 평면 위에 그려진 그림이지만 이처럼 실제로 눈앞에 있는 듯 생생하고 정교하게 그려내는 걸 '트롱프뢰유trope l'oeil', 즉 눈속임 회화라고 부른다. 이렇게 감쪽같으니 당연히 실재하는 가구에 사물을 배치해놓고 보면서 그린 정물화로 여기기 쉽지만 사실 어떻게 그렸는지는 알 수 없다. 어쩌면 이 그림 속의 그림과 진기한 사물들은 의뢰한 사람의 마음속에 있는 욕망의 대상들을 한자리에 모아둔 가상의 장, 갖고 싶은 염원을 담은 위시 리스트일 수도 있다. 미술관 아트숍에서 산 엽서를 현관문 앞에 하나씩 붙여두거나 전시회에서 작품 사진을 찍어서 인스타그램에 틈틈이 올려두는 것처럼 말이다.

처음에는 사물이 수집의 대상이었다 해도, 수집품 개수가 늘어나면 그것을 놓아둘 자리와 보관할 가구가 덩달아 중요해진다. 어느 순간 관계가 역전되어 무엇이든 그 장소에 있다는 것만으로도 권위를 부여받고 수집할 가치가 있는 존재가 될 수 있다. 미술관에서 작품을 담는 도구로 쓰이던 가구들도 그렇다.

지난 2022년 간송미술관은 보화각의 대대적인 수리와 복원을 예고하며 고별전을 열었다. 신사임당, 김홍도, 강세황 등 간송이 자랑하는 조선을 대표하는 작가들의 작품을 볼 기회이기도 했고, 충해와 습기로 손상된 작품들을 복원한 후 처음 선보인 전시이기도 했다. 전시품들도 이목을 끌었지만 이 전시에 쏠린 사람들의 관심은 '보화각'이란 건물 자체였다. 레트로 열풍이 부는 가운데, 페인트 조각이 떨어져 나간 벽면과 녹슨 철물들을 그대로 보여주는 건물 앞에서 사람들은 연신 사진을 찍었다.

간송 전형필이 자신의 수집품을 보관하고 전시할 미술관을 짓기로 결심한 건 1930년대 후반이다. 전쟁을 향해 치닫던 일본 제국주의 치하에선 돈이 있어도 외국에서 물자를 들여오는 일이 간단치 않았다. 전형필은 돈도 있었지만 큰돈을 쓸 배포도 있었다. 그는 미술관을 미술관답게 짓겠다는 야심을 실행에 옮겼다. 최고의 건축가에게 설계를 맡기고 이탈리아에서 수집한 대리석으로 계단을 꾸몄다. 우리나라 최초의 사립 박물관이 탄생하는 순간이었다. 수직으로 길게 난 유리창들은 모두 모자이크 유리를 달아 사나운 빛을 순하게 달래서 안으로 들였다. 그러니 수집품을 넣어 전시할 장 역시 허투루 만들었을 리 없다.

전형필은 이 땅에 이제까지 없었던 미술관을 지으면서 어디에서 가구들을 구해 왔을까? 간송문화재단이 소개한 바에 따르면 그 출처는 이렇다.

> "서울에 소개령이 내려져 인부와 식량을 구할 수 없었으므로 왕십리, 답십리…… 이태리에서 대리석을 수입해 계단을 장식하고 진열장 바닥은 쪽나무 판자로 마루를 까는 등 호사를 극하고 오사카 야마나카 상회에서 주문하여 중국 상하이에서 만들어진 화류진열장을 들여다 놓았다."[24]

야마나카 상회山中商会는 오사카에 있었던 앤티크 숍인데, 1894년 뉴욕 맨해튼의 매디슨 스퀘어 가든 인근에 지점을 냈고, 이어 1899년에는 보스턴, 애틀랜타 등에 지점을 추가했으며, 미국, 유럽, 아시아 곳곳에서 무역업을 펼쳐 나갔다. 초반에는 족자, 다기, 부처상 등 앤티크 소품들을 유통했으나 전형필이 간송미술관을 지은 1930년대에는 상하이에 공장을 두고 세계 각지에서 주문받아 가구를 제작·유통하는 기업으로 성장해 있었다. 간송미술관의 2층 전시장 입구에 놓여 있던 육중한 중국풍 원탁도 야마나카 상회가 상하이에서 제작한 것일까? 간송미술관에 남아 있는 것과 어딘가 닮은 데가 있나 궁금해 웹 사이트에 떠다니는 야마나카 상회의 가구 카탈로

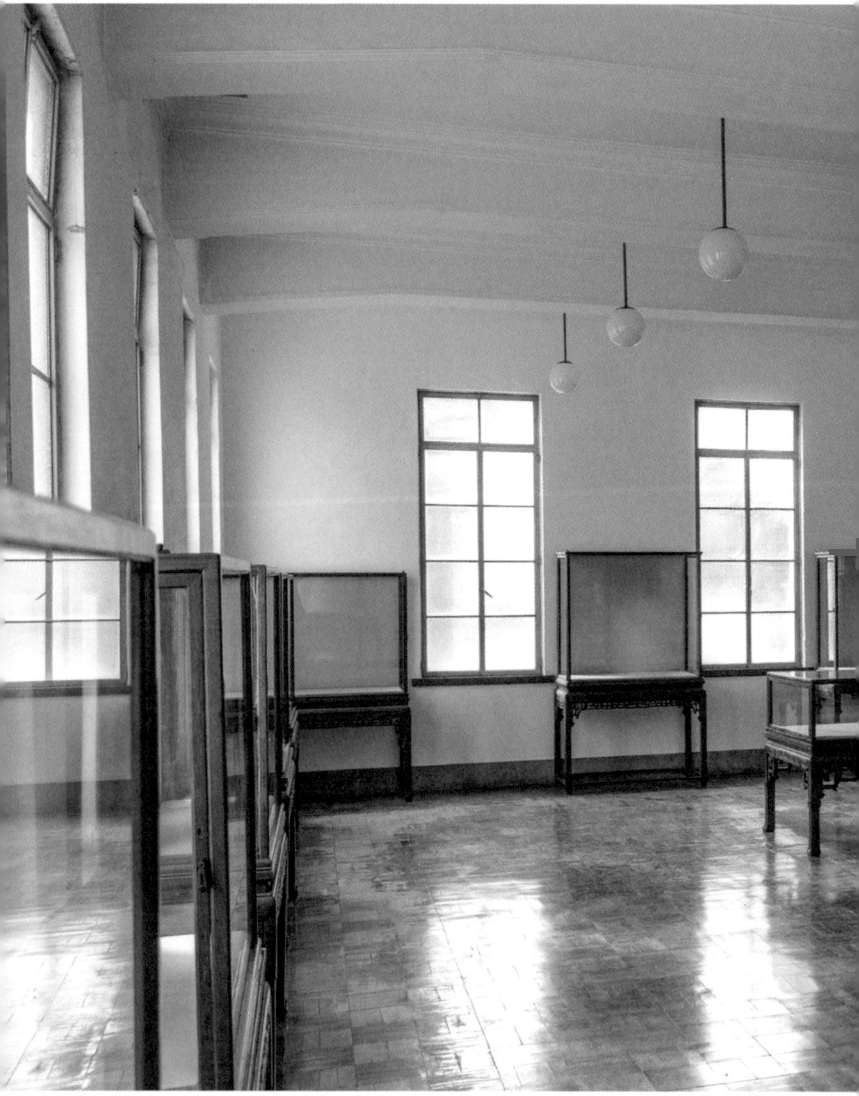

간송미술관에서 열린《보화수보》전의 2층 전시장. ⓒ최예선

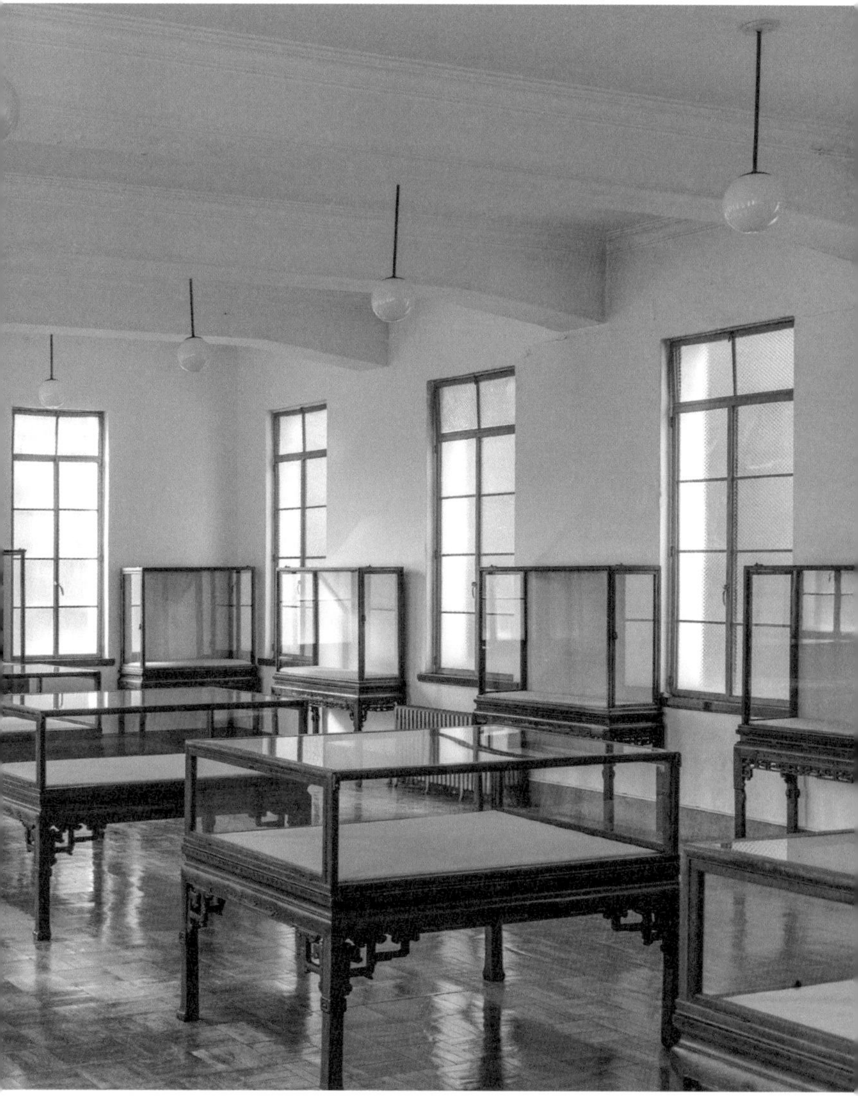

그를 이리저리 넘겨본다.❖

보화각의 고별전《보화수보寶華修補》전의 전시장 2층에는 아무런 전시품이 없었다. 보화각이 처음 문을 열 때부터 이 건물을 지켰던 장들만이 텅 빈 채로 관람객을 맞고 있었다. 근 1백 년 동안 유물을 담는 도구로 산 가구들은 이 전시를 끝으로 수장고로 들어가 이 미술관의 역사를 증언하는 소장품으로 새로운 생을 살게 될 터였다.

오늘날 미술관에서 수시로 열리는 기획전은 전시 성격과 작품에 따라 맞춤으로 가구를 제작한다. 오로지 작품을 돋보이게 할 용도이므로 가구들은 튀어서도 안 되거니와 전시가 끝나면 대부분 폐기되는 신세다. 환경 문제가 대두되면서 재사용할 수 있는 방도나 제작을 최소화하려는 방안도 고민하고 있다지만, 간송미술관의 소장품들처럼 1백 년 뒤에 수장고에 들어갈 영광을 누릴 수 있을지는 의문으로 남는다.

❖ 야마나카 상회의 카탈로그는 하티 트러스트 디지털 라이브러리 등을 통해 확인할 수 있다. https://www.hathitrust.org

기차역이 미술관이 될때

오르세 미술관은 기차역이었다. 오르세 역의 짧은 역사는 이렇다.

1898년 봄 공사를 시작해 2년 만인 1900년 7월에 개장했고 1939년까지 사용되었다. 파리 최초의 전동열차용 역으로, 1900년 파리 만국박람회의 관람객 수송을 위해 다급하게 건설됐는데 40년이 못 되어 폐기되었으니 한 치 앞을 내다보지 못한 공사였다. 20세기다운 속도전의 결과라 할 만하다. 빈 기차역은 우편물 센터, 영화 세트장, 경매장, 회의 장소 등으로 쓰였으나, 대체로 방치된 상태였다. 19세기의 회화와 조각을 전문으로 하는 미술관으로 용도가 정해진 것은 1970년대에 들어서다. 대대적인 개축을 거쳐 1986년 미술관으로 문을 열었고, 코로나 팬데믹이 닥치기 전까지 한 해 관람객이 3백만 명에 이르렀다. 오르세 미술관은 세계에서 가장 많은 사람들이 찾는 미술관으로 열 손가락 안에 드는 장소다.

하지만 오르세 미술관은 밖에서 보든, 안에서 보든 여전히 빅토르 랄루Victor Laloux가 디자인한 그 기차역의 얼굴을 하고 있다. 오르세 미술관의 외관 정중앙에 자리 잡은 거대한 시계가 이 공간의 정체성을 알려준다. 시계는 기차역을 상징한다. 산업화 시대를 연 첫 대량 운송 수단인 기차는 이전까지 해와 달의 운행으로 적당히 나뉘어져 있던 시간을 시, 분 단위로 정

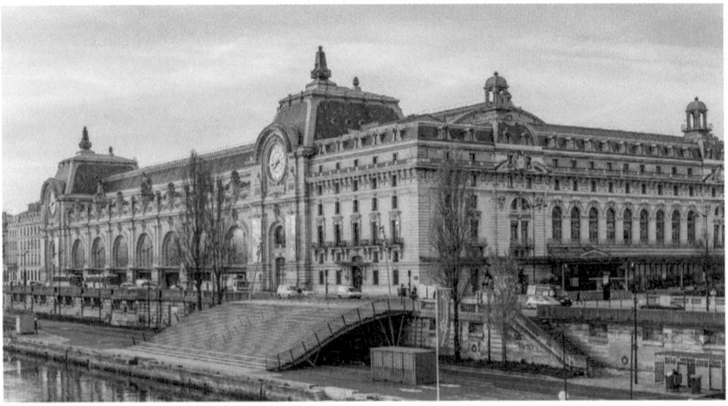

기차역이었던 파리 오르세 미술관의 전경.

확하게 규정할 것을 요구했다. 기차는 티켓을 가진 승객이 모두 같이 타고 떠나야 했고, 역마다 서는 시간을 지켜야 했으므로 시간에 대한 권위 있는 기준이 필요했다. 또 그 기준은 모두가 납득할 수 있도록 확실하게 게시되어야 했다. 그러므로 새로 건설되는 기차역에서 시계는 가장 크고 눈에 띄는 중요한 시설물이었다.

시계가 지배하는 공간은 째깍째깍 움직이며 사람들에게 때를 맞추라 명령하고, 종종거리게 만든다. 느긋함은 허용되지 않는다. 플랫폼 간이식당에서 이미 식어서 딱딱해진 햄이 툭 튀어나온 토스트를 베어 물고, 뜨겁지도 차갑지도 않은 우동 국물을 후루룩 들이켜면서 기차가 언제 들어오는지 촉각을 곤두세우느라 긴장을 풀 수 없는 곳이다. 방금 시계를 봤는데 또 시계에 눈길을 주게 된다.

하지만 미술관에서 요구하는 규범은 플랫폼과 전혀 다르다. 바깥세상에서 돌아가는 일은 젖혀두고 더 많은 물건을 사게 하려고 백화점에는 처음부터 창문과 시계가 없었다. 물론 요즘은 백화점이 변신을 거듭해서 고객을 붙잡으려고 야외처럼, 정원처럼 꾸미는 게 인기지만, 시계는 여전히 벽에 걸 이유가 없는 물건이다. 미술관은 작품에 몰입해 감상해야 하는 공간이니 '시계 없는' 백화점의 공간 규칙은 미술관에도 적용될 수 있다.

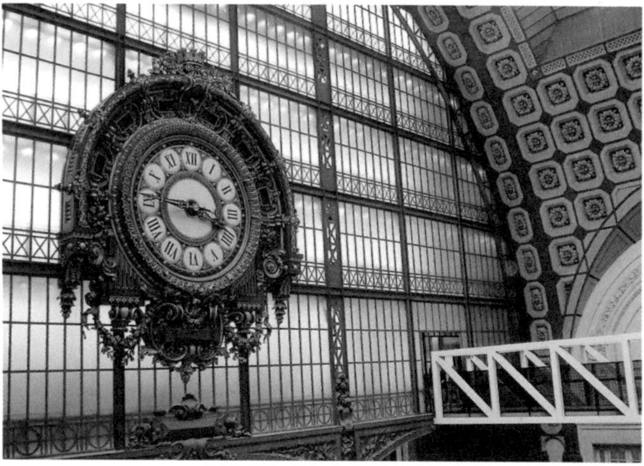

오르세 미술관 실내에 걸린 시계.

그런데 오르세 미술관은 시계를 떼지 않았다. 강 건너편에서도 보이는 대형 시계도 그대로이거니와 미술관 안에서도 더할 수 없이 화려한 건축적 장식을 덧붙인 거대한 금장 시계가 공간 전체를 내려다보고 있다. 몇 해 전 인상주의 작품들이 설치된 전시장을 수리하면서 짙은 푸른색과 붉은 색조로 벽면색을 바꾸었지만 개장할 때부터 수십 년간 흰색에 가까운 밝은 단색의 벽이었다. 조각 작품들이 설치된 중앙 전시 공간부터 회화 작품들까지 오르세 미술관은 기차역이라는 공간의 역사를 조금도 숨기지 않았을 뿐 아니라 오히려 기차역을 빌린 미술관이라는 점을 과감하게 드러내며 존재해왔다. 둥글고 거대한 시계들은 이곳이 기차역 출신의 미술관임을 알려주는 증거다.

그 시계들은 현재의 시간을 알려주려고 거기 있지 않다. 건물 전면의 대형 시계가 설치된 자리는 미술관의 최상층으로, 멋들어진 카페가 자리 잡고 있다. 시곗바늘 사이로 센 강과 건너편의 파리 시가지가 보이는 그곳은 오르세 미술관에서 가장 '핫한' 인증 샷 촬영 장소다. 시간을 알려주는 시계의 앞면이 아니라 시계의 뒷면이 더 중요해졌다. 시계는 시간을 알려주는 기능이 아니라 하나의 이미지, 상징물이 되었다. 그 시계는 미술관에 들어선 모두를 19세기 말, 20세기 초로 시간을 거슬러 데려가는 마법을 부린다.

기차역을 품은 미술관은 엄숙함 대신에 감탄사가 절로 나오는 볼거리를 선택했다. 1986년 개관 당시 정교한 오페라하우스 모형과 그 앞바닥에 설치된 파리 거리의 모형은 '센세이션'을 일으켰다. 관람객들은 투명한 유리 바닥을 거닐며 그 아래 설치된 시가지 모형을 내려다보게 된다. 오늘날 유리 위를 걷는 공간은 흔해졌지만, 발아래에 견고한 땅 대신 투명한 유리가 있는 건 여전히 아찔한 즐거움을 준다. 오르세 미술관의 유리 바닥은 바다 위나 계곡 위의 허공을 걷는 느낌을 주는 관광지의 스카이워크나 보호막 없이 하늘 위에 떠서 수영하는 느낌을 주는 고층 빌딩 인피니티 풀의 선배 격이다.

오르세 미술관은 늘 붐비고, 줄을 서야 하지만 그곳에선 쉽게 길을 잃지 않는다. 그곳은 기차역 시절부터 부여받은 '찾기 쉬운 명확한 공간'이란 정체성을 유지하고 있다. 오르세 미술관 설립에는 루브르 미술관과 퐁피두센터가 수용하기 벅찬 관람객들을 유치하려는 목적이 있었다. 기차역은 무수히 많은 사람들이 오가는 곳이다. 플랫폼에서 사람들은 강물처럼 흐른다. 기차역은 새로운 열차, 새로운 사람, 더 많은 사람이 몰려도 끄떡없다. 파죽지세로 늘어나는 미술관 관람객을 수용하기에 이보다 적절한 장소가 어디 있겠는가. 오르세 미술관은 여전히 기차역이다. 마네, 세잔, 고흐의 작품들이 걸린 기차역. 그곳은 머무는 공간이 아니라 스쳐 지나가는 곳이며, 지나가라고 부추기고 부산하게 움직일 것을 종용한다.

우리에게도 기차역 출신의 문화 공간이 있다. 1925년 문을 연 서울역은 2003년 역사로서의 운영을 끝내고 2011년 복합 문화 공간 '문화역서울284'로 재탄생했다. 이 공간이 철도역사박물관이 되어야 한다고 바란 이도 있고, 기차역으로 계속 살아 있는 공간이 되어야 한다고 주장한 이도 있었다. 십여 년 남짓 운영되는 동안 이뤄진 전시와 공연은 장르를 꼬집어 말할 수 없을 만큼 다채롭다. 한국 공예·디자인 문화진흥원(KCDF)이 위탁 운영하고 있어서 공예와 관련된 전시가 열리는가 하면, 철도와 관련된 행사가 개최되고, 음악과 춤 등이 어우러진 파격적인 전시와 공연이 펼쳐지기도 했다. 서울역은 일부러 찾지 않아도 자주 오가는 곳이라 십여 년간 문화역서울284에서 이런저런 전시를 봤는데, 묘하게도 기억에 남는 전시는 모두 '서울역'이란 공간 자체를 탐구한 것들이었다.

2016년 호주의 공연 단체 원스텝One step at a time like this의 체험형 공연 〈업사이드다운 인사이드다운〉은 한 시간 동안 서울역 건물을 구석구석 탐색하도록 했다. 입장할 때 받은 카드와 스토리 북을 따라 한 시간 동안 '직원 외 출입금지' 푯말이 서 있는 좁은 계단의 끝 방부터 뒤편의 어둑한 담벼락 아래까지 서울역 구석구석을 돌아다녔다. 숨바꼭질 같기도 하고 보물찾기 같기도 했던 그 경험을 한 뒤로 서울역은 특별해졌다. 한 겹 한 겹 쌓인 시간의 층으로 이루어진 공간이라는 걸 몸으로 경험했기 때문이다.

규정되지 않은 문화 공간으로 문화역서울284가 지닌 가능성은 무궁무진하다. 하지만 때로 아쉽다. 1백 년 역사를 지닌 그 공간의 정체성은 그저 오래되어 멋스러운 '배경'에 그치고 있지 않나 하는 아쉬움 때문이다. 서울역이 서울역이라는 공간을 배경이 아니라 정체성으로 삼을 수 있는 방법은 없을까. 오르세 미술관의 시계는 1900년 언저리에 맞춰져 있다. 마네와 모네, 고흐와 세잔이 살아 있던 그 시간으로 관람객을 부른다.

서울역의 시계는 1927년 모월 모일에 맞춰도 좋을 것이다. 지금 남아 있는 서울역 역사는 1922년 6월 1일에 착공, 1925년 9월에 준공된 것이다. 도쿄역과도 닮았지만 스위스 루체른역이 모델이었다고 한다. 1927년 어느 초여름 밤 11시, 우리나라 최초의 여성 서양화가 나혜석은 지인 오십여 명의 뜨거운 환송을 받으며 경성역을 출발했다. 나혜석은 모스크바, 상트페테르부르크를 거쳐 베를린에 갔고, 스위스 베른과 취리히에서, 프랑스 파리, 영국 런던에서 무수한 미술관을 방문하고 작품을 남겼다. 나혜석은 유럽 각지에서 자신이 떠나

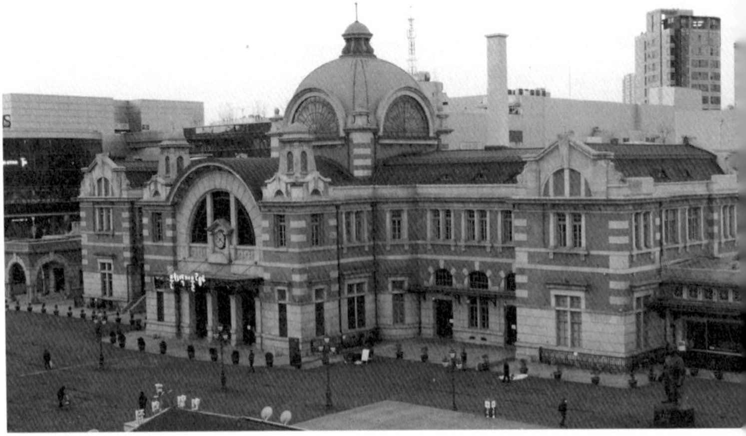

서울역은 2011년부터 복합 문화 공간 문화역서울284가 되었다. 사진은 2018년의 모습.

온 경성역과 닮은 역들을 거쳐 갔을 것이다.

그 시절 유라시아 대륙 저 끝에는 서울역의 형제들이 있었다. 대륙을 오가며 기차는 무수한 결의와 회한을 함께 실어 날랐을 것이다. 서울역이 가장 젊고 뜨거웠던 시절을 모두 지워버리고 오늘로 시계를 맞추려 하기 때문에 우리는 그 공간에서 생기를 느끼지 못하는 건 아닐까.

세계 유람을 마치고 돌아온 나혜석은 본격적인 화가의 길은 고사하고 자기 작품 하나도 온전히 지키지 못한 채 떠돌다가 생을 마감했다. 그 역은 온갖 설움과 비극의 기착지였고, 기억해야 할 작품들은 역사의 격랑 속에서 속절없이 사라져버렸다. 우리에겐 그 생기를 느끼기가 진땀나게 어려운 일이 되었다.

국립현대미술관 덕수궁관

궁과 미술관의 서먹한 동거

입장권을 사서 대한문을 통과하면 몇 걸음 만에도 궁은 기대했던 고요를 선물한다. 궁을 둘러싼 담은 차들이 다니는 속도를 끊어내고 빌딩들을 멀리 물린다. 소공동에 있는 직장을 다니던 시절에는 이곳에서 뉴욕 센트럴파크가 부럽지 않은 식후 산책을 즐기곤 했다. 등나무 아래 벤치에 앉아서 비둘기들을 보고 있노라면 왕조의 흥망성쇠마저 비장함 없이 구름을 따라 흘러갔다.

점심시간에 산책하러 갈 일은 없어졌지만 덕수궁은 서울

의 궁궐들 중에서 꾸준히 찾게 되는 곳이다. 국립현대미술관 덕수궁관이 거기 있기 때문이다. 왕조와 박물관은 끈끈한 사이다. 서구에서 미술사라는 학문은 합스부르크 왕가의 소장품을 체계적으로 분류·관리하는 과정에서 생겨났다. 박물관이 서 있는 장소도 그렇다. 세계에서 가장 유명하고 규모가 큰 박물관인 파리의 루브르 박물관과 상트페테르부르크의 에르미타시 박물관은 궁전이었고, 세계에서 가장 아름다운 미술관으로 꼽히는 벨베데레 박물관도 궁전이었다.

이곳들은 어떻게 궁전에서 박물관·미술관이 되었을까? 프랑스 혁명, 소비에트 혁명, 그리고 제1차 세계대전을 거치면서 왕조가 사라지고 궁들은 왕의 거처에서 공공건물로 거듭나게 되었다. 그런데 프랑스 혁명을 계기로 루브르궁이 박물관이 되었지만, 루이 14세 때에도 이미 왕가의 넘치는 소장품들을 대중에게 공개하려는 계획이 서 있었다. 프랑스 혁명이 그 계획을 그야말로 혁명적으로 내달리게 했을 뿐이다. 예르미타시 박물관도 예카테리나 대제 시기에 이미 소장품을 공개하는 갤러리를 만들었다. 물살의 방향은 정해져 있었던 것이다.

멀찍이 서서 보면 덕수궁도 루브르나 예르미타시 박물관과 다를 바 없다. 그렇지만 궁 담벼락 아래 매표소에서 표를 사 들고 안쪽으로 걸음을 옮길 때 기척 없이 구슬픈 감정이 따라붙는다. 한국인이라서 느끼는 감정일까? 아니다, 이 궁의 역사를 안다면 국적을 떠나 누구나 애잔해질 것이다. 하기야 루브르 박물관에서 태양왕의 광채가 희미해진 것을 한탄하는 사람이나 나폴레옹의 흔적을 찾으며 제국의 꿈을 짚어보는 이가 있을 테고, 예르미타시 박물관에서 러시아 혁명과 그 혁명으로 세운 나라를 덮친 자본주의를 생각하며 상념에 잠길 사람이 어찌 없을까.

하지만 덕수궁은 그저 쓸쓸하고 애처롭다. 이곳은 궁이었으나 영광의 순간을 누린 적이 없다. 조선 왕조 5백 년 역사에서 덕수궁, 당시의 명칭으론 경운궁이 역사의 무대에 오른 건 임진왜란으로 온 나라가 폐허가 되었을 때 한 번, 그다음 을사늑약으로 나라를 잃었을 때다. 고종은 이 궁을 무대로 대한제국이란 나라를 펼쳐볼 포부를 품었으나, 막이 오르자마자 무대를 비출 조명이 꺼지고 관객도 배우도 사라져버렸다. 덕수궁에 남은 서구식 건물들인 석조전과 중명전은 모두가 떠난 무대에 덩그러니 남은 배경 같은 것이었다. 거창해 보이지만 다가가면 텅 빈, 용도대로 쓰인 적이 없는 건물들이다.

덕수궁이 미술과 연을 맺게 된 것은 왕조가 끝나고 한참 뒤의 일이다. 1919년 고종이 승하한 뒤 덕수궁은 오랫동안 닫혀 있었다. 그러다가 1933년 10월 대한제국의 개국을 상징했던 석조전에 일본 근대 미술품들이 전시되기 시작했다. 이어 1938년 지금의 국립현대미술관 덕수궁관 건물을 짓고 이왕가

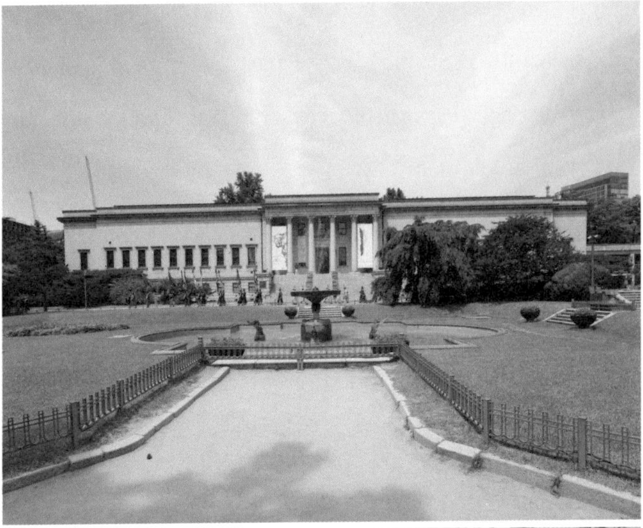

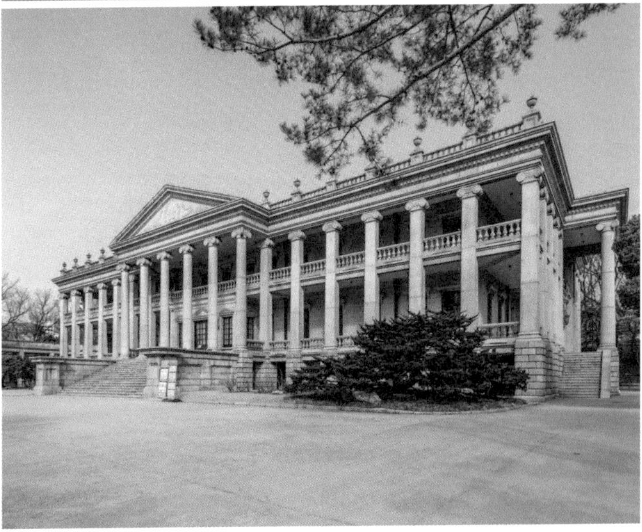

국립현대미술관 덕수궁관과 석조전.

미술관이라는 이름으로 문을 열었다. 창덕궁엔 이미 1909년에 이왕가 박물관이, 경복궁에는 조선총독부 박물관이 들어선 뒤이니 덕수궁이 마지막 차례였다. 모두 일제가 기획하고 주도해 이루어진 일이다.

박물관과 미술관을 여는 것, 그것을 궁 안에 두는 것은 이중의 의미가 있었다. 박물관은 무지몽매한 대중을 문화예술로 교화하고 교육하는 장이었으며, 궁은 그런 박물관의 배경이 되었다. 경복궁을 두고 당시 한 언론에 실린 칼럼은 덕수궁을 설명한 것으로 읽어도 무방하다. 궁은 그 자체로 "박물관의 진열품같이 고고학의 참고품같이 무류히 서 있을 뿐"이었다. 그리고 그곳에 드나들려면 "누추한 의복을 입는 것이 불가"[25]한 것을 시작으로 금지, 불가, 불용으로 이어지는 삼엄한 문화인의 예절을 지켜야 했다.

석조전에 미술품이 전시되기 시작했을 때, 국립현대미술관 덕수궁관은 존재하지 않았다. 지금은 두 건물이 다리로 이어져 있고, 둘 다 신고전주의 양식의 닮은꼴 석조 건물이지만 지어진 이유도 연대도 달랐던 것이다. 석조전 서관은 5년 뒤인 1936년 8월에 착수해 1938년 3월에 준공했다. 이 건물이 우리나라에서 미술품을 상설 전시하는 공간으로 만들어진 최초의 건물이다. 전시 벽면을 넓게 확보하고 햇볕으로 인한 피해를 최소화하기 위해 건물 전면의 창들은 좁고 긴 모양을

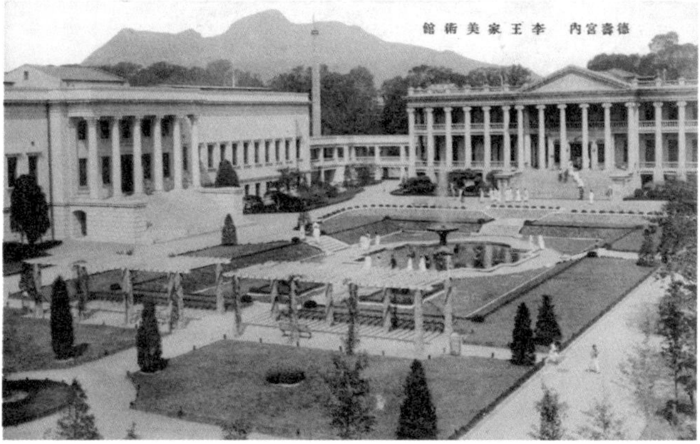

1938년 석조전 서관에 개관한 이왕가 미술관.

하고 있다. 본래의 석조전은 일본의 메이지와 다이쇼 시대의 미술품을 전시하고, 새로 지어진 서관은 조선의 고미술품을 전시하는 공간으로 운영되었다. 대한제국의 건물인 석조전에 일본의 미술 작품을 전시한 의도는 확실할 것이다. 그런데 미술관을 하나 더 지은 이유는 무엇일까? 미술관이 식민지 운영에 제법 쏠쏠한 도움이 되었던 것일까, 아니면 정말 조선의 고미술품을 전시해야 할 필요가 있었던 것일까.

그로부터 수십 년의 세월이 흘렀다. 일제 강점기가 끝나고 석조전과 이왕가 미술관은 이런저런 용도를 거쳐 최근에 들어서야 각각 대한제국 역사관, 국립현대미술관 덕수궁관으로 자리를 잡았다.

지난 2018년 국립현대미술관 덕수궁관에선 《내가 사랑한 미술관: 근대의 걸작》이란 이름으로 이왕가 미술관 개관 80주년, 국립현대미술관 덕수궁관 개관 20주년을 기념하는 전시가 열렸다. 이 미술관 건물은 출발부터 오롯이 조선의 미술품들을 위한 거처였으니 '내가 사랑한 미술관'이 과한 표현은 아니겠지만, '사랑해'라고 명쾌하게 외치기엔 심사가 복잡하다.

1930년대 말, 갓 세워 올린 코린트식 기둥이 우뚝 솟은 미술관 건물은 석조전과 ㄱ자로 나란히 벽을 치고 덕수궁의 주인 노릇을 했을 것이다. 미술관으로 오르는 계단은 지금도 가팔라서 그 아래 서서 출입문을 바라보려면 고개를 한껏 젖혀야 한다. 그 계단은 전시를 보고 나와 지친 다리에게 잠깐 쉬어갈 여유도 주지 않는다. 심호흡을 한 뒤 걸어 오르고, 용무가 끝나면 어서 내려가야 하는 계단이다. 옆의 석조전은 분명 서구적인 건물이지만 들어오는 사람을 주눅 들게 하는 과시가 느껴지지 않는 것과는 사뭇 다르다. 지금 우리가 사랑하는 미술관이지만 쭉 사랑해왔다고 하기에는 멋쩍은 무엇이 그 건물의 정체성에 남아 있다.

덕수궁이 진짜 어떤 곳인지 알려면 돌담길을 따라 궁 밖을 걸어봐야 한다. 돌담길 밖에 뚝 떨어진 채 외로이 있는 중명전, 러시아 공사관을 본떠 지었다지만 이내 사라진 돈명전의 흔적들은 담 밖에 있다. 덕수궁은 대한제국의 정궁이 되고자 했으나 완성되기도 전에 불에 탔고, 다시 지었으나 나라를 잃어서 방치되고 허물어졌다. 그러니 오늘 걷는 궁궐의 높고 굳건한 담장은 덕수궁의 과거가 아니라 현재를 알려줄 뿐이다. 실상 1970년대까지도 시청 쪽 담벼락은 궁 안이 훤히 들여다보이는 철제 울타리로 되어 있었다.

오랫동안 덕수궁은 고궁이자 도심 공원의 역할을 했다. 내가 자라는 동안 덕수궁에선 봄마다 어린이 미술대회가 열렸다. 예닐곱 살 무렵의 나는 거기서 석조전을 그릴 것인가, 중화전을 그릴 것인가, 아니면 둘 다 그릴까를 두고 궁리했다. 고궁 그리기란 뻔한 주제지만 덕수궁이라 제법 고민거리가 되었다. 덕수궁이 헤쳐온 역사의 격랑은 나에게는 서양식 석조 건물과 한옥 궁궐을 8절이나 4절 종이에 담는 그리기 과제로 무심하게 다가왔다. 덕수궁을 돌담길 데이트 코스로, 겨울철 스케이트장으로 기억하고 있는 이들도 있을 것이다.

궁에 동물원을 들인 것은 참담한 일이었고 스케이트장은 격에 맞지 않았지만, 미술관은 그런 유락 시설과는 달랐으니 덕수궁과 미술관의 동거는 쭉 계속되었다. 그렇지만 덕수궁이 대한제국의 황궁으로 정체성을 더 완벽하게 갖추고자 했다면 어떻게 해야 했을까. 사라진 전각들을 새로 세우고 담장 밖에 있는 건물들을 아우르려면 돌담길의 모양부터 달라져야 했을 것이다. 그러자면 뒤늦게 세워진 나카무라 요시헤이가 설계한 이왕가 미술관은 애물단지 신세가 아니었을까.

미술관 표를 사고 예약을 했더라도, 국립현대미술관 덕수궁관에 들어가려면 덕수궁 입장표를 따로 사야 한다. 덕수궁 입구에서 제공하는 안내서에는 국립현대미술관 덕수궁관을 별도로 설명하지 않는다. 1938년에 문을 연 이왕가 미술관, 석조전 서관은 덕수궁의 일원이었던 적이 없으니 말이다.

1910년에 석조전이 완공되었지만 이미 석 달 전에 나라를 빼앗겼고, 십 년이 안 되어 고종이 세상을 떠났다. 맥락을 제쳐놓고 햇수만 따지자면 미술관은 대한제국보다 더 오랜 기간 그곳에 서서 자기 역사를 만들어가고 있다. 그렇지만 아무리 많은 세월이 흐른다고 한들 이 미술관이 덕수궁이라는 공간의 숙명, 역사의 무게를 벗어날 수 있을까. 덕수궁과 미술관의 80년 동거는 영원을 보장받은 관계가 아니다. 둘 사이는 여전히 서먹하다.

테이트 미술관

발전소 혹은 감옥, 미술관의 과거

테이트 브리튼과 테이트 모던 미술관은 런던을 가로지르는 템스 강 물줄기를 따라 서 있다. 한강 물줄기를 따라 늘어선 서울의 동네들도 분위기가 각각이듯 이 두 미술관은 '테이트'라는 같은 이름을 달고 있지만 모양새는 완전 딴판이다. 테이트 브리튼은 흰색 기둥이 장엄하게 입구에 도열해 무게를 잡고 있는 반면, 테이트 모던은 담도 계단도 없이 강가에 산책 나온 사람들, 보드 타는 십 대와 길거리 공연을 구경하는 관광객들을 부르며 스스럼없이 문을 열어두고 있다. 두 미술관이 소장한 작품의 성격도 사뭇 다르다. 테이트 브리튼은 J. M. W. 터너같이 영국이 자랑하는 화가들의 작품을 주로 소장·전시하고 있는 반면 테이트 모던은 거침없이 예술의 경계를 두드리는 동시대 작품들이 각축을 벌이는 장이다.

그해 여름, 세인트 폴 대성당에서 밀레니엄 브리지를 넘어 테이트 모던으로 가는 길은 화창했다. 구름은 또렷한 얼굴로 솟아올랐고, 손에는 방금 튀긴 피시앤칩스가 들려 있었다. 하늘의 구름처럼 행복도 만질 수 있을 것같이 선명한 형체를 띠고 있었다. 테이트 모던은 벽돌을 깐깐하게 쌓아 올린 단단하

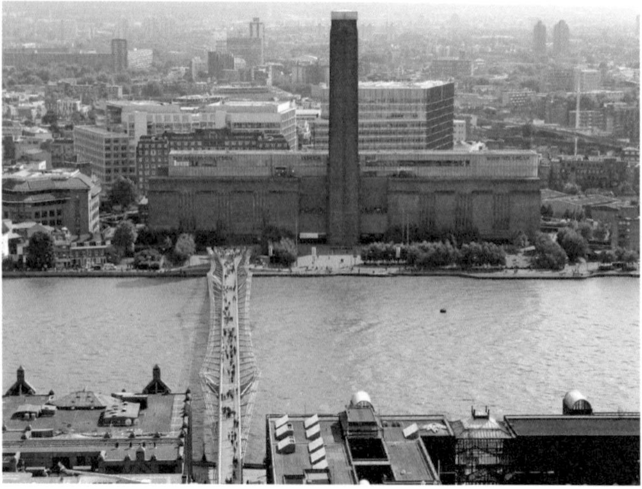

템스 강가에 방치되어 있던 화력 발전소를 개조해 만든 미술관 테이트 모던.
밀레니엄 브리지와 바로 이어져 있다.

고 거대한 건물에 자리 잡고 있다. 세계 곳곳에 새로 지어 올린 미술관들의 화려한 외양과는 달리 육중하고 수더분한 생김새다. 이 미술관은 템스 강가에 방치되어 있던 화력 발전소를 개조한 것으로 새천년이 시작된 2000년에 개관했다. 내부는 전면 개조되었지만 벽돌 벽과 세로로 난 긴 창문, 건물 중앙에 우뚝 솟은 99미터 높이의 굴뚝 등 외관은 모두 발전소 시절 그대로였다.

테이트 모던을 대표하는 전시 공간은 1층의 터빈홀turbine hall이다. 3천4백 평방미터의 거대한 바닥 면적에 가장 높은 곳은 7층 높이로 툭 터진 공간이다. 살짝 기울어진 바닥 면에 철근 기둥과 콘크리트로 짠 단조롭지 않은 벽면, 거기에 고개를 한껏 젖혀야 보이는 천장에선 햇빛이 쏟아져 들어오므로 이곳에선 실내라는 느낌이 들지 않는다. 이 광활한 공간은 흡사 광장 같다. 이곳에서는 늘 관람객들이 걷거나 앉거나 만지는 등 몸을 움직여 참여하는 작품들을 전시한다. 그러니까 그 '광장스러움'은 터빈홀이 추구하는 예술의 성격이라고도 할 수 있다. 아무 작품 없이 텅 비어 있을 때조차도 터빈홀은 사람들을 끌어들여 서성거리게 만든다. 기꺼이 그곳에 머물며 무언가를 보고 듣고 이야기하고 행동하고 싶은 마음을 북돋우는 예술을 위한 광장이다. 현대 예술은 당신의 참여로 완성된다는 뜬구름 같은 메시지가 현실에서 실현되도록 만든 공

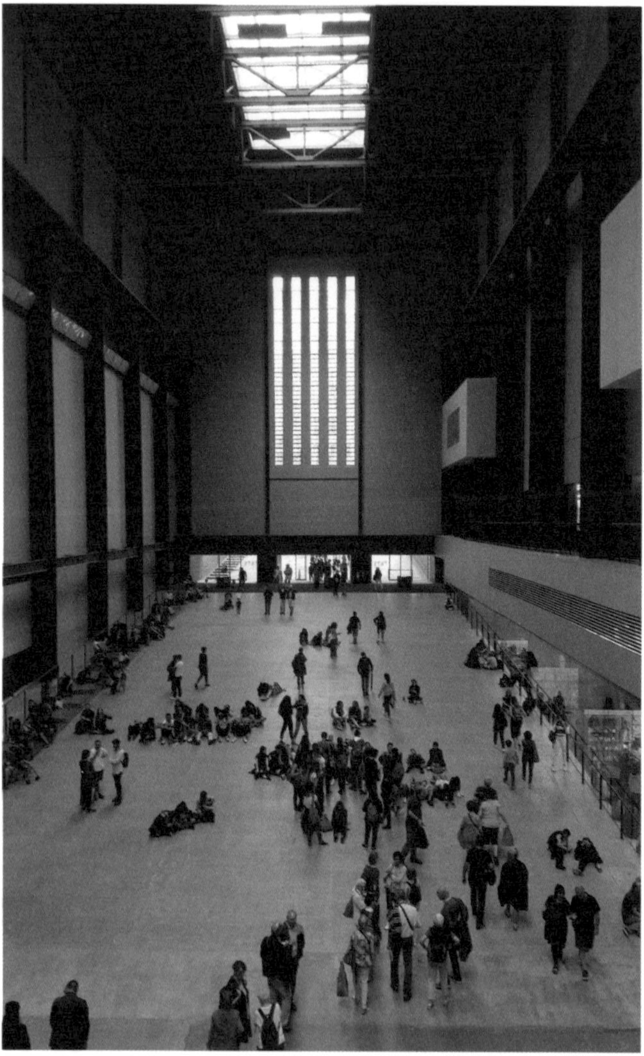

테이트 모던의 터빈홀.

간, 그래서 터빈홀은 순식간에 동시대 예술을 상징하는 장소로 성장했을 것이다.

거대한 공장과 버려진 창고, 제철소와 채석장, 병원 등 용도를 다한 산업 공간들이 가장 세련된 문화예술 공간으로 탈바꿈하는 일이 흔해졌다. 오늘날의 문화 공간은 새로 지은 근사한 건물, 유리장 속에 유물을 진열하는 전형을 회피하려 한다. 가장 낡고 후미진 곳에 묻혀 있는 이야기를 발굴해내고, 그 흔적들을 지우지 않은 채로 새로운 역할을 더해 공간을 꾸민다. 말끔하게 밀고 새로 짓는 것은 뭘 모르는 촌스러운 방법이다.

템스 강 하류의 또 다른 테이트, 테이트 브리튼도 꽤나 극적인 과거를 갖고 있다.❖ 1897년 미술관이 세워지기 전 그 땅에는 악명 높은 감옥이 있었다. 그 시절의 건물은 모두 철거되었고, 남은 것은 강가에 남은 배수로의 흔적이 고작이다. 미술관 홈페이지에 실린 한두 줄의 설명뿐 이제 밀뱅크 감옥을 떠올릴 수 있는 것은 남아 있지 않다.

영국 소설가 세라 워터스가 쓴 '빅토리아 삼부작' 소설 중

❖ 템스 강변의 밀뱅크Millbank에 위치한 국립미술관인 테이트 브리튼은 헨리 테이트 경이 1897년에 설립했다. 처음엔 영국 국립미술관National Gallery of British Art이었으나 1932년에 테이트의 이름을 따르게 되었다. 2000년에 테이트의 현대 미술 컬렉션을 위한 테이트 모던Tate Modern이 개관하면서 그 후에 테이트 브리튼으로 다시 개명되었다.

『끌림』은 밀뱅크 감옥을 배경으로 한다. 당밀처럼 시커먼 템스 강 옆에 너무나 굳건하고 고풍스럽게 자리 잡은 밀뱅크. 주인공 마거릿 프라이어는 검은 대지 위로 그림자를 드리우는 그곳이 존재하지 않던 시대를 상상할 수 없었다. 그 건물이 세워진 날짜는 듣자마자 잊어버렸지만 상관없었다. 영원히 거기 존재할 거라 믿어 의심치 않았다. 하지만 1816년에 문을 연 감옥은 1890년에 문을 닫았고 완전히 사라졌다. 그 자리에는 영국이 자랑거리로 여기는 미술품들을 모아놓은 미술관이 생겼다. 밀뱅크 지역을 감옥이 있는 음침한 동네로 기억하고 있는 빅토리아 시대의 사람들이 오늘의 테이트 브리튼을 마주한다면 어떤 얼굴을 할까.

밀뱅크 감옥은 독특한 평면을 하고 있었다.❖ 감옥은 감시탑을 중심으로 길쭉한 오각형의 수용 시설 여섯 개가 꽃잎처럼 펼쳐져 있다. 하지만 이 감옥은 건설 초기부터 여러 문제를 안고 있었다. 강 하구의 늪지대 위에 자리 잡은 터라 기초를 탄탄히 세우기 어려웠고, 건물을 올리는 과정에서 벽에 균열이 발생했다. 음습한 늪지대 위에 세운 불완전한 건물에 수용돼 열악한 식단에 고통받은 수감자들은 이질, 괴혈병 등 여러 병

❖ 밀뱅크 감옥 건설에는 완벽한 판옵티콘을 만들고자 했던 공리주의 철학자 제러미 벤담의 생각이 반영되었다고 한다. 그가 실제로 설계에 참여했는지는 확실치 않다.

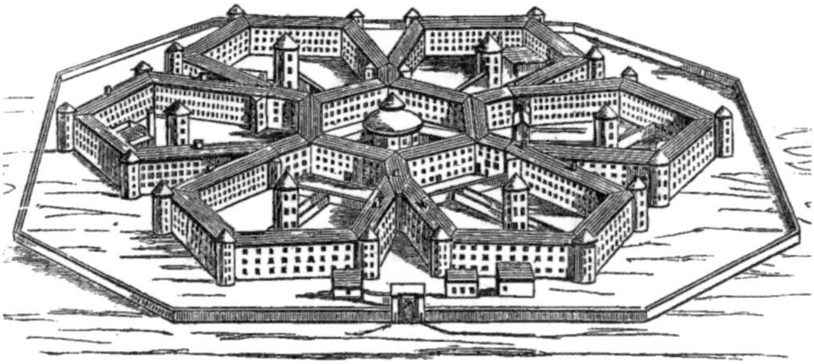

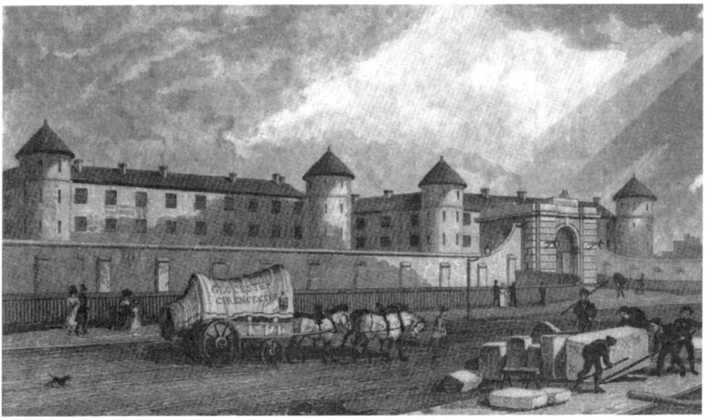

밀뱅크 감옥의 평면도와 당시의 외부 풍경.

에 시달렸고 전염병이 돌아 일시적으로 감옥이 폐쇄될 정도였다. 소설가는 이 감옥에 대해 "마치 악몽에서 깨어난 직후에 또는 광기에 빠진 사람이 감옥을 설계한 듯하다. 아니면 설계자는 수감자들을 미치게 하려는 공공연한 의도를 품었는지도 모른다"라고 묘사했다.

복잡한 내부 구조는 간수들조차 길을 잃을 정도로 악명이 높았다. 서로 연결된 오각형의 수감 시설은 기다랗고 무미한 복도들이 예상치 못한 각도로 끝없이 이어지게 만들었다. 소설 속에서 그 악명 높은 복도를 내비게이션을 내장한 듯 거침없이 다니는 교도관 리들리는 "이곳 감옥의 복도 길이를 다 합치면 5킬로미터에 이른답니다"라며 자기 능력을 과시한다.

우리는 현재 남아 있는 밀뱅크 감옥의 평면도를 보면서 그 기묘함을 상상해볼 뿐이다. 그리고 만약이라는 물음표를 머릿속에 던져놓는다. 화력 발전소 자리에 들어선 테이트 모던처럼 밀뱅크 감옥이 철거되지 않고, 그곳을 개조한 미술관이 들어섰다면 어땠을까?

간수들은 죄수들이 수감된 감방들을 잇는, 5킬로미터에 이른다는 긴 복도를 걸어 다녔다. 수감자들은 정해진 시간이 되면 감시탑 아래의 안뜰을 걸어 다녔다. 이야기도 음식물도 소지품 지참도 불가능한 공간에서 그들이 할 수 있는 일이란 단지 걷다가 서고 다시 걷는 일뿐이었다. 그들은 느릿느릿 조용하게 걸었을 것이다. 미술관에서는 관람객들도 걷는다. 끝없이 이어질 것 같은 전시실을, 무수한 작품과 작품 사이를 느릿느릿 조용히 걷는다. 만일 감옥이 미술관이 되었다면, 작품을 관람하는 발걸음은 감옥에서의 걷기와 포개지는 순간이 간혹 있었을 것이다. 어느 호젓한 전시장에선 간수들이 신호음같이 울리는 발소리를 느낄지도 모를 일이다.

어떤 미술관들은 이처럼 과거를 갖고 있다. 화력 발전소는 테이트 모던이 되었지만, 테이트 모던이 또 다른 무언가에 의해 대체되는 미래의 모습은 잘 상상되지 않는다. 테이트 모던은 그야말로 승승장구, 이제 새로운 건물을 옆에 세우고 나날이 늘어나는 관람객을 수용할 방법을 찾는 게 고민일 지경이니 더욱 그렇다. 오늘날 우리는 미술관의 수명이 다해서 방치되거나 철거되고 다른 시설물로 교체되는 걸 상상하기 어렵다. 그곳은 이 시대가 근간으로 삼는 강력한 문화 거점이다. 그렇지만 바로 백 년 전, 연기를 뿜으며 도시를 지탱하던 발전소가 문을 닫고, 영원할 것 같던 감옥이 폐쇄된 것처럼 미술관이 누리는 지금의 영광이 영원하리라고 장담할 수는 없다.

감옥은 철거되고 발전소는 그대로 남아 있었다는 차이, 그 둘의 운명을 가른 요인이 별게 있을까 싶다. 세상이 달라졌다는 것 말고는. 만일 밀뱅크 감옥이 20세기 후반까지 살아남았다면 다른 미래를 얻지 않았을까? 우리는 분명 그 기이한 복도를 걷다가 서고 다시 걷는 특별한 경험을 할 수 있었을 것이다.

메트로폴리탄 미술관

월요일, 아니 일요일은 쉽니다

월요일 휴무. 미술관의 휴무일은 대체로 월요일이다. 평일에는 고요하던 전시장들도 주말에는 분주해진다. 직장과 학교가 쉬는 날이니 사람들은 미술관, 극장, 놀이공원, 도서관으로 쏟아져 나온다. 그런데 이렇게 당연해 보이는 일마저도 처음부터 그렇게 정해졌던 것은 아니다. 일요일에 미술관을 열어야 한다, 아니다 일요일은 닫아야 한다를 놓고 미국에서는 무려 20여 년간 길고 치열한 논쟁이 있었다.

1880년 뉴욕에 메트로폴리탄 미술관이 문을 열었을 때,

이 미술관의 개관 목적 중 하나는 시민들에게 문화유산을 알리고 교육하는 데 있었다. 더 많은 시민과 학생들이 관람할 수 있도록 해야 마땅했다. 이사 중 한 명인 조셉 H. 초트Joseph H. Choate는 일요일에 대중에게 개방해야 한다고 제안했으나 받아들여지지 않았다. 개관 다음 해인 1881년 시민 1만 명이 뉴욕 시 공원관리국에 메트로폴리탄 미술관과 자연사박물관을 일요일에 열어 달라는 청원서를 제출했다. "문화와 미적 감각을 고양하고 대중의 도덕성을 기르기 위한 교육적인 요소"이므로 노동자나 학교에 다니는 학생들을 위해 일요일에도 문을 열어 달라는 요구였다. 이 청원서는 미국의 미술과 문화 발전을 위해서 일요일 개방이 필요하며, 유럽의 미술관들이 이미 그렇게 하고 있다는 것을 이유로 들었다. 하지만 두 기관의 이사회는 모두 이 청원을 거절했다. 일요일에 문을 여는 데 어떤 어려움이 있었던 걸까?

문제는 '일요일'에 있었다. 19세기까지 미국 사회는 엄격한 청교도주의가 지배했다. 일요일은 안식일로서 일을 해서도 안 되고 유흥을 즐기는 것도 금지되었다. 이를 '일요일법sunday law' 혹은 '청색법blue law', '안식일법sabbath law'이라고 한다. 노동 행위, 사냥이나 낚시 같은 여가 활동, 운동 경기는 물론 술과 춤 등 모든 유흥이 금지되었고 교회 예배를 제외한 공공 모임도 일절 허가되지 않았다. 쇼핑 역시 금지 대상이었다. 일요일

아침이면 전국에서 '조기 축구회'가 열리는 우리 사회에서는 도무지 이해할 수 없는 규정이지만 말이다. 2008년 이전 북아일랜드에서는 아일랜드 축구협회 소속 클럽은 일요일에 축구를 할 수 없었다. 안식일은 신성한 삶을 살겠다는 종교적인 약속이었고, 당시 이 법은 관습적인 권고 사항만은 아니었다. 어길 경우엔 벌금이 따랐다.

이러한 기준으로 보자면 미술관과 박물관은 여가의 일종이므로 '일요일법'에 의거해 문을 열 수 없는 대상이다. 미술관 이사회는 일요일에 문을 여는 데 부담을 느꼈음직하다. 게다가 메트로폴리탄 미술관의 설립자와 후원자들은 미국 사회에서 성공한 신흥 부유층으로 강력한 프로테스탄티즘으로 무장한 이들이었다. 미술관 측은 일요일에 문화와 예술을 즐기게 해 달라는 시민 1만 명의 청원보다는 후원자의 입김에 더 신경 써야 하는 입장이었다.

일요일에 미술관의 문을 여느냐 마느냐를 두고 논쟁은 그 후로도 계속되었다. 사회적인 압박은 점점 거세졌다. 1885년에 공원관리국은 일요일에 문을 열라고 지시했고, 만일 어길 경우 재정 지원을 중단하겠다는 엄포를 놓았다. 그럼에도 메트로폴리탄 미술관은 이를 즉시 받아들이지 않았고, 화요일과 토요일에 개장 시간을 늘리는 것으로 대신했다. 마침 미술관에 전기 설비가 도입되어 야간 개장이 가능해졌기 때문이다.

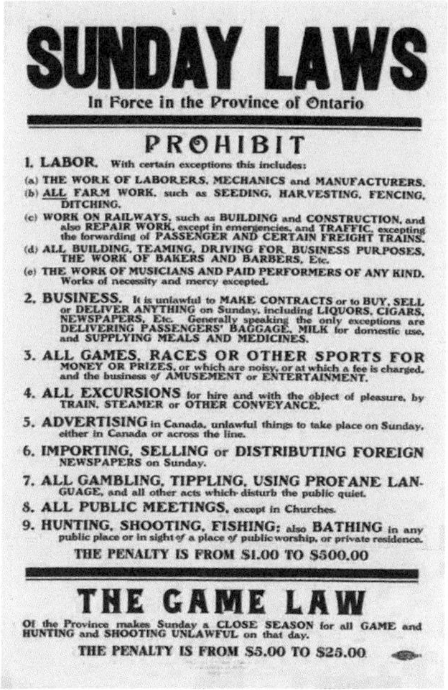

온타리오 주에서 제작한 '일요일법'에 대한 안내.

일요일 개장을 반대하는 측에서는 학교나 일터 때문에 미술관 방문이 어려운 사람들도 야간 개장을 통해 미술관을 즐길 수 있게 되었으므로 일요일 개관을 고수할 이유가 없어졌다고 주장했다. 또한 일요일에 문을 열 경우 미술관 직원들은 안식일을 지키지 못하고 일을 해야 하므로 바람직하지 않다는 논리를 펼쳤다.

종교적인 이유로 메트로폴리탄 미술관이나 자연사박물관

처럼 거대한 기관이 일요일에 문을 열지 못했다는 것은 우리에겐 낯선 기독교 사회의 일면이다. 그런데 그 논쟁 속에서 일요일 개관을 반대하는 논지 하나가 눈에 밟힌다. '미술관에서 일하는 사람 역시 쉬어야 하는 날'이라는 주장 말이다.

일요일법은 역사 속으로 사라지고, 메트로폴리탄 미술관도 이제 일요일에 문을 연다. 그렇다면 지금은 무슨 요일에 문을 닫을까? 매주 수요일에 문을 닫고, 금요일과 토요일은 밤 9시까지 연다. 나라마다, 미술관마다 휴무일 방침은 다르다. 파리 루브르 박물관은 화요일에 닫지만 내셔널갤러리 등 런던의 뮤지엄들은 주중에 쉬지 않는다. 우리나라의 국립현대미술관도 서울관만은 월요일에도 문을 연다.

월요일에 쉬는 미술관도, 수요일에 쉬는 미술관도, 내내 쉬지 않는 미술관도 휴무일을 두고 각기 고심했을 것이다. 월화수목금 일하고 주말에 쉬는 주 5일제 세상이라지만 무슨 요일에 쉴까? 아니 쉬지 말고 하루라도 더 열어야 할까? 이리 재고 저리 재야 하는 사람들이 있다. 미술관도 그런 곳이다. 사람들이 쉬는 날을 기다려 어서 오라고 문을 활짝 열어야 한다. 미술관 일요일 휴무는 과연 있었을까 싶은 꿈같은 과거다.

스페인 내전

프라도 미술관에서 보낸 전쟁의 밤

1936년 11월 16일, 프라도 미술관 입구에 폭탄이 투하되었다. 그해 7월 군대의 반란으로 시작된 스페인 내전은 전국을 전쟁터로 만들었고, 고야, 벨라스케스 등의 그림이 즐비한 유서 깊은 미술관이라고 예외는 아니었다. 라파엘 알베르티의 희곡 『프라도 미술관에서 보낸 전쟁의 밤』은 바로 그날 밤의 미술관을 배경으로 펼쳐진다.

작품들은 긴급하게 지하로 옮겨진다.

"시간이 갈수록 미술관은 더 무서워졌습니다. 낮이고 밤이고 쉬지 않고 일했어요. 고야 다음에는 벨라스케스의 그림들이 지하로 내려갔지요."

다음으로 엘 그레코가 그린 비틀린 성모와 성자들, 프란시스코 데 수르바란이 그린 근엄한 그림과 프라 안젤리코의 경건한 그림이 뒤를 이었다. 지하로 향하는 작품들의 행렬은 티치아노의 〈비너스와 아도니스〉에서 끝을 맺는다. 여기까지가 프라도 미술관 구출 작전 1단계다.

스페인 내전은 "천 년 동안 산다면 천 년 동안 싸우겠다"는 극단의 대결이 이어지다가 1939년에야 프랑코 장군이 이끄는 군부가 승리하며 끝이 난다. 앙투안 드 생텍쥐페리가 말한 것처럼 내전은 전쟁이 아니라 병과 같다. 자기 자신과 싸워야 하는 일이므로 전쟁은 극도로 잔인한 모습을 띠게 된다. 하지만 스페인 내전은 용기, 양심, 인류애와 혁명에 대한 낭만이 들끓는 현장이기도 했다. 국적을 초월해 자발적으로 전쟁에 뛰어든 수많은 지식인과 청춘들은 찰나의 순간이나마 그 희열을 맛보았다. 참전한 젊은이들 중에는 어니스트 헤밍웨이와 조지 오웰도 있었다. 『누구를 위하여 종을 울리나』와 『카탈루냐 찬가』는 전쟁의 비극이 낳은 명작이다.

지하실로 다급히 옮겨진 작품들, 벨라스케스의 〈시녀들〉을 포함해 프라도 미술관의 소장품들이 다시금 트럭에 실려 마드리드 밖으로 옮겨졌다. 1936년 11월 5일부터 1938년 2월

5일 사이에 그림 391점과 소묘 181점, 그 외 여러 보물들이 발렌시아로 이동했다. 3백 킬로미터에 이르는 먼 길, 트럭은 시속 30킬로미터 이하로밖에 달릴 수 없었고, 폭격의 위험을 감수한 아슬아슬한 여정이었다. 카탈루냐가 함락될 위험에 처하자 작품들은 다시 길을 떠났다. 1939년 2월 4일에서 9일 사이에 트럭 71대가 작품이 든 상자 1,842개를 싣고 국경을 넘었다. 프랑스 남부 페르피냥을 지나 다시 기차로 옮겨져 스위스 제네바의 국제연맹까지 달렸다. 작품들은 무사히 스위스에 도착했고, 내전이 종료되고 난 뒤 다시 스페인으로 돌아가게

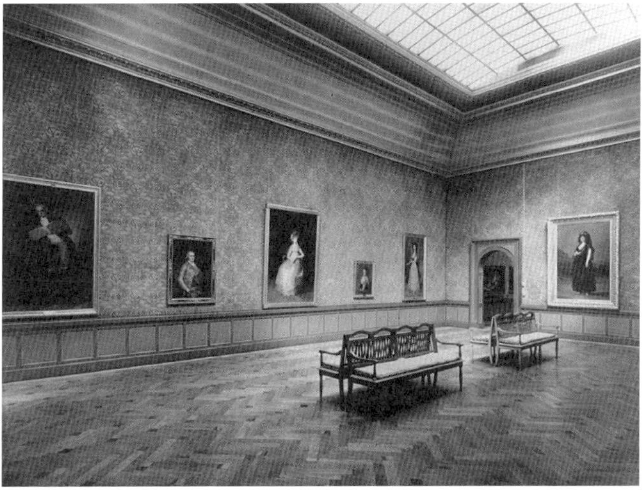

1939년 7월부터 8월까지 제네바 미술사 박물관에서 스페인 내전으로 피난 온 프라도 미술관의 소장품 중 일부가 대중에게 공개되었다.

된다.[26]

이 국경을 넘는 미술품의 피난은 어떻게 이뤄졌을까? 프라도 미술관의 소장품을 구하기 위해서 전장에서처럼 국제적인 공조가 있었다. 1939년 2월 3일 저녁 7시경 스페인 외무장관과 루브르 박물관 부국장은 예술품 피난을 위한 협약서에 서명했다. 전력이 모두 끊긴 상태라 이 협약은 자동차 전조등 불빛 아래에서 이뤄졌다.

루브르 박물관, 메트로폴리탄 미술관, 내셔널갤러리 등 세계 유수의 미술관 관계자들이 긴급하게 스페인 예술 유산 구조를 위한 국제 위원회International Committee for the Rescue of Spanish Art Treasures를 조직해 대처했다. 한 미술관의 소장품을 구하기 위해 감행된 국경을 넘는 공동 대처는 유례가 없는 일이었다.[27]

하지만 인간은 어리석고 잔혹한 역사를 되풀이한다. 곧 더 크고 무서운 전쟁이 세계를 덮치게 된다. 지하실로 트럭으로, 다시 기차로 옮겨 다닌 프라도 미술관의 소장품 중엔 1807년 나폴레옹 군대가 학살한 마드리드 시민을 그린 고야의 그림도 있었다. 〈1808년 5월 3일의 학살〉(1814년)이다. 이동하는 동안 손상된 작품 중 하나다. 고야는 자기가 전쟁의 참상을 고발한 그림이 또 다른 전쟁으로 피난을 다니다가 화를 입으리란 걸 상상이나 할 수 있었을까?

"화가는 아주 끔찍한 일들을 봤습니다. 그 누구도 감히, 그

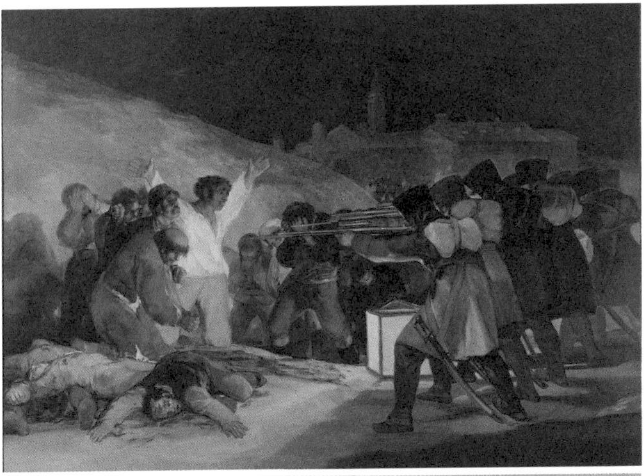

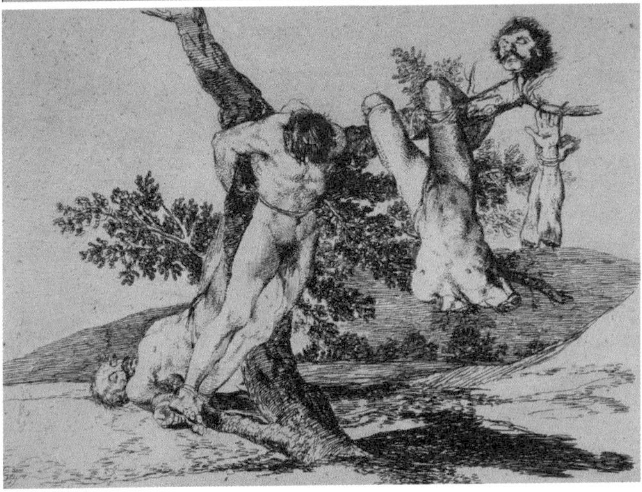

▲ 프란시스코 고야, 〈1808년 5월 3일의 학살〉, 캔버스에 유채, 266×345cm, 1814년, 프라도 미술관, 마드리드.

▼ 프란시스코 고야, 〈영웅적인 위업! 죽은 자와 함께!〉 '전쟁의 참화' 연작 39번, 동판화, 15.6×20.8cm, 1863년, 산 페르난도 왕립미술아카데미 부속미술관, 마드리드.

화가조차도, 철판에 그림으로 새기지 못할 겁니다."

고야는 '전쟁의 참화' 동판화 연작에 자신이 본 아주 끔찍한 일들을, 여느 화가라면 철판에 그림으로 새기지 못할 거라 읊조리며 그림을 새겨 넣었다. 그리고 그 참혹한 죽음의 그림을 통해 외쳤다.

"보세요. 그 남자의 잘린 머리가 정의를 요구하면서 소리치기 시작할 겁니다."[28]

화가는 그 죽음들이 결코 일어나서는 안 되는 일이었음을 웅변했다. 그러나 그 증언과 경고가 무색하게도 전쟁은 다시 일어나고야 말았다. 스페인 내전 당시 스페인 북부 바스크 지방의 작은 마을인 게르니카에서 무차별 폭격으로 민간인 2천여 명이 무참히 죽었다. 프랑코 군을 지원하는 독일 폭격기들이 벌인 참극이었다. 피카소가 그린 〈게르니카〉는 그 참사에 대한 고발장이었다. 〈게르니카〉는 내전이 끝난 뒤에도 스페인으로 가지 못했다. 프랑코 정권이 지배하는 땅으로 그 그림은 갈 수 없었다. 〈게르니카〉는 오랫동안 뉴욕의 현대미술관에 보관되어 있었으나, 피카소의 유지에 따라 1981년에야 스페인으로 반환되었다.(124~127쪽 참조)

그리고 세계는 또다시 전쟁 중이다. 열흘이면 끝난다는 호언장담을 전쟁은 보란 듯이 비웃고 해를 넘겨도 끝날 줄 모른다. 유네스코는 우크라이나 전쟁에서 이미 유적지 274곳이 훼손되었다고 밝혔다. 박물관·미술관의 소장품들은 지하로 옮겨지고, 광장의 동상들은 모래주머니를 쌓아 대비했지만 어느 곳도 안전을 장담할 수 없다. 세계대전과 스페인 내전 때 그랬듯이 그림들은 폭격을 피해 국경을 넘어 피난을 가고 있다. 키이우 국립 보흐단-바르바라 하넨코 국립박물관이 소장한 성화 11점이 루브르 박물관으로 옮겨졌고, 그중 5점이 루브르 박물관에서 《신성한 이미지의 기원The Origins of the Sacred Image》전(2023년 6월 14일~11월 6일)에 소개되어 관람객을 만났다.[29] 이 성화들은 전쟁이 끝나기 전에는 결코 자신들의 거처로 돌아가지 못할 것이다.

피렌체 홍수

물에 잠긴 르네상스

1966년 11월 4일, 피렌체가 물에 잠겼다. 아르노 강이 범람하며 꽃의 도시를 휩쓸었다. 시속 40킬로미터로 몰아치는 거센 물살에 자동차와 가구들이 나뭇잎처럼 쓸려 갔다. 이 홍수는 20세기에 일어난 가장 처참한 재난 중 하나로 기록되었다. 인명과 재산 피해는 이루 헤아릴 수 없었으나 이 재난을 더 마음 졸이며 기억하는 건 침수 대상인 피렌체가 '이탈리아 르네상스' 그 자체인 도시였기 때문이다.

아르노 강가에 있는 국립도서관Biblioteca Nazionale과 우피치

미술관 기록물 보관소Archivio di Stato가 침수되어 장서 1백만 권 이상이 물에 젖었다. 저지대에 있는 산타 크로체 대성당도 홍수를 피할 수 없었다.

훗날 메트로폴리탄 미술관 관장이 된 서른 살의 큐레이터 필립 드 몬테벨로Philippe de Montebello가 당시 피렌체에 머물고 있었다. 그는 마틴 게이퍼드Martin Gayford와의 대담집 『예술이 되는 순간』에서 피렌체가 물에 잠긴 그날을 들려준다.

> "나는 발코니에서 두오모 광장, 특히 세례당과 대성당을 걱정스레 내려다보았습니다. 자동차와 가구들이 거센 물결에 휩쓸려 엄청난 속도로 떠내려가는 것이 보였습니다. 거대한 물결은 세례당의 문, 즉 르네상스의 혁신과 천재성의 영광스러운 증거인 이른바 '천국의 문Gates of Paradise'에 부닥쳤습니다."[30]

두오모 광장을 휩쓴 광폭한 물살은 기베르티가 만든 〈천국의 문〉 자물쇠를 부수고 청동 패널들을 뜯어냈다. 다음 날 아침 몬테벨로가 종아리까지 차오른 진흙을 헤치며 겨우겨우 세례당에 갔을 때 청동 패널들은 바닥에 떨어져 있었고 진흙투성이가 된 도나텔로의 〈막달라 마리아〉(1457년경)는 방치되어 있었다. 성난 강물이 거세게 휘몰아칠 때 도시 난방용 기름 탱크가 터져 진흙과 범벅이 되었으므로 이 작품들을 뒤덮은

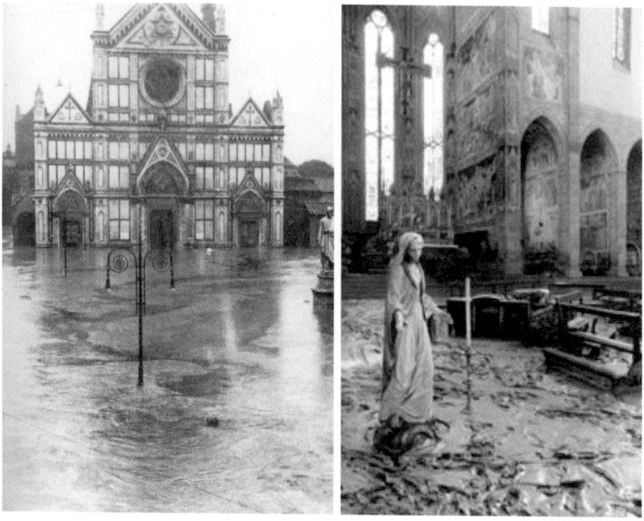

1966년 아르노 강의 범람으로 물에 잠긴 피렌체의 산타 크로체 대성당.

오염물을 닦아내는 건 간단한 작업이 아니었다. 피렌체에 와 있던 많은 외국인 청년들이 책과 예술 작품들을 구하기 위해 자원봉사에 나섰다. 몬테벨로도 그들 중 하나였다. 피렌체 시민들은 이들을 '진흙 천사Angeli del Fango'라고 불렀다. 피렌체 시는 1966년 홍수를 기념하는 행사 때마다 고마운 진흙 천사들을 초대해왔다.

물에 젖은 프레스코 벽화들은 '스트라포 다 무로strappo da muro' 기법으로 벽에서 조심스럽게 떼어낸 뒤 파손된 부분을 다시 그려 넣었다. 빠른 속도로 피렌체는 제자리로 돌아갔고,

이날의 교훈으로 예술 작품의 보존과 복원을 위한 국가기관인 '오피피초 델레 피에트레 두레Opificio delle Pietre Dure; OPD'가 설립되었다. 폐허는 잔혹한 방법으로 인간이 지키고 싶은 것이 무엇인지를 알려준다. 홍수로 예술 작품 1만 점 이상이 피해를 입었으나 그것이 도리어 피렌체의 가치를 각인시켜주었다. 그리고 사랑하는 대상을 지키기 위해 인간이 무엇을 할 수 있는지를 확인시켜주었다.

홍수로 아래쪽의 반 이상이 진흙에 잠겨 있던 도나텔로의 〈막달라 마리아〉는 회복되었다. 오염물을 제거하는 과정에서 17~18세기에 덧칠한 물감 층이 벗겨지고 본래의 색을 되찾을 수 있었다. 조르조 바사리Giorgio Vasari가 그린 〈최후의 만찬〉은 더 큰 피해를 입었다. 그림 전체가 12시간 동안 물에 완전히 잠겨 있었고 아랫부분은 더 오래 젖어 있었다.

이 그림은 세로 2.5미터, 가로 6.5미터에 달하는 대작으로 5개의 나무판 위에 그려진 것이다. 안료가 떨어져 산산조각 나는 것을 막기 위해 우선 그림 앞면에 종이를 붙이는 조치를 취했고, 건조를 위해 나무판들은 분리되었다. 수십 년 동안 연구와 조사를 거듭하며 보관되어 있다가 2006년에 이르러 본격적으로 복원이 시작되었다. 그리고 홍수 50주년을 맞은 2016년에 드디어 마무리되어 세상에 공개되었다. 50년을 인내한 복원 작업이었다. 이제 그림은 위험 상황이 닥치면 대피

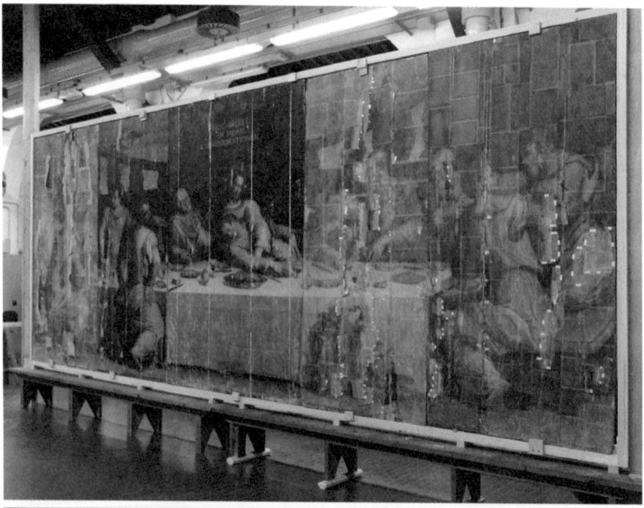

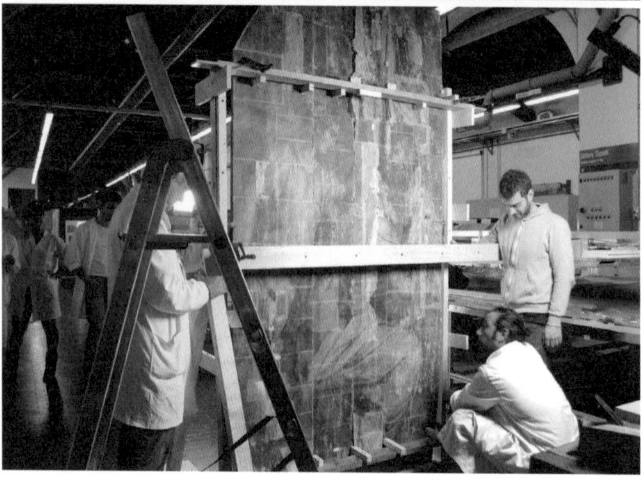

▲ 피렌체 대홍수 이후 거의 50년 만에 처음 재조합된 조르조 바사리의 〈최후의 만찬〉.

▼ 다른 패널과 결합 부위를 맞추기 위해 수직으로 세우고 있다.

출처: Archives of the Opificio delle Pietre Dure, Florence

할 수 있도록 수직으로 끌어올리는 장치에 장착되었다. 산타 크로체 대성당에 걸려 있는 치마부에의 대형 십자가상에도 마찬가지로 수직 상승 장치가 설치되어 있다.

1966년 홍수로 잠겼을 때 가장 깊은 곳의 수심은 6미터에 달했다고 한다. 피렌체 거리 곳곳의 건물 벽에는 홍수 때 물이 차오른 수위를 알리는 하얀 표지가 붙어 있다. 거리를 거니는 사람들의 머리 위 저만치 높은 곳에서 그 표지들은 무심하게 우리를 내려다본다. 아르노 강이 범람한 건 1966년이 처음이 아니다. 1333년, 1844년에도 강물은 피렌체를 덮쳤다. 강은 언제고 때가 되면 다시 강둑을 넘어 휘몰아칠 테고, 강가에 서 있는 미술관의 사정을 봐줄 리 없다.

센 강변의 루브르 박물관 역시 물이 두렵다. 마르크 앙투안 마티외의 그래픽 노블 『어느 박물관의 지하—한 감정가의 일기에서』는 먼 미래에 이름마저 잊힌 채 방치된 루브르 박물관이 배경이다. 만화 속 박물관의 지하 갤러리는 물에 깊이 잠겨 있다. 한때 경비원이었던 뱃사공 여인은 노를 저으며 이 저수지에 4백 점의 그림과 150점의 조각이 잠겨 있다고 말한다.[31]

만화 속 황량한 미래는 몇 번이고 물에 잠길 뻔한 과거에서 소환된 것이다. 지하에 수장고가 있는 루브르 박물관은 파리에 큰비가 내릴 때마다 좌불안석이다. 지난 2016년 6월 센 강이 범람할 위기에 처하자 루브르는 긴급하게 소장품들을 높은 곳으로 옮겼지만 막대한 피해를 피할 수는 없었다. 2018년과 2020년, 2021년, 센 강의 수위가 아슬아슬해지는 일이 점점 잦아지고 있다. 루브르는 파리 북쪽으로 190킬로미터 떨어진 리에뱅Liévin에 보존 센터를 건립하고 65만 점에 달하는 소장품을 옮기고 있다.

기후 위기를 실감하는 세계 각지의 뮤지엄들 역시 소장품을 안전하게 지킬 새로운 보존 센터 건립에 나서고 있다. 비만 오면 울어대는 청개구리처럼 강가에 선 미술관을 사랑하는 사람들은 영영 안심할 수 없는 것이다.

작품이 오래 사는 집

"미술관에서 산다는 건 아주 이상하고 전혀 마음에 들지 않는 일이다. 실내복이나 수영복을 입고 홀을 걸어 다니고 싶어도 마음대로 할 수가 없다."[32]

내가 살고 있는 집이 미술관이라면 어떨까? 페기 구겐하임은 1947년에 뉴욕에서 운영하던 금세기 예술 갤러리를 정리하고, 베네치아에 정착했다. 그녀가 당시 6만 달러를 주고 산 '팔라초 베니에르 데이 레오니'는 1748년 베네치아의 한 유서 깊은 가문에서 짓기 시작했지만 1층만 있는 미완성 상태로 시인, 귀족, 배우 등 여러 사람이 거쳐 갔다. 그리고 페기 구겐하임이 이 저택의 마지막 주인이 됐다.

인테리어는 서서히 이뤄졌다. 침실엔 페기가 '모빌'로 유명한 알렉산더 콜더에게 의뢰해 만든 은제 헤드보드가 설치되었고, 1백 개가 넘는 귀걸이들이 벽에 걸렸다. 페기가 평생 수집한 현대미술 작품들은 1949년 가을에야 베네치아에 도착했고 첫 전시가 정원에서 열렸다. 1951년부터 저택은 페기가 사는 집이면서 동시에 미술관이 되었다. 페기 구겐하임이 사

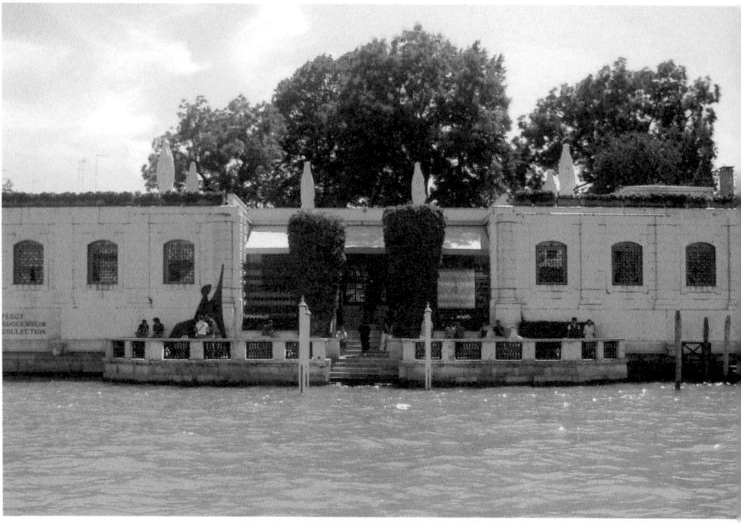

베네치아에 있는 페기 구겐하임 컬렉션 미술관.

들인 순간 저택의 운명은 이미 미술관으로 정해져 있었다.

구겐하임 가의 일원이지만 평생 예술가들의 친구이자 후원자로서 관습에 얽매이지 않고 산 페기 구겐하임은 미술관 개관 시간을 피해 팔라초 옥상에서 일광욕을 했다. 종종 나체로. 페기 구겐하임은 1979년 81세를 일기로 삶을 마감할 때까지 그곳에 살았다. 페기가 기웃거리는 사람들을 막으려고 벨벳으로 된 줄을 걸어뒀던 침실도 이젠 관람객들의 차지다.

많은 미술관들이 누군가의 집이었다. 수집가들이 생전에 소장품을 걸어두고 즐기던 저택이, 예술가들이 거처하던 집과 작업실이 그들 사후에 미술관이 되었다. 뉴욕에 있는 프릭 컬렉션이나 이사벨라 가드너 미술관은 페기 구겐하임의 팔라초와 마찬가지로 미술관이 될 운명으로 정해진 집이었다.

헨리 클레이 프릭은 철강 산업으로 서른 살에 백만장자가 됐고 노조 파업에 무장 경비대를 파견한 걸로 악명을 날린 냉혹한 자본가였다. 1913년 뉴욕 맨해튼 5번가 모퉁이에 프랑스풍의 화려한 저택을 세울 때 그는 자기가 모은 컬렉션이 기념비가 되길 꿈꿨다. 이후 20년 동안 프릭 가의 집이었지만 1935년 예정대로 대중에게 개방됐다.

보스턴 상류 사회의 유명인사였던 이사벨라 스튜어트 가드너는 자신의 소장품을 보관하기 위해 15세기의 베네치아 궁전 같은 집을 짓고, 실제로 이름도 '펜웨이 궁전Fenway Court'

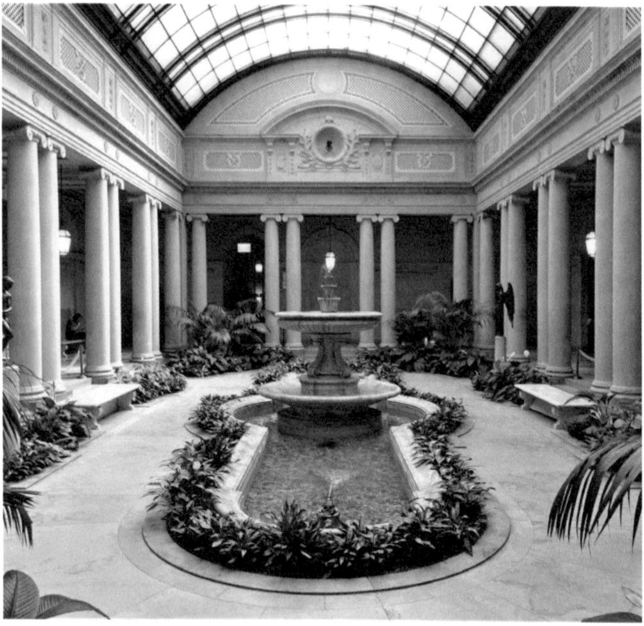

프릭 컬렉션의 아트리움.

이라고 붙였다. 가드너 역시 생전에 이 궁전을 일부 개방했고, 죽은 뒤에 미술관이 될 것은 분명했지만 자신의 흔적을 고스란히 남기고자 했다. 그녀는 가구와 꽃 장식까지 생전에 본인이 했던 그대로 유지해야 한다고 유언을 남겼다.

과거에도 지금도 화려한 궁전 같은 미술관만 있는 건 아니다. 파리 생라자르 역 근방에 있는 귀스타브 모로 미술관은 1898년 모로가 죽으며 프랑스 정부에 넘겨진 곳이다. 먼지 한

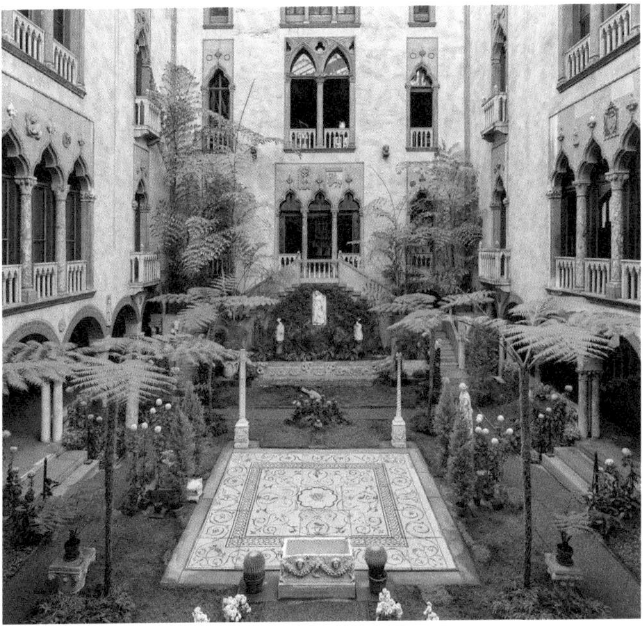

이사벨라 스튜어트 가드너 미술관의 중정.

톨 없는 말끔한 미술관들과는 달리 을씨년스런 분위기가 풍긴다. 천장부터 바닥까지 빼곡하게 걸린 그림과 낡은 바닥, 빛바랜 가구는 미술관이라기보다 주인을 잃은 집이라는 인상을 준다. 모로가 2층 작업실에 난로를 피우고 그림을 그리던 시절에는 분명 사람의 온기가 흐르는 집이었을 테지만 말이다.

박노수 미술관도 화가가 오래 살던 집이다. 한국화 1세대를 대표하는 화가 박노수가 40여 년간 산 집이 미술관이 됐다. 화가는 2011년 5백여 점의 작품을 비롯해 가구와 고미술 수집품 등 1천여 점을 기증했고, 개보수를 거쳐 2013년 종로구 구립미술관으로 문을 열었다. 1937년에 세워진 이 집은 화신백화점 등을 설계한 당대의 대표 건축가 박길룡의 작품인데, 프랑스·한국·중국·일본 등 여러 나라의 주택 양식이 섞여 있어 독특한 멋이 있다. 화가 박노수를 모르는 사람들도 서촌 마을에 가면 이 집 정원에 들러 기념사진을 찍고 간다. 미술관 내부는 작품 전시를 위해 일부 변경된 부분도 있지만 화가가 살며 작업하던 때의 모습을 그대로 유지하고 있다. 각 전시실은 살림집이었던 때처럼 응접실, 안방, 주방, 화실 겸 서재, 공부방, 욕실이란 명칭을 쓴다. 화가가 쓰던 채색 재료를 담은 접시와 붓이 놓인 공간 속에서 작품을 보는 경험은 특별하다. 작품만 톡 떼어가서 걸어놓은 미술관 전시장에선 느낄 수 없는 친근함이 있다.

집이 미술관이 되는 것은 명예로운 일이다. 화가의 이름은 세상에서 쉽게 잊히지 않을 것이다. 그렇지만 공공장소가 된 삶의 거처를 보는 일이 마냥 즐겁기만 할까. 집이 미술관이 되는 건 손님을 초대하던 응접실이 전시장이 되고, 잠을 자고 사랑을 나누던 침실이 만인에게 공개된다는 뜻이다. 그런 사적인 미술관들에서 미술관 카페는 원래 다이닝룸이었던 곳에 자리를 잡는다. 파리에 있는 자크마르 앙드레 박물관Musée

Jacquemart-André에서 사람들의 줄이 가장 길게 늘어서는 건 일요일 점심이다. 차와 오렌지주스, 스튜와 샐러드, 케이크 등으로 구성된 근사한 브런치를 일요일 2시까지만 한정 판매한다. 이 박물관은 앙드레 부부의 저택을 그들의 소장품으로 꾸민 곳으로, 카페는 원래 저택의 다이닝룸이었던 곳에 있다. 파리에서 가장 맛있는 페스트리를 19세기의 파리 상류층이 된 기분으로 즐길 수 있다. 앙드레 부부의 영혼이 여전히 그곳에 머물러 있다면 그들은 어떤 표정으로 사람들을 구경할까.

백남준 아트센터는 경기도 신갈에 자리를 잡았다. 백남준

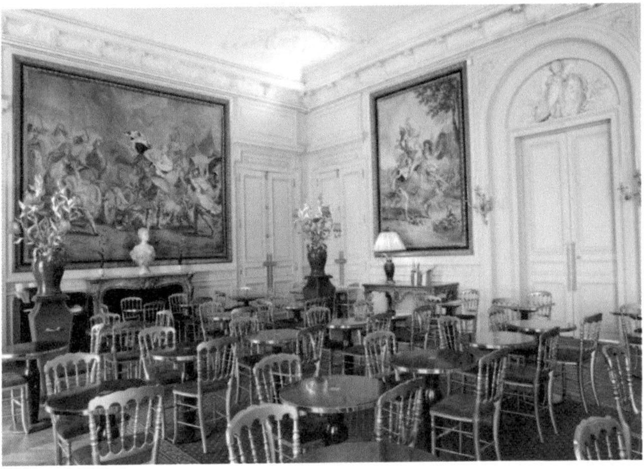

자크마르 앙드레 박물관의 카페.

이 생전에 이 일대를 답사하고 미술관이 들어설 장소를 직접 정했다고 하지만, 백남준은 신갈 일대가 고향이 아니고 살았던 적도 없다. 한 작가를 기리는 미술관은 연고가 있는 곳에 짓기 마련이라 대체 왜 신갈에 백남준 아트센터가 생겼는지 의아하다. 백남준 아트센터는 '백남준이 오래 사는 집'이라고 스스로를 설명한다. 이것은 백남준 아트센터가 자임하는 임무이자 목표다. '백남준이 오래 사는 집'이라는 말에는 여기가 그가 남긴 작품들이 앞으로 오랫동안 기거할 장소이며 백남준의 철학이 새로운 세대의 예술로 태어나는 곳이라는 함의가 있다. 생전의 연고와 상관없이 백남준의 정신이 진정으로 살아가는 집을 만들겠다는 의지가 담겨 있다.

삶이 끝난 뒤에도 예술은 사라지지 않는다. 작품들이 그 자리에 남아 누군가의 집을 미술관으로 세상에 공개한다. 한때 집이었던 미술관들은, 주인이 떠난 뒤 작품들만이 오래 살아가는 집이다. 그러니 그 집들에서 때로 무덤이 어른거린다 해도 이상해할 일이 아니다. 루브르 중앙에 세워진 유리 피라미드는 뮤지엄이 일종의 '무덤'이라는 점을 드러낸다. 피라미드는 무덤인 동시에 파라오가 사후에 신에게 오르기 위한 거대한 계단이라고도 볼 수 있다. 하지만 루브르는 관람객들이 피라미드 계단을 올라 신성한 예술의 성지에 오르는 대신 지하로 '내려가는' 계단을 통해 입장하게 만들었다. 무덤 속으로 들어가는 경험, 하지만 환한 태양 아래 유리로 된 피라미드에는 죽음의 그림자가 없다.

미술관이란 아차 하면 서늘한 무덤이 될 수 있는 곳이다. 과거가 된 작가의 예술 세계를 오늘에도 의미 있는 것이라 설득할 힘이 없다면, 그곳에서 미래를 상상할 여지가 없다면 말이다. 루브르의 유리 피라미드에서 박물관의 숙명에 도전하는 자기 다짐이랄까 각오를 읽는다.

Side 4

가장자리에서 보는 미술관

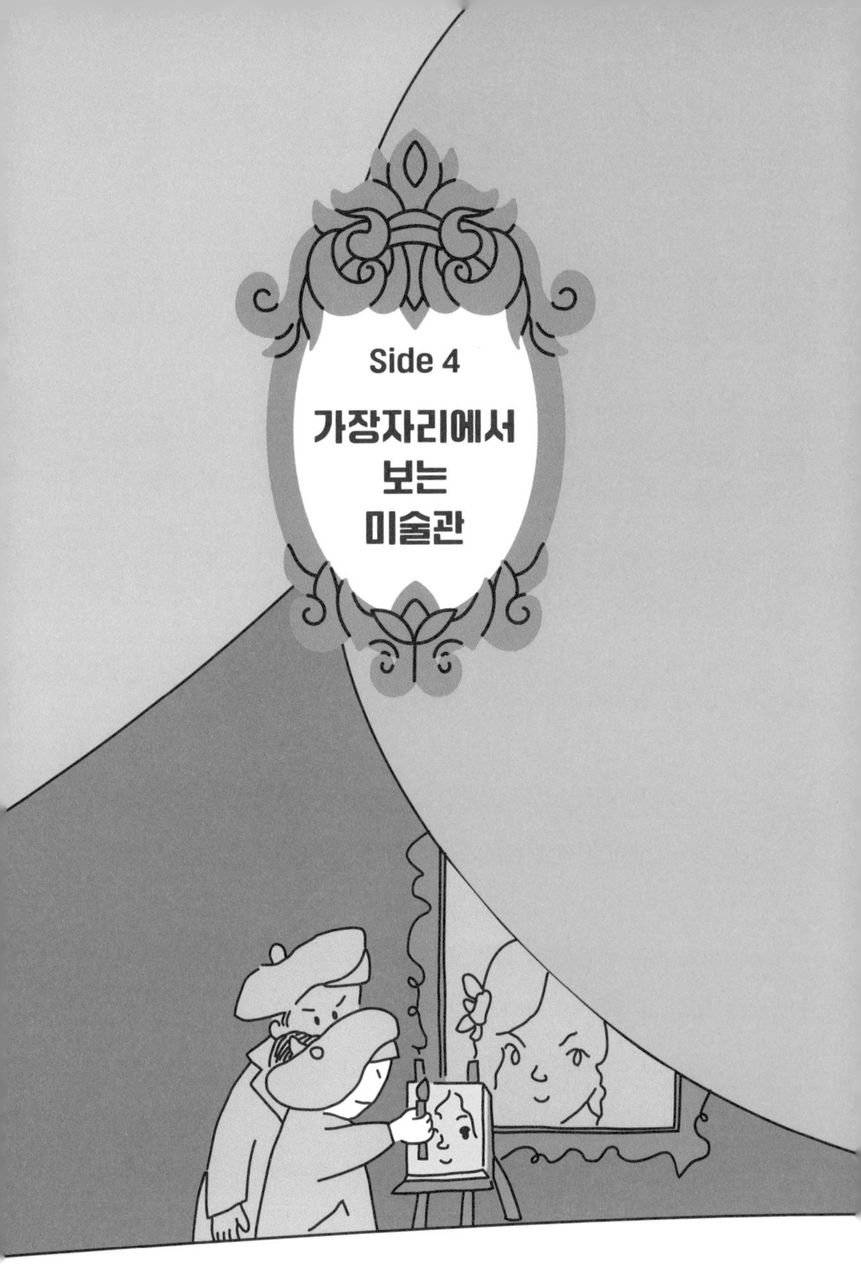

입구

미술관이 시작되는 계단

미국식 막장 드라마 〈가십걸〉은 부유하고 거칠 것 없는 등장인물들을 처음 선보이는 장소로 메트로폴리탄 미술관 계단을 골랐다. 미술관은 뉴욕 상류층들이 무심히 오가는 맨해튼 5번가임을 상징하는 배경일 뿐 주인공들은 그 안으로 들어가지 않는다. 계단만 보여줘도 충분하기 때문이다.

건축가 임석재는 『계단, 문명을 오르다』에서 "계단은 종교와 정치권력의 아이콘"[33]이라고 말한다. 신전과 궁은 누구나 고개를 들면 볼 수 있는 곳에서 위엄을 갖춘 채 세상을 내려다

본다. 계단은 신의 공간으로 가는 통로이고 권력자들이 힘과 권위를 과시하는 지배 수단이 되어왔다. 전면에 웅장한 기둥들이 늘어선 고전 건축 양식을 한 미술관들은 신전과 닮은꼴이다. 또 많은 미술관들이 권력의 상징이던 궁전에 자리를 잡고 있다. 그렇다면 미술관의 계단 역시 사람들에게 우월함을 과시하는 역할을 할까?

메트로폴리탄 미술관은 1880년에 개관한 이래 증축에 증축을 거듭해 5만 7천 평에 달하는 거대한 덩치가 됐다. 입구에는 폭이 46미터에, 높이가 4미터가 넘는 웅장한 계단이 펼쳐져 있다. 그런데 이 계단은 미술관을 돋보이게 만들지만 세상을 호령하는 대신 포용하는 여유를 선물한다. 말하자면 '시민들을 위한 친절한 계단'이다. 계단은 올라가고 내려오는 이동을 위해 만들어졌지만 이곳에선 유쾌한 멈춤의 공간이 된다. 3백만여 점에 달하는 보물을 품고 있는 장대한 미술관을 등 뒤에 두고 앉아 사람들은 기타를 치거나 그림을 그리고, 음료수나 핫도그를 먹으며 멍때린다. 사진을 찍는 관광객들 사이로 숙제를 하는 학생들이 있고, 그림을 그리거나 글을 쓰는 사람들 옆엔 일광욕을 즐기는 이들이 있다. 미술관은 그들 모두를 품는다. 계단으로.

메트로폴리탄 미술관이 처음부터 이처럼 웅장하면서도 포용력 있는 계단을 갖고 있진 않았다. 1975년 이전에 미술관

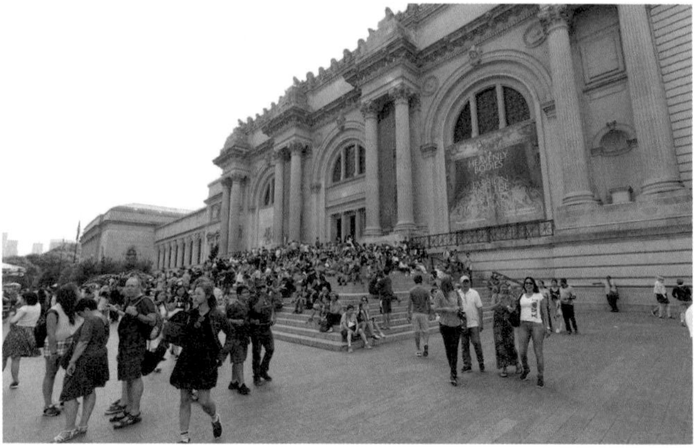

뉴욕 메트로폴리탄 미술관 입구.

입구는 일명 '개구멍'이라고 불린 나무 현관이었고, 문 크기와 비슷한 좁은 계단 몇 개가 고작이었다. 박물관장 토머스 호빙Thomas Hoving과 『리더스 다이제스트』의 공동 창립자인 릴라 애치슨 월러스Lila Acheson Wallace가 자금을 모으고 '케빈 로시 존 딩켈루 연합 사무소Kevin Roche John Dinkeloo and Associates'가 설계한 새로운 입구와 계단은 미술관 자체의 인상을 바꿔놓았다. 드넓게 펼쳐진 계단과 그 앞에서 물을 뿜는 분수는 미술관 관람에 대한 긴장과 설렘을 적절하게 섞고, 예술에는 손톱만치도 관심이 없는 사람들까지 미술관 앞으로 끌어모았다. 단지 몇 계단을 올라왔을 뿐인데 맨해튼이란 '세속'에서 벗어나게 해주었다.

이 계단에는 미술관이 젠체하는 식자층이나 잘 차려입은 사람들이 드나드는 곳이라는 선입견을 무장 해제시키는 매력적인 제스처가 담겨 있다. 미술관은 현대인을 위한 성소, 일종의 교회로 자신의 권위를 유지하면서도 깃발을 따라온 관광객과 5번가를 거니는 생활인들을 포용할 수 있게 되었다. 그 계단을 통해 미술관이란 제단으로 오르는 성스러운 의례가 펼쳐지며, 동시에 미술관에서 새어 나오는 아우라가 계곡물처럼 졸졸 흘러내린다.

그러나 모든 미술관의 계단이 이렇게 친절하진 않다. 언뜻 비슷해 보이는 신고전주의 양식으로, 전면에 장엄한 계단을 두른 미술관 중에서 바로 그 계단 때문에 어렵게 느껴지는 곳들도 다수다. 가까이에는 서울 덕수궁 안에 있는 국립현대미술관 덕수궁관을 떠올려보면 된다. 그 건물로 오르는 계단은 경사가 심하다. 미술관이란 엄격할 수밖에 없지 않느냐고 엄포를 놓는 듯하다. 그 계단이 조금만 더 흘러내려주면 어떨까. 계단 끝에서 한참 떨어진, 비둘기들이 무시로 찾는 등나무 아래 의자들까지로. 그렇다면 그 계단에서도 마음이 조금 풀어질 것이다.

메트로폴리탄 미술관이 화강암이라는 견고하고 전통적인 소재를 이용해 포용의 광장을 만들어냈다면, 파리의 퐁피두센터는 현대 예술을 두루 아우르는 복합 문화 공간이란 정체성에 맞게 계단을 걷어내고 에스컬레이터로 그 기능을 대신한다. 최근 새로 지어진 미술관들은 입구에 계단이 없는 경우가 많다. 외부에서 곧장 들어갈 수 있도록 입구 안팎의 높이 차이가 없도록 설계한다. 국립현대미술관 서울관 입구가 그렇다. 국립현대미술관 서울관은 독재 정권의 상징인 기무사 터에 자리를 잡고 있다. 그래서 더 몸을 낮추고 열린 구조를 택했다. 정문이 있지만, 담장 없이 열린 마당을 통해 사방에서 들어갈 수 있다. 카페, 교육관, 아트 숍, 매표소로 들어가는 문들은 어디나 턱이 거의 없다. 높은 기단 위에서 내려다보는 신전 같은 미술관은 현대 미술에는 어울리지 않는다.

퐁피두센터의 입구도 존재감을 과시하지 않는다. 파리가 아직 낯선 관광객들은 입구가 어디인지 갸우뚱하며 지친 다리도 쉴 겸 퐁피두센터 앞 분수 가에 앉게 된다. 한때 부부였으며 이후 일생 동안 믿음직한 동료 예술가로 협업했던 니키 드 생팔Niki de Saint-Phalle과 장 팅겔리Jean Tinguelly가 만든 스트라빈스키 분수다. 서로 대화하듯 물을 뿜는 분수 가장자리에 앉아 퐁피두센터를 바라보자면 들어가지 않아도 이미 누릴 대로 누린 기분이 든다.

퐁피두센터는 각종 배관을 전면에 모두 드러내고 투명하게 서 있다. "나를 알고 싶다면 다 알려줄게"라고 말하는 듯하다. 파란색은 에어컨, 노란색은 전기, 녹색은 수도관을 표시한

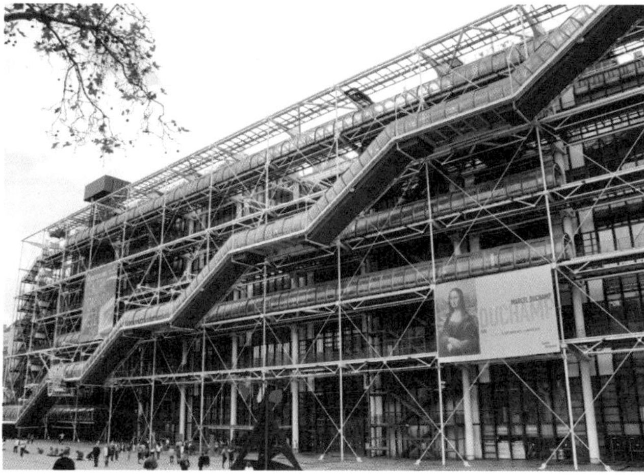

파리 퐁피두센터.

다. 에스컬레이터와 엘리베이터는 더 강조된다. 무려 빨간색이다. 이렇게 복잡한 배관을 모두 밖으로 밀어낸 덕분에 퐁피두센터는 내부에 광대한 전시 공간을 확보할 수 있었다. 건축가 렌조 피아노Renzo Piano와 리처드 로저스Richard Rogers가 이룬 급진적이며 실용적인 디자인의 성과다.

한없이 투명한 퐁피두센터에서 가장 거대한 관은 사람을 실어 나르는 에스컬레이터다. '애벌레(카타필레)'라는 애칭으로 불리는데, 길이 16.7미터의 에스컬레이터 10기로 구성되어 있다. 각 에스컬레이터의 무게는 1만 7백 킬로그램이다. 이 거대한 애벌레는 지난 2021년 40여 년의 운행을 마치고 교체되었다. 에스컬레이터 교체를 위해 이를 감싸고 있던 곡면 유리를 해체하고 두 대의 크레인을 이용해 건물에서 에스컬레이터를 분리해냈다. 이후 난간을 분해해서 새로 운송되어 온 에스컬레이터를 조립해 맞추었다.

거대한 애벌레-에스컬레이터로 사람들이 끊임없이 오르고 내린다. 퐁피두센터 외관은 바라보는 것 자체로 희열이 인다. 하나의 설치 작품, 퍼포먼스를 보는 것 같다. 이 노출된 에스컬레이터를 통해 퐁피두센터는 자기 할 일을 이미 다 해버린다. 난해하고 진지한 현대 예술의 세계로 사람들을 초대하는 과업 말이다. 예술이 있고 그것을 찾는 사람들이 있으니 당신도 망설이지 말고 들어오라고, 혹은 거기 앉아서 이것을 보는 것만으로 충분하다고 이야기한다.

드가와 피카소의 미술학교

에드가르 드가가 에두아르 마네를 처음 만난 곳은 루브르 박물관이었다. 1862년 1월 어느 날 드가는 벨라스케스의 〈어린 마르가리타〉를 에칭으로 모사하고 있었다. 마네는 드로잉 없이 바로 판을 파고 있는 드가의 작업 방식에 놀라서 말을 걸었다. 당시 마네의 나이는 서른 살, 드가는 스물일곱 살이었다. 이 야심 찬 젊은 화가에게 루브르 박물관은 졸업장도 선생도 없는 미술학교였다.

루브르 박물관 외에도 프라도 미술관, 메트로폴리탄 미술관, 오르세 미술관 등 세계 유수의 미술관 곳곳에서 그림을 그리는 사람들을 만날 수 있다. 우아한 그리스·로마 조각상 앞에서 이젤을 펴놓고 데생을 하는 사람도 있고, 팔레트를 들고 유화 작업을 하는 이도 있다. 개중에는 분명 앞에 놓인 작품을 보고 그리는데 작품과 영 닮지 않아서 대체 뭘 그리는 걸까 궁금해지는 경우도 있다. 어떻게 그들은 이젤이며 팔레트 같은 번잡한 도구들을 바리바리 싸 들고 와 미술관에서 그림을 그릴 수 있을까? 나도 마음만 먹으면 그곳에서 그림을 그릴 수 있는 걸까?

미술관에서 그림을 그리는 '복사 화가들'은 오래된 전통이다. 가장 먼저 미술관을 화가 지망생들의 교육 장소로 개방한 곳은 루브르다. 프랑스 혁명 와중에 왕궁에서 박물관으로 변신한 루브르는 역사 속 거장들의 작품을 따라 그리고 싶어 하는 모든 예술가들에게 기회를 주었다. 그래서 마네는 벨라스케스의 작품을 모사하고 있는 드가를 루브르에서 마주칠 수 있었던 것이다. 드가의 친구였던 메리 커샛도 루브르에서 그림을 그렸고, 파블로 피카소도 그랬다. 세잔, 샤갈 등도 루브르 '동문'이다. 19세기 박물관은 화가를 꿈꾸는 이들의 학교였다. 당시에는 별도의 허가가 없어도 원하는 이들은 누구라도 이젤을 펴고 그림을 그릴 수 있었다. 영국 내셔널갤러리에는 1884년 한 해 동안 복사 화가의 방문이 26,435건이었고,

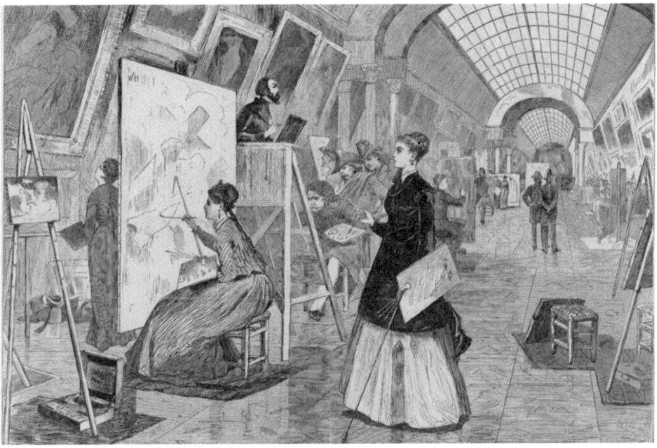

윈슬로 호머, 〈파리 루브르 박물관의 미술학도와 복사 화가들〉, 『하퍼스위클리』 1868년 1월 11일자 삽화.

그 결과 1천여 점의 유화가 만들어졌다.[34]

오늘날 그 수는 현저하게 줄었지만 세계 곳곳의 여러 미술관들은 거장을 모사하며 직접 배우기를 원하는 화가들에게 미술관 내에서 그림을 그릴 수 있는 권한을 주고 있다. 루브르 박물관의 경우 매년 250개의 허가증을 발행하는데, 대기자 명단이 2년 치가 쌓여 있다고 한다.

복사 화가들은 엄격한 규정을 따라야 한다. 우선 허가증을 받았다고 해서 원하는 작품을 무엇이든 그릴 수 있는 것은 아니다. 사전에 허가된 작품에 한해서 가능하고 영구 소장품이 아닌 경우는 허가되지 않는다. 작품을 그리는 장소와 시간도 엄격히 규정되어 있다. 내키는 대로 이 전시장에서 저 전시장으로 옮겨 다니며 그릴 수도 없다. 전시실당 복사 화가가 한 명 이상이 되지 않도록 관리되고 있다.

메트로폴리탄 미술관의 경우는 위작을 방지하기 위해서 복사 화가들이 원작보다 최소 10퍼센트 크거나 작은 화면으로 그리도록 정하고 있다. 또 복사한 작품을 판매할 수 없다는 규정도 있다. 워싱턴 내셔널갤러리에서는 한 주에 3일간 오전 10시부터 오후 4시까지로 시간을 규정하고 있다.[35]

'복사' 프로그램으로 이름이 붙어 있지만, 작업에 참가하는 작가들이 그대로 베끼는 작업만 하는 건 아니다. 초상화 속의 백인 인물을 다른 인종으로 바꿔 그리는 식으로 자기 해석을 담아서 그리기도 한다. 19세기에 젊은 미술학도들이 거장들을 복사하며 배웠다면, 이제는 취미로 그림을 그리는 오십대 이상의 장년들이 기법을 단련하려는 목적이 주를 이룬다.

미술관에서 거장의 작품을 직접 따라 그려보기를 원하는 사람의 수가 줄었다고 해도 그 기회를 잡기란 쉽지 않다. 하지만 많은 미술관들이 일반 관람객에게도 영구 소장품에 한해서는 마음껏 그릴 수 있는 기회를 여전히 열어주고 있다. 대부분의 미술관이 허락하는 도구는 '연필'이다.

누구나 스마트폰을 들어 순식간에 눈앞에 있는 그림을 담

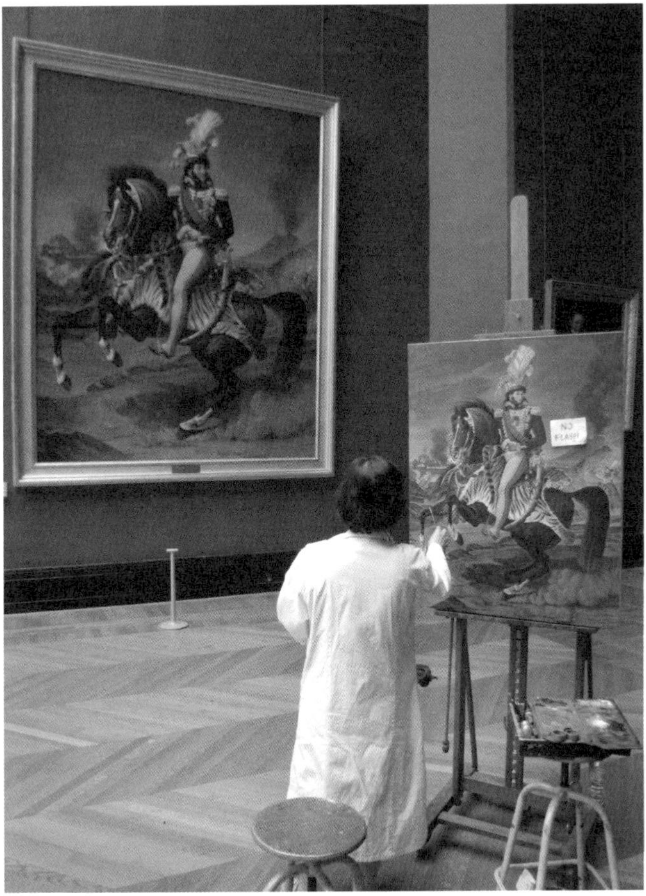

루브르 박물관에서 그림을 따라 그리는 복사 화가, 2009년.

아 갈 수 있는 시대다. 그렇지만 역시 붓이나 연필을 들고 복사하는 사람에게 더 눈길이 간다. 그들 중에 훗날 드가나 마네로 기억될 누군가가 있다고 상상하면 벽에 걸린 작품보다 더 오래 눈길이 머물 수밖에 없다.

복제

런던에 있는 다비드 상

로마에 있는 트라야누스 원주는 장대하다. 높이 38미터에 이르는 원기둥에 트라야누스 황제의 다키아Dacia 원정을 155개의 장면으로 나눠 시간 순서대로 휘감아 오르며 새겨 놓았다. 113년부터 2천여 년간 한자리를 지킨, 오로지 그곳에 가야만 볼 수 있는 웅장한 구조물이다. 거칠 것 없는 하늘 아래, 광장이 아니라면 어디에 가둘 수 있을까 싶다.

그런데 똑같은 크기와 모양을 한 기둥이 런던에도 있다. 심지어 실내에 있다. 빅토리아앤드앨버트 박물관 '캐스트 코트

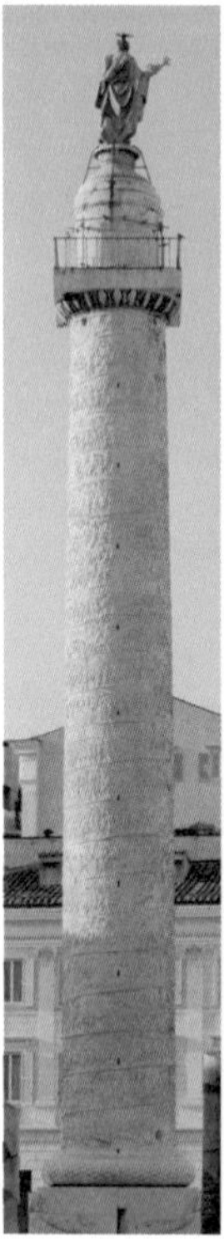

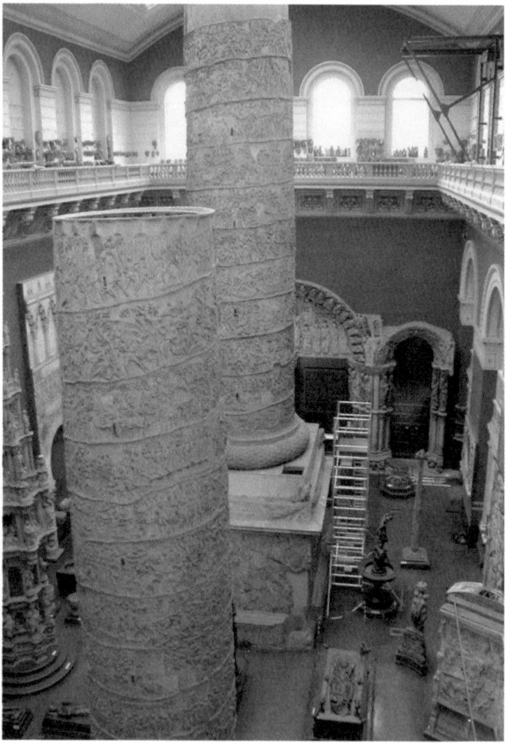

◂ 포름 로마눔 북쪽에 있는 트라야누스 원주, 1896년경.

▸ 빅토리아앤드앨버트 박물관의 캐스트 코트에 있는 트라야누스 원주 복제품.

Cast Courts'에 있는 트라야누스 원주는 비록 두 부분으로 나눠져 있지만 로마에 서 있는 것과 똑같은 크기와 생김새다. 벽돌을 쌓아 원통형 지지대를 세우고 그 위에 로마에서 본을 뜬 석고 부조를 둘러서 만들었다. 각 조각들은 세밀하고, 직소 퍼즐

처럼 정교하게 물려 있다.

1873년 문을 연 캐스트 코트는 런던 시민들에게 경이로운 경험을 선사했다. 당시 언론은 이곳을 방문하는 일을 몽블랑 등정에 빗대며 감탄했다. 거대한 전시실 안에는 미켈란젤로의 〈다비드〉 상 등 이탈리아 르네상스를 경험할 수 있는 조각과 건축물들이 재현되어 있다. 복제품으로 가득 찬 박물관 전시장은 어떻게 탄생했을까? 박물관·미술관은 원본, 오리지널만 취급하는 곳이 아니었던가? 그렇지 않다. 빅토리아앤드앨버트 박물관은 처음 문을 열 때부터 복제한 석고상을 주력 소장품으로 삼았다.

초대 관장 헨리 콜은 박물관의 소명을 "어린아이들처럼 학교에 갈 수 없는 어른들을 교육하는" 일로 삼았다. 산업혁명으로 부를 일궜지만 유럽 본토 국가들에 비해 문화적으로 열세에 있다고 여긴 영국 정부는 서구 문명의 근간이 되는 그리스·로마와 르네상스의 문화를 일부 계층만이 아니라 더 많은 시민들이 경험할 수 있는 방법을 모색했다. 모두가 다 이탈리아로 그랜드투어를 떠날 수 없고, 그렇다고 로마와 피렌체를 통째로 옮겨 올 수도 없는 일이다. 앙드레 말로의 말마따나 "나폴레옹의 승리도 시스티나 예배당을 루브르로 가져오게 하지는 못했다".[36] 합법적으로 그 문화를 향유하고 배울 수 있는 방법이 석고를 이용한 복제였다.

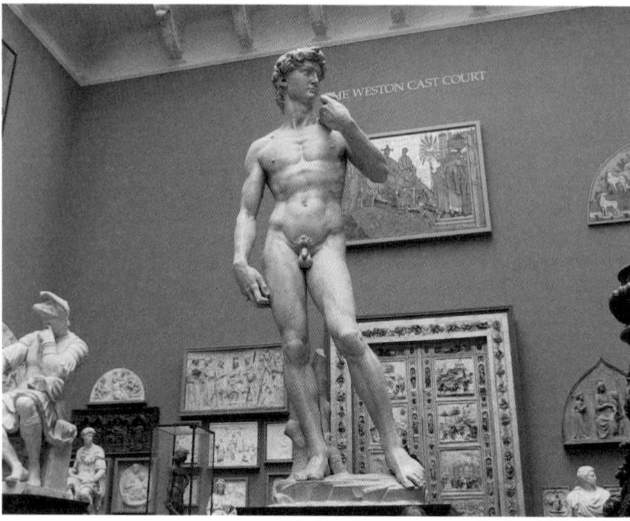

클레멘테 파피가 제작한 석고 〈다비드〉 상, 빅토리아앤드앨버트 박물관 캐스트 코트.

오늘날 미켈란젤로의 〈다비드〉 상은 세계 곳곳에 모조품이 퍼져 있다. 하지만 빅토리아앤드앨버트 박물관의 캐스트 코트에 서 있는 복제품은 그중 특별하다. 〈다비드〉 상이 1504년 피렌체의 시뇨리아 광장에 설치되고 이후 3백여 년이 지날 때까지 이 거대한 조각품을 복제한다는 건 상식 밖이었다. 하지만 1830년대에 이르러 위협적인 날씨와 군중에 의한 훼손 때문에 복제 필요성이 거론되었고 1847년 제작이 시작됐다.❖

이 임무를 맡은 건 조각가 클레멘테 파피Clemente Papi였다. 런던에 있는 〈다비드〉는 클레멘테 파피가 만든 두 번째 석고 〈다비드〉로, 피렌체 밖으로 나간 최초의 〈다비드〉 복제품이다. 무역 규제 완화를 원했던 토스카나 대공 레오폴드 2세가 빅토리아 여왕에게 선물로 바친 것이다. 석고상과 운송용 나무 상자의 제작비용이며 런던까지의 여정 등 석고 〈다비드〉 상 제작의 요모조모는 피렌체 역사기록보관소에 문서로 남아 있다.❖ 위대한 작품을 복제하려면 그 위대한 정도만큼 공이 드는 게 당연할 듯하다.

석고상 제작 기술을 먼저 갈고 닦은 건 프랑스다. 나폴레옹은 이탈리아, 이집트, 스페인, 독일, 네덜란드 등 유럽에서 아프리카까지 각지에서 막대한 양의 미술품을 전리품으로 약탈해 갔다. 나폴레옹의 위세가 꺾이고 그가 워털루 전쟁에서 패해 실각하자 프랑스는 약탈 문화재를 반환해야 하는 처지에 놓였다. 그대로 돌려주고 말 수는 없는 일이라 석고로 본을 떠야 했고, 전문적으로 석고상을 제작하는 공방들이 성업을 이루게 되었다.

수요는 계속 늘어났다. 후발 주자로 박물관 건립 붐이 일어난 미국의 여러 박물관들이 모조품이나마 고전 문화를 향유할 석고 조각상을 필요로 했기 때문이다. 일례로 1889년에서

❖ 1855년 가을에 시작된 작업은 1856년 8월 27일에 마무리되었고, 페라타 레오폴다 선로를 따라 101킬로미터를 이동해 리보르노 항구의 왕립해군사관학교에 도착한 뒤 배에 실려 1856년 9월 27일 런던에 도착했다.

1895년 사이에 메트로폴리탄 미술관은 서양 조각사의 기념비적인 작품들의 복제품을 일괄로 구입했다. 석고를 대량 제작할 수 있는 방법이 등장한 덕분에 점점 더 빠르고 싸게 석고상을 제작할 수 있었다. 상업적으로 제작된 석고 두상들은 화가 지망생들의 데생 교육용으로 팔려 나갔다. 프랑스 아카데미가 정립한 고전미의 규범은 일본을 거쳐 우리나라 미술 교육에도 막대한 영향을 미쳤다. 한때 입시생들이 마르고 닳도록 데생하던 석고상 아그리파와 줄리앙은 이들과 같은 계보에 속한다.

서구 열강은 전리품으로 이집트의 오벨리스크를 자국에 실어 날랐고, 지금 오벨리스크는 미국, 영국, 프랑스, 이탈리아, 러시아, 터키 등 세계 각지에 흩어져 있다. 파리 콩코르드 광장에 있는 오벨리스크는 나폴레옹 재위 시절에 이집트에서 '선물 받은' 것이다. 높이 20미터, 무게 230톤으로 옮기는 데만 7년이란 시간이 걸렸다. 7대 엘긴 백작, 토머스 브루스는 파르테논 신전의 부조를 자기 집을 장식할 요량으로 뜯어 갔다. 옮길 수만 있다면 피라미드도 통째로 옮겨 갔을 욕망이다. 그에 비하면 석고상 복제는 나름대로 매너를 갖춘, 고전 문화에 바치는 찬사였다고 할 수 있다.

빅토리아앤드앨버트 박물관 캐스트 코트를 채운 석고상들의 위상은 세월에 따라 달라졌다. 개장 당시 세상에 없는 경이로운 경험으로 칭송받던 캐스트 코트는 오리지널을 찬미하는 시대가 오며 인기를 잃었다. 많은 박물관들은 사들였던 석고 조각상들을 창고에 방치하거나 폐기 처분했다. 세월이 지나 캐스트 코트의 살아남은 복제 석고상들은 오히려 희귀한 볼거리가 되었고 새로운 가치를 인정받게 되었다. 지진과 같은 천재지변이나 전쟁 혹은 관광객에 의해 훼손된 유적과 유물들이 생겼고, 이 복제품들이 원본을 보수·복원하는 안내서가 된 것이다.

캐스트 코트엔 새로운 전시품들도 들어온다. 지난 2015년 이슬람무장단체 IS가 시리아에 있는 고대 로마 도시 팔미라 유적을 파괴했다. 천8백 년 동안이나 굳건했으나 파괴는 한순간이었다. 옥스퍼드 대학 디지털고고학연구소(IDA)는 개선문을 닮은 이 사라진 도시의 건축물 일부를 3D 프린팅 기술로 되살렸다. 남아 있는 사진 자료들을 조합해 석회암을 깎아 실물의 35퍼센트 크기로 제작했고, 런던과 뉴욕에서 전시한 뒤에 캐스트 코트에 자리를 잡았다.

박물관들은 '가짜'를 만들기 위해 상상 이상으로 공을 들인다. 국립경주박물관 앞마당에는 석가탑과 다보탑 모형이 있다. 진품이야 불국사에 있을 테니 가짜려니 하고 보지만, 플라스틱 모조품처럼 가볍게 보이긴 해도 이 모조 탑 역시 진짜 석가탑과 다보탑을 만든 화강암으로 쌓아 올린 돌탑이다.

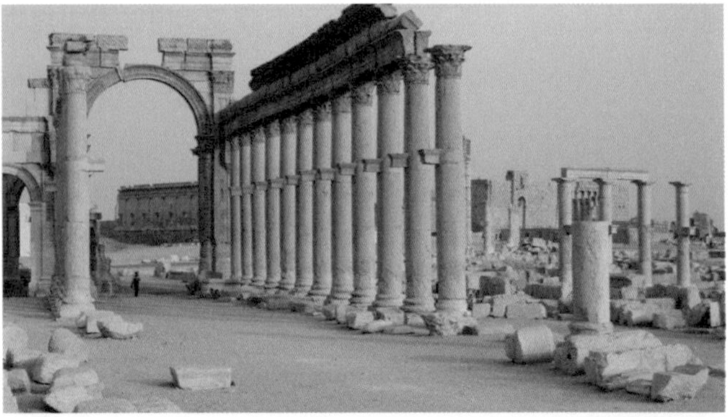

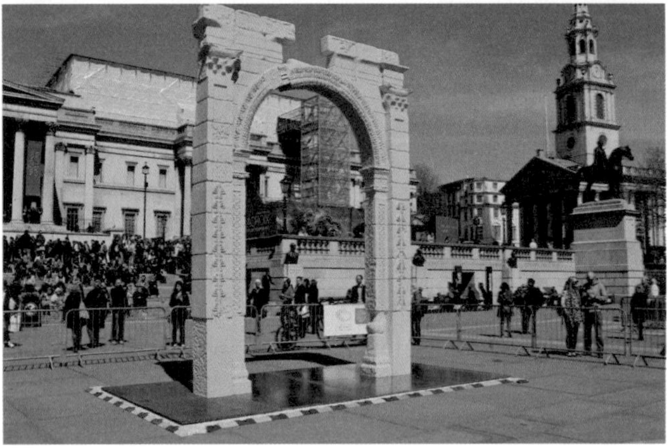

▲ 시리아 팔미라 유적, 2008년의 모습.

▼ 2016년 런던 트래펄가 광장에 재현된 팔미라 아치.

1970년대 이뤄진 모조 탑 건립은 그야말로 역사였다. 지반이 탑의 무게를 견딜 수 있는지 검사하고 재료를 운반하기 위해 도로를 새로 닦았다. 완벽하게 본래의 탑과 같은 모양으로 만들기 위해 불국사에 있는 석탑에 비계를 설치하고 상층부의 석고 모형을 떠 왔다. 두 탑을 나란히 세운 배치며 떨어진 거리 역시 불국사의 그것과 같다. 국립경주박물관 개관에 맞춰 완성된 이 모조 탑은 신라인들에게 바친 존경과 경배의 증표였다. 혹시 있을지 모를 천재지변에 대비해 보험을 들어두겠다는 마음도 있었을 것이다. 완공 연대가 1975년이니, 가짜 석가탑과 다보탑이 보낸 세월도 이미 50여 년이나 흘렀다. 머나먼 세기에는 이들도 닳아 토함산 불국사의 두 탑과 친구처럼 보이게 될 것이다.

캐스트 코트는 청소와 보존 작업, 연구를 위해 십 년간 문을 닫았다가 2014년에 다시 공개되었다. 복제품들은 그 나름의 가치와 효용이 있고, 이제는 그들 역시 오리지널과 마찬가지로 연구와 보존의 대상이 되었다. 뮤지엄의 본령은 원본 수집과 연구 보존이겠으나 그에 더해 가장 높은 수준의 복제품을 생산하는 기술과 권한을 가진 곳이기도 하다. 미술관은 최신의 기술로, 원본에 해를 끼치지 않고 복제품을 생산할 기술을 연마한다. 과거에 석고로 했듯이 이제는 3D 프린터로, 또 메타버스나 홀로그램으로 그 과정은 더 경이롭게 이루어질 것이다.

미술관이 알려주는 쇼핑하는 법

놀이 기구를 타고 나오는 출구는 기념품 상점으로 연결된다. 놀이동산과 달리 미술관은 그렇게 노골적으로 사라고 강요하진 않는다. 오히려 미술관에선 관람자들이 자발적으로 아트 숍을 찾는다. 한 연구에 의하면 미술관 관람객의 80퍼센트가 전시 관람 후 상점으로 이동한다.[37] 100퍼센트가 아니라니! 촌각을 다투는 일이 아니라면 대체 누가 아트 숍을 거부하는 걸까. 혹시 이탈한 20퍼센트는 전시를 보기 전에 이미 들른 게 아닐까? 우리들 대부분은 전시장에서보다 아트 숍에서 더 꼼꼼하게 제품을 하나하나 살피고 샘플을 만지작거리고 기꺼이 지갑을 연다.

백화점 명품관에도 눈을 황홀하게 하는 물건들이 가득하지만 아무리 비싸다고 해도 파는 물건이다. 뮤지엄 소장품들은 다르다. 거기엔 가격표가 없다. 전시장에 진열된 동서고금의 명작들은 값을 치른다 해도 팔지 않을 보물들이다.❖ 눈 호강을 한 뒤 아트 숍으로 직행해 '대용품'으로 기념하려는 마음은 지극히 당연하다.

예술 작품들은 인간이 만든 가장 아름다운 사물들이다. 그것들이 귀하게 모셔진 공간에서 우리는 배우고 감동한다. 거기에 더해, 우리가 좀 더 실용적인 조언을 받을 순 없을까? 이를테면 물건을 제대로 고르는 법 말이다. 뮤지엄이라면 23세기나 24세기에 박물관들이 앞다투어 소장하고 싶은 물건들로 우리 집 장식장을 채울 방법을 알려줄 수 있지 않을까.

1930년대 말 뉴욕 현대미술관, 모마MoMA가 그런 역할을

❖ 새로운 작품을 살 기금을 마련하기 위해 소장품을 내놓는 경우가 종종 있다. 이런 경우라도 박물관과 미술관이 한 번 소장한 유물과 작품을 파는 일은 상당히 드물고, 확고한 근거가 필요하며, 그럼에도 비난받는다. 게다가 루브르 박물관이 〈모나리자〉를 팔 리 없지 않은가? 하지만 영화 〈글래스 어니언〉에서 루브르 박물관은 스타트업 백만장자에게 〈모나리자〉를 빌려준다. 하필이면 수소 연료를 상업화하려는 자에게 말이다. 결국 〈모나리자〉는 불에 타 사라지고 만다. 빌려주지 말라는 메시지!

자임했다. 되짚어보자면 고대 로마 유적에서 발굴된 것이나 명·청 시대의 중국 도자기 역시 한때는 생활인이 집에서 사용한 그릇이며 화병이었다. 우리가 지금 사용하는 물건들 역시 그렇게 될 수 있지 않을까? 1938년 9월 28일부터 한 달간 열린 《5달러 이하 유용한 일상용품》전에는 전시 제목 그대로 5달러 가격으로 살 수 있는 다양한 생활용품들이 전시되었다. 실제로 판매되는 상품들이었고, 미술관은 전시 관람 후 누구나 주문서를 작성해 살 수 있도록 했다. 1940년 연말에는 '10달러 이하'로 조건을 바꿔 전시가 열렸다. 전시에는 꽃병과 접시는 물론 포크, 테이블 매트, 시가 상자, 쓰레기통, 러그, 샤워커튼 등 집 안 곳곳에서 사용할 수 있는 다채로운 물건들이 전시되었다. 유리, 도자기, 나무 같은 전통적인 재료로 만든 물건도 있었고 알루미늄, 셸플렉스shellflex나 멕시칸 팜 잎사귀, 플렉시글라스 루사이트plexiglas lucite 같은 낯선 소재를 쓴 제품들도 있었다. 미술관의 조명 아래에서 단순하면서도 추상적인 생활용품들은 자신의 아름다움을 과시했다. 마트 매대에 놓일 10달러짜리 물건으로는 보이지 않았다.

자칫하면 미술관이 아니라 백화점 상품 기획전처럼 보일 수 있는 전시였다. 전시장 안을 파는 물건으로 채우고 주문을 받는 자신감은 어디에서 왔을까? 모마는 문턱이 높은 유럽 미술관들과는 다른 '현대' 미술관의 임무, 지금 '미국'에 필요한

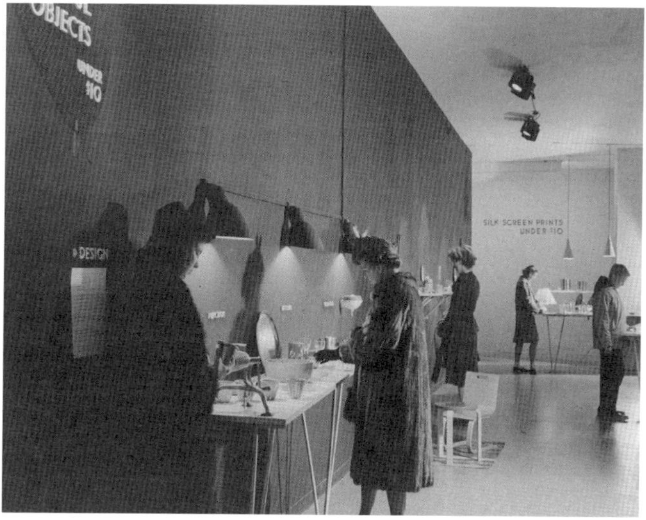

1940년 11월 26일부터 12월 24일까지 열린 뉴욕 현대미술관의《10달러 이하의 유용한 물건들》전시 장면.
Photographic Archive. The Museum of Modern Art Archives, NY. Acc. n.: IN117.1
ⓒ Digital image, The Museum of Modern Art, New York/Scala, Florence

역할을 천명했다. 이 전시는 평범한 사람들이 심미안을 가지고 잘 디자인된 물건을 사용할 수 있도록 기준을 제시하고, 더 나아가 미국의 생활용품 시장을 감탄을 자아내는 미적인 제품으로 채우겠다는 포부로 기획되었다. 모마는 관람객이 '살 수 있는' 물건들을 전시하고 직접 판매함으로써 생활 디자인의 중요성을 설파하고, 미술관이 관람객들의 거실과 욕실, 주방으로 스며들도록 했다. 예술과 디자인, 예술과 생활의 경계를 가뿐하게 넘나드는 참으로 야심 찬 기획이었다. 예술이 오늘의 삶을 바꿀 수 있다는 걸 두 눈으로 확인하게 했다.

뉴욕 맨해튼 53번가에 현대미술관 건물이 완공됐을 때, 유리로 덮인 건물 외벽은 미술관보다 백화점 같다는 인상을 주었다. 메트로폴리탄 미술관, 시카고 아트인스티튜트 등 미국의 미술관들이 높고 장엄한 기둥을 세운 신고전주의 양식으로 지어지던 때였다. 백화점 같은 외관을 한 모마는 1929년에 개관한 이래 생활 디자인의 중요성을 강조해왔다. 바우하우스가 주창한 선, 면, 색으로 이루어진 단순하고 추상화된 디자인을 미술관 밖의 세계에 퍼트렸다. 생활용품 전시는 계속되지 않았지만, 모마는 탁월한 아이디어 디자인과 혁신적인 소재의 생활용품을 판매하는 아트 숍을 운영해왔다.

이제 어느 뮤지엄이나 백화점의 생활용품 코너에 뒤지지 않는 다채로운 상품군을 갖춘 복잡하고 거대한 상점이 들어서 있지만, 그 역사는 그리 길지 않다. 처음 도입되었을 때는 미술관 입구의 안내소 옆에 전시 목록이 담긴 카탈로그와 작품 사진으로 만든 엽서를 파는 단출한 가판대에 불과했다. 런던 내셔널갤러리에 소장품 엽서를 파는 가판대가 들어선 건 20세기 초, 1914년이다. 관람객들은 엽서에 관계자들이 예상치 못한 반응을 보였다. 판매 개시 후 16개월 동안 무려 15만 5천 장이 팔렸다. 백화점이라면 환호성을 지르며 매대를 확대하고 상품군을 늘리는 방법으로 즉각 대응했겠지만 박물관

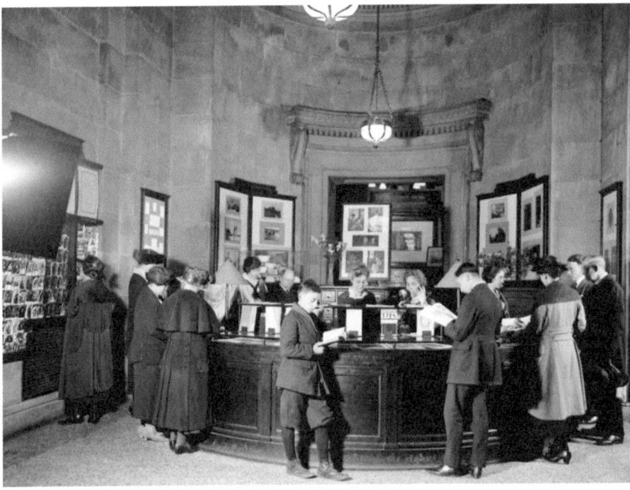

1920년대 메트로폴리탄 미술관의 복제 엽서와 포스터를 파는 매장.
출처: The Metropolitan Museum of Art.

과 미술관 관계자들은 이 엽서 골라 담기를 어떻게 봐야 할지 몰라 골몰했다.

백화점과 뮤지엄은 본질적으로 다른 기관이다. 백화점은 판매가 목적이지만 뮤지엄에선 '의미'가 더 중요하다. 전시를 보고 나서 사람들은 왜 엽서를 골라 담을까, 엽서 판매 증대는 뮤지엄 본연의 임무에 도움이 되는 일일까, 혹시 엽서 쇼핑 때문에 예술품 감상이 '레플리카'를 사서 과시하는 키치적 취향으로 추락하는 건 아닐까 등을 고민해야 했다. 엽서 판매가 여전히 미술관·박물관에서 허용되고, 인쇄 상태가 더욱 원본에 가까운 포스터가 판매되는 건 이 행위에 긍정적이고 교육적인 측면이 인정되었기 때문이다. 관람을 끝낸 뒤 엽서를 소장함으로써 전시장에서 본 작품과 유물을 더 오래 기억하고 깊이 감상할 기회가 열린다. 메트로폴리탄 미술관 상점은 "설립 초기부터 순수 예술에 대한 연구를 독려하고 발전시키기 위해 복제품을 판매해왔다"[38]고 취지를 밝히고 있다.

아트 숍은 전시 작품 제목과 작가 이름이 적힌 전시 목록 카탈로그와 작품을 촬영한 복제 사진엽서를 파는 가판대로 머물다가 1950년대를 지나 본격적인 소비 사회에 접어들면서 지금과 같이 미로처럼 복잡하고 온갖 물품을 파는 상점이 되었다. 엽서나 포스터, 자석, 가방, 머그컵과 같이 으레 있음직한 기념품 외에 가죽공예 제품, 식기, 스카프, 귀고리나 목걸이 같은 액세서리부터 차량용품까지 백화점 생활용품 코너를 통째로 옮겨놓은 규모와 다양성을 자랑한다. 그 자체로 작품인 공예가가 만든 도기나 나전칠기, 작가들과 협업해 만든 자체 제작 상품 등 '아트' 숍이라는 이름에 걸맞은 라인업을 갖추고 있다. 코로나 팬데믹이 닥치자 기획 전시 기념품에는 발빠르게 마스크 끈이 등장했다. 미술관의 아트 숍은 예술과 세상의 유행 양쪽에 다리를 걸치고 있다.

오늘날의 미술관 아트 숍은 한 발 더 나아가 디지털화를 통해 소장품을 '아트 상품화'하는 새로운 국면에 들어서고 있다. 네덜란드의 암스테르담 국립미술관은 소장품 이미지를 휴대폰 케이스 등 구매자가 원하는 상품 이미지로 변환해 쓸 수 있도록 서비스한다. 미술관 측이 제시한 사용 예시 중에는 신체에 새기는 타투 서비스도 있다. 내셔널갤러리와 빅토리아 앤드앨버트 박물관은 작품과 작품 속 패턴을 이용해 홈 인테리어, 즉 벽지나 커튼 등을 만들 수 있는 서비스를 제공한다. 3D 프린터를 이용해 내 마음에 드는 소장품을 바로 원하는 재질로 선택해 만들 수 있는 맞춤 제작 서비스도 가능할 것이다. 디지털화된 소장품은 사용자가 원하는 모든 제품으로 변환할 수 있다. 아트 숍은 NFT 같은 방식으로 작품을 판매하는 장소가 될 수도 있을 것이다.

미술관 관람의 종착지이자 사람들이 가장 적극적으로 자기 의사를 드러내는 곳, 아트 숍은 미술관의 미래를 그려보기에 딱 좋은 장소다.

윌리엄 모리스가 꾸민 세계 최초의 미술관 카페

향이 달아난 미적지근한 커피, 요리라고 부르기엔 민망한 것들을 식판에 골라 담는 곳. 세계 곳곳에서 미술관 카페테리아는 여기서 여유 부릴 생각은 하지 말라는 신호를 강렬하게 보낸다. 봐야 할 전시는 많이 남았고 고픈 배와 아픈 다리를 달래야 하는 관람객들에겐 선택의 여지가 없다. 밖으로 나가 쉬었다 되돌아오는 방법도 있겠지만, 그런 여유를 부리면 미술관 관람은 1박 2일 코스가 되고 만다. 국립현대미술관 과천관을 떠올려보라. 코끼리열차를 타고 산을 내려가야 간신히

지하철역에 닿지 않는가. 본론은 전시장 안에 있으니 미술관에서 먹는 즐거움을 찾으려 들지 말아야 할까?

구스타프 클림트의 〈아델레 블로흐-바우어 부인의 초상〉이 있는 곳은 뉴욕의 노이에 갤러리다. 노이에 갤러리는 20세기 초 독일과 오스트리아의 미술 걸작들을 다수 소장하고 있지만, 이 그림이 사람들을 끌어들이는 대표작이다. 클림트의 이 작품이 오스트리아도 아니고 유럽 어디도 아닌 뉴욕에 오게 된 파란만장한 역사는 영화 〈우먼 인 골드〉(2015년)로도 제작된 바 있다.

그런데 이 미술관에선 클림트 작품을 직관한 것에 만족하고 돌아 나와선 안 된다. 클림트가 살던 시대의 공기를 느껴볼 중요한 공간이 전시장 밖, 카페에 있기 때문이다. 노이에 갤러리는 화장품 회사 '에스디 로더' 창립자의 아들 로널드 로더Ronald S. Lauder와 아트 딜러 서지 사바스키Serge Sabarsky가 공동 창립했고, 미술관에는 사바스키의 이름을 딴 '카페 사바스키'가 있다.

빈은 19세기 말에서 20세기 초에 천재들의 도시라고 불릴 정도로 걸출한 사상가와 예술가, 과학자들이 즐비했고, 카페는 그들이 분야를 넘나들며 지적 교류를 했던 문화 중심지였다. 카페 사바스키는 당시 빈의 카페 분위기를 그대로 살려 꾸며져 있다. 요제프 호프만Josef Hoffmann의 조명, 아돌프 로스

Adolf Loos의 의자와 오토 바그너Otto Wagner의 패브릭을 재현한 장식 등 당시에 태어난 가구와 문양들이 변함없이 살아 있고, 커피는 은 쟁반에 담겨 나온다. 카페 한쪽에는 뵈젠도르퍼Bösendorfer 사의 우아한 그랜드피아노가 자리 잡고 있는데, 회원들만 참석할 수 있는 공연에서 연주된다.

클림트의 황금빛 그림을 보고 나서 아돌프 로스가 만든 카페 의자에 앉아 미슐랭 스타가 만든 오스트리아 요리를 맛보며 1890년대의 음악을 듣는 순간을 그려보라. '세기말' 빈의 일원이 되는 경험을 할 수 있다. 이 정도면 먹기 위해 미술관을 찾을 이유로 충분하지 않을까?

먹는 일은 생존을 넘어 점점 더 위상이 높아지고 있다. 음식물 반입 불가 입장을 고수하던 미술관이나 문화 유적지에서도 카페와 레스토랑은 정체성을 대변하는 공간으로 부상하고 있다. 미슐랭 스타 주방장에 환상적인 뷰를 자랑하는 곳, 전시나 소장품에 맞춰 특별 메뉴를 선보이는 곳이 늘고 있는 것이다. 그렇지만 딱 한 곳만을 골라서 가야 한다면 선택의 고민에 빠질 필요 없이 런던의 빅토리아앤드앨버트 박물관이다. 거기에 세계 최초의 뮤지엄 카페가 있기 때문이다.

빅토리아앤드앨버트 박물관의 전신인 사우스켄싱턴 박물관은 1856년 휴게용 식당을 열었다. 박물관의 주 건물과 전혀 어울리지 않는 장식 때문에 언론에서 흉측하다고 비난을 퍼부었지만, 명실상부한 '세계 최초'의 뮤지엄 카페였다. 흉물이라 비난받은 이 장소는 1867년에 철거되고 이어 새로운 카페가 들어섰다. 오늘날 겜블룸, 포인터룸, 모리스룸이라고 불리는 세 개의 카페다. 당시에는 관람객이 문으로 들어오자마자 전시장보다 먼저 이 카페 입구의 화려하게 장식된 위엄 있는 기둥과 세 개의 아치를 마주하게 되어 있었다. 반짝거리는 도기 타일들이 눈길을 사로잡고 식기 부딪치는 소리와 막 조리된 음식 냄새가 사람들을 끌어당겼을 것이다.

박물관이 있는 브롬톤Brompton 지역은 당시에는 런던 외곽이었고, 마차를 타야 갈 수 있었다. 인공조명인 가스등이 세계 최초로 설치되어 저녁 늦게까지 문을 열었으므로 관람객들에게는 음식과 휴게 공간이 필요했다. 당시 관장인 헨리 콜은 '진 팰리스Jin Palace'라고 불린 싸구려 술집으로 몰려가는 사람들이 박물관에 와서 즐기길 바랐다. 그리하여 세계의 어느 미술관·박물관에도 없는 카페가 탄생했다.

첫 번째 방으로 '겜블룸'이라고 불리는 센터 리프레시먼트룸은 제임스 겜블James Gamble이 디자인한 것으로 르네상스 시기 이탈리아에서 유행했던 '마졸리카majolica' 방식으로 만든 도자기 타일로 웅장한 기둥을 빼곡하게 장식했다. 다채로운 색감의 타일에는 어린 천사나 곡식 등을 그렸다. 천장은 기차역에서 쓰는 명판 같은 법랑 철판으로 장식되었다. 어디를 봐

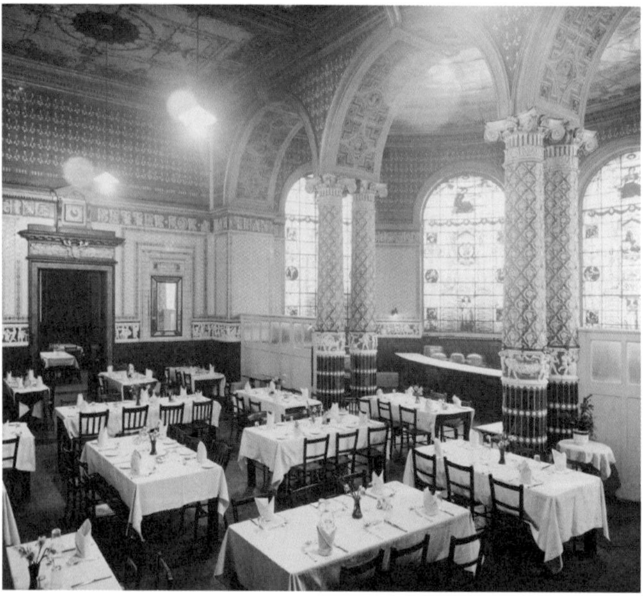

1868년에 개장한 빅토리아앤드앨버트 박물관의 센터 리프레시먼트 룸(일명 겜블룸).
© Victoria and Albert Museum, London

도 눈이 부시도록 화려한 공간이었다. 언론 역시 호화롭고 화려한 파리의 카페를 연상시키는 곳이라 호평했다. 그런데 이런 호사스런 실내 장식은 눈요기만을 위한 것은 아니었다. 도자기와 법랑은 음식을 다루는 공간에서 물로 닦아내기 쉬운, 청결을 유지하기 위해 택한 실용적인 소재였다. 말이 끄는 소방 마차로 불을 꺼야 했던 빅토리아 시대에 군중이 몰리는 실내 시설에서 화재에 대응하기 위한 방편이기도 했다.

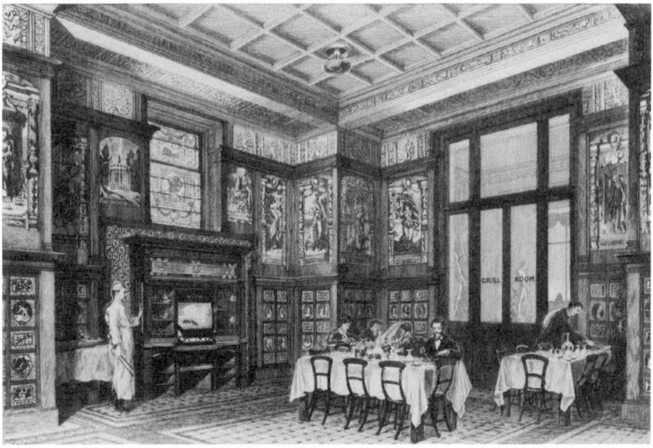

존 왓킨스가 그린 그릴룸(일명 포인터룸), 1976~1981년.

고기구이와 스테이크를 판매하는 용도로 설계된 그릴룸은 화가 에드워드 J. 포인터Edward J. Pointer가 디자인했기 때문에 포인터룸이라고 불린다. 겜블룸과 마찬가지로 광택 나는 도자기 타일이 사용되었지만 색채 면에서는 확실하게 구분되었다. 포인터룸은 네덜란드풍의 푸른 안료를 사용해 차분한 분위기를 연출했다. 타일 그림은 국립예술훈련학교National Art Training School에서 도자기 강의를 수강하는 여학생들이 그렸고, 시급으로 6~9펜스가 지급되었다. 이것은 공공예술 사업에 여성들이 참여한 드문 사례였다.

세 번째 방인 그린 다이닝룸은 빅토리아 시대의 대표적인

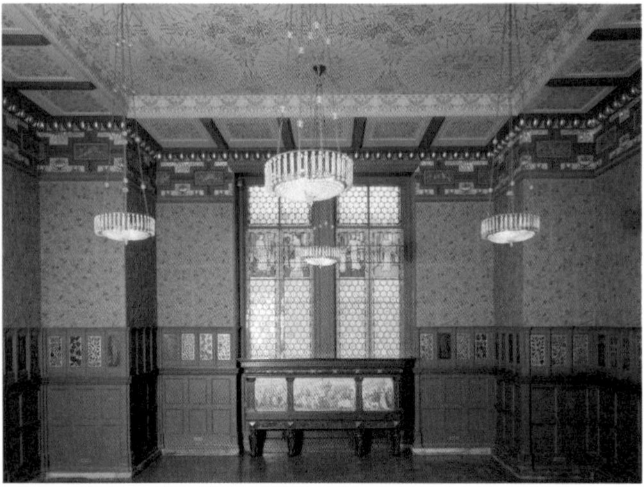

윌리엄 모리스가 식물 모티프를 이용해 꾸민 모리스룸.
© Victoria and Albert Museum, London

디자이너이자 예술 공예 운동을 이끈 이론가 윌리엄 모리스가 디자인했다. 이제 막 회사를 차린, 풋풋한 신인 디자이너였던 윌리엄 모리스는 에드워드 번 존스와 함께 이후 자신의 시그니처가 되는 식물 모티프를 이용해 방을 꾸몄다.

빅토리아앤드앨버트 박물관 카페, 세 개의 공간은 각기 다른 예술가가 자신의 스타일을 살려 꾸몄다. 장식과 디자인 분야에서 국가적인 성과를 과시하고 교육하는 목적으로 세운 이 박물관의 지향점을 담아 만들어졌고, 그것을 관람객들에게 경험하도록 만든 공간이었다. 세 공간 중 어디에 자리를 잡든 차를 마시고 스콘에 잼을 바르는 평범한 행동조차 예사롭지 않게 다가온다. 역사적인 공간에서, 하나의 거대한 예술 작품 속에서 먹고 마시고 떠들며 온몸으로 느끼는 감흥이다.

미술관은 멀리서 보이는 건축물의 첫인상이나 문을 열고 들어서는 첫걸음부터 관람객들이 예술 속으로 젖어들기를 원한다. 웹 사이트에선 고화질 이미지를 무한 확대해서 육안으로는 보기 힘든 그림의 솜털까지 확인할 수 있다. 이때 우리 감각은 시각에 집중된다. 미술관에선 다르다. 온몸으로 작품을 만난다. 걷고 보고 듣는 모든 감각, 들이마시는 공기와 냄새로도 경험한다. 그러므로 한 모금의 음료를 마시는 순간까지도 예술 속에서 호흡하는 곳이 되길 기대해야 마땅하다.

최고의 점심식사를 위해 미술관을 방문할 수 있을까? 워싱턴 스미소니언 국립 아메리카 인디언 박물관Smithsonian's National Museum of the American Indian에 있는 '미시탐 카페Mitsitam Cafe'라면 충분히 가능하다. 이곳에선 아메리카 원주민의 요리를 현대적으로 변형해서 제공한다. 5개 지역의 메뉴를 고루 선보이는데, 전통 재료는 인디언 부족들이 생산·유통하는 것을 구해 쓴다. 셰프가 인디언 스타일로 삼나무에 연어를 굽는 것을 직접 보며 먹을 수 있다. 점심 한 끼 먹으러 갔다가 예술에 푹 빠져서 돌아오는 경험이라면 누가 마다하겠는가.

실험 공간

앉아서 관람하는 미술관이 있었다

영화도 음악도 운동 경기도 앉아서 관람하는데 미술 작품은 왜 돌아다니며 봐야 할까? 작품은 컨베이어 벨트 같은 장치에 실려 돌아다니고 관람객은 자리에 앉아서 볼 수도 있지 않을까? 혹은 놀이공원에서처럼 보트나 앙증맞은 기차를 타고 돌아다니며 보는 방법도 가능할 것 같다. 아니다. 그런 방식은 몸은 편하겠지만, 미술 작품은 크기가 제각각이니까 걸으면서 가까이 혹은 멀리 관람자가 작품과의 거리를 조절해가며 자세히 보는 게 좋겠다.

그런데 평면 회화는 꼭 평평한 벽에 붙어 있고 관람객은 일정 거리를 두고 떨어져서 감상해야 하는 걸까? 작품을 여러 각도에서 돌려보고 뒷면도 자유롭게 볼 수 있게 해주면 어떨까? 소장품 대부분은 수장고에 있고 관람객은 그중 일부만 찔끔 보고 돌아가야 할까? 몽땅 다 보여줄 수는 없을까?

미술관에 대한 상식이 조금도 없는 사람이 하는 헛소리 같지만 이 허튼 상상들이 모두 실현된 곳이 있었다. 페기 구겐하임이 1942년 뉴욕에 연 '금세기 예술The Art of This Century' 갤러리가 바로 그 실험장이었다. 금세기 예술 갤러리는 미술품을 거래하는 화랑이자 페기 구겐하임의 소장품을 전시하는 미술관 역할을 한 곳이었다. 갤러리에 대한 일반적인 상식을 거부하는 이 공간을 디자인한 사람은 프레더릭 키슬러Frederick Kiesler였다.

1942년 2월 페기 구겐하임은 당시 컬럼비아 대학교 건축과 연구실장이며 줄리아드 음악학교 무대 감독이던 프레더릭 키슬러에게 편지를 보냈다. 양복점 두 개를 개조해 갤러리를 만들려고 하는데 자문을 해 달라는 내용이었다. 오스트리아 출신의 조각가이자 건축가인 키슬러는 1926년 미국으로 넘어온 뒤 혁신적인 극장 내부 장식과 무대 디자인으로 명성을 얻었다. 오랫동안 페기 구겐하임에게 작품 구매와 미술관 운영에 대해 조언해온 마르셀 뒤샹과 초현실주의 이론가 앙드레브르통이 이구동성으로 페기가 뉴욕에 새로 내려는 미술관 디자인의 적임자로 프레더릭 키슬러를 추천한 터였다. 키슬러는 완전한 재량권을 요구했고 페기 구겐하임은 그의 제안을 받아들였다.

키슬러는 어떤 생각으로 금세기 예술 갤러리를 디자인했을까? 한마디로 요약하자면 "대중과 예술 사이에는 어떠한 장애물도 있어서는 안 된다"는 것이었다. 그는 벽에 걸려서 한 면만 볼 수 있는 그림, 액자에 담긴 그림을 싫어했다. 그런 것들은 관람객과 그림 사이를 가로막는 장벽이라고 여겼다.

그래서 이 갤러리에서는 그림이 벽에 걸리는 대신 로프에 매달리고, 관람객은 특별히 제작된 의자에 앉아 작품을 손으로 넘겨볼 수 있게 되었다. 마치 책이나 인쇄물을 넘겨보듯이 작품을 이리저리 움직여볼 수 있었고 방향에 따라 변하는 그림의 선과 색을 원하는 만큼 가까이에서 관찰할 수 있었다.

이런 장소를 기획했다면 작품 소장자가 단박에 거부했을 것 같지만 페기 구겐하임은 흔쾌히 허락했다. 늘 작가의 작업실에 가서 작품을 사고 자신의 생활공간에 두고 즐겨온 그녀는 자기가 작품을 즐기는 방식 그대로 세상에 선보이는 걸 주저하지 않았다. 20세기 초에 추상회화와 초현실주의의 걸작들로 이뤄진 방대한 컬렉션을 갖고 있었지만 페기 구겐하임은 소장자만을 위한 예술, 미술관에 갇힌 예술을 추구하지 않았다. 소장품 규모에 감탄하고 돌아가는 게 아니라 자신의 작품을 감상하면서 예술가들이 대화를 시작하고 새로운 영감을 얻기를 원했던 것이다. 물론 미술계 인사라면 반드시 들러야 하는 명소를 만들고자 하는 의도도 이런 파격적인 전시 공간을 실현하는 데 일조했을 것이다.

페기 구겐하임은 1947년 금세기 예술 갤러리를 닫고 유럽으로 돌아갔다. 그녀는 이탈리아 베네치아에 정착했고, 이제 그녀의 소장품은 그녀가 살던 집에 자리 잡은 페기 구겐하임 컬렉션 미술관에서 만날 수 있다. 지금은 사라진 공간, 맨해튼 57번가에 있던 금세기 예술 갤러리에 들어가는 상상을 해보자. 공간은 네 부분으로 나뉘어 있다. 처음은 추상회화 갤러리다. 짙푸른 실내 위에 추상회화와 조각들이 다이아몬드형이나 역삼각형 로프에 매달려 있다. 칸딘스키의 곡선들은 벽에 붙어 있을 때보다 허공에서 훨씬 역동적으로 움직인다.

이어지는 초현실주의 갤러리는 단지 작품을 감상하는 게 아니라 초현실적인 경험을 선사하는 곳으로 기획되었다. 벽은 구불구불 휘어져 있고, 거기서 튀어나온 팔 같은 지지대에 그림들이 매달려 있다. 키슬러는 이 공간을 위해 '집중적 조명'이란 걸 개발했다. 개관 첫날 방문한 이들은 3초마다 켜졌다 꺼졌다 하는 조명과 그때마다 들리는 굉음 때문에 어찔했을 게 분명하다. 음악가 존 케이지가 "유원지의 도깨비 집 같은

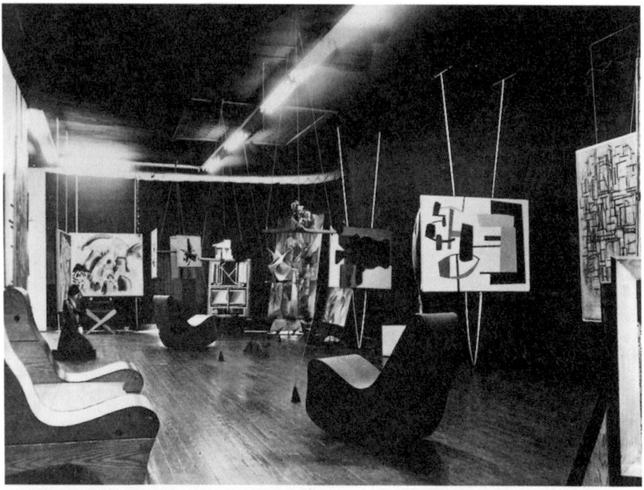

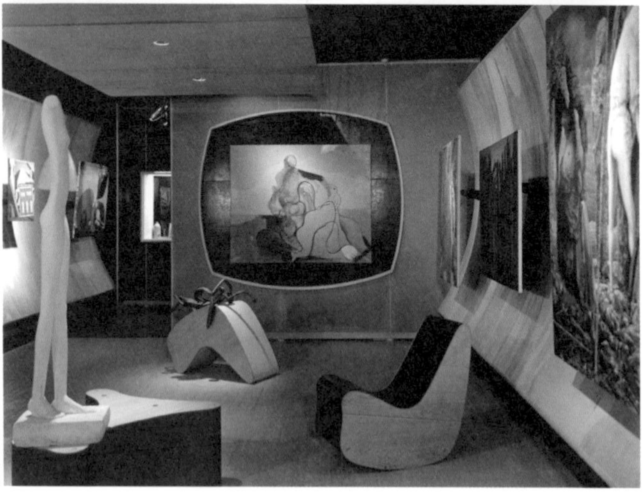

페기 구겐하임이 뉴욕에 연 금세기 예술 갤러리.

▲ 추상회화 갤러리.

▼ 초현실주의 갤러리.

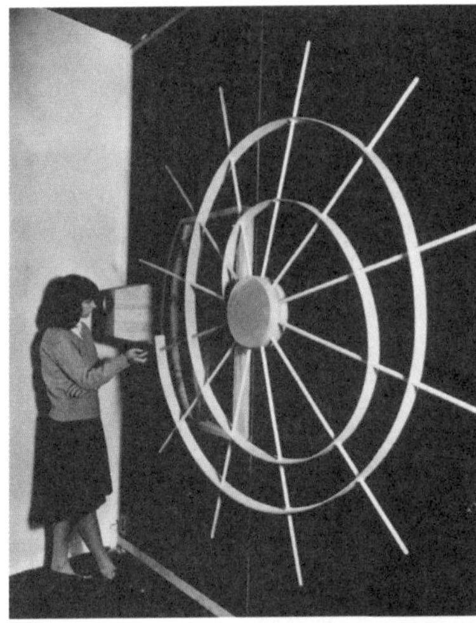

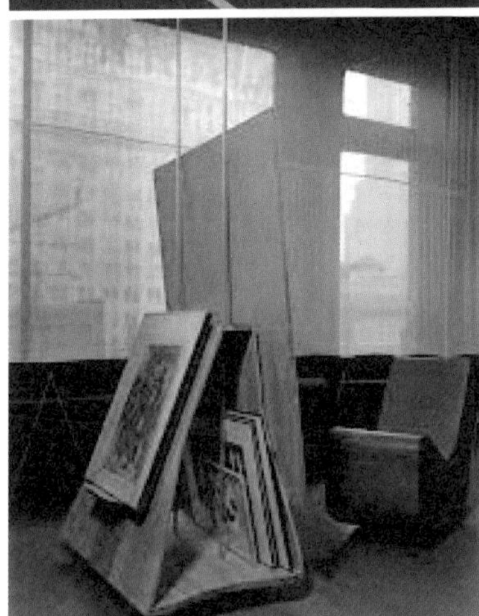

▲ 키네틱 갤러리.

▼ 데이라이트 갤러리.

곳"이라고 한 말이 딱 맞아떨어진다. 이 장치들은 관람객들의 불평과 항의로 개관 직후에 제거되었지만, 그것 없이도 관람객을 장난감 가게에 온 아이처럼 만들기에 충분했다. 다들 신기해서 눈이 휘둥그레지게 만드는 공간이었다.

이어지는 키네틱 갤러리에선 몸을 이용해 작품을 감상하게 된다. 한 손으로 거대한 나선형 기구를 돌리면서 렌즈 속을 들여다보면 그 안에 마르셀 뒤샹의 〈옷 가방 속의 상자〉가 있는 식이었다. 마지막 장소인 데이라이트(일광) 갤러리는 페기 구겐하임이 발굴하고 후원했던 화가들의 전시가 열리는 곳이다. 추상 표현주의를 대표하는 잭슨 폴록의 데뷔전도 이곳에서 열렸다.

미술관은 걸어 다니면서 관람하는 곳이다. 때때로 소파나 벤치를 만나면 반갑지만 미술관을 새로 여는 데 어떤 의자를 놓을지 궁리하는 건 부수적인 일일 수 있다. 하지만 키슬러는 금세기 예술 갤러리를 디자인하면서 '18가지 기능을 가진 의자'를 고안했다. 의자이면서 테이블이 될 수 있고, 작품을 세우는 이젤이나 진열대로도 사용할 수 있는 다용도 물건이었다. 이 이젤이자 테이블인 의자에 앉아 관람객은 페기 구겐하임의 소장품을 하나씩 넘겨가며 볼 수 있었다. 그녀는 자신의 소장품을 가능하면 모두 보여주고 싶어 했기에 키슬러는 '이동식 회화 라이브러리'를 개발했는데, 틀에 끼운 그림을 책장

넘기듯 하나씩 넘겨볼 수 있는 장치였다.

몸을 움직여 작품에 더 가까이 가면 갈수록 더 깊고 진한 관계를 맺을 수 있다. 모두가 알고 있고 원하지만 아무에게나 허용되지 않는 일일 뿐이다. 페기 구겐하임과 프레더릭 키슬러가 만들어낸 이 신기한 미술 공간이 사라진 것은 얼마나 아쉬운가. 미술관은 놀이동산을 닮은 곳이 될 수 있다. 그렇다 하더라도 예술이 지닌 가치와 감동은 전혀 사라지지 않는다.

미술관은 광장이 될 수 있나

1969년 11월 19일, 인파로 북적이는 뉴욕 현대미술관 로비에 검은 정장을 말쑥하게 차려입은 남녀 네 사람이 등장했다. 이들은 서로의 옷을 찢으며 소리를 지르다 옷 속에 숨겨둔 피 주머니를 터뜨려 아수라장을 만들고 쓰러졌다. 벗겨진 옷과 피 속에 엉켜 널브러진 이들의 모습은 베트남전쟁 보도 사진 속의 학살된 민간인들과 닮은꼴이었다.

게릴라미술행동 그룹Guerrilla Art Action Group❖이 벌인 퍼포먼스 〈피의 욕조〉는 미술관 측과 사전에 조율된 바가 없었다. 이

것은 전쟁에 가담하고도 미술을 이용해 이를 은폐하는 록펠러 가문과 미술관을 고발하는 '정치적 행동', 즉 시위였다. 전단을 배포했기 때문에 관람객들은 이 행동의 취지를 이해할 수 있었고, 모든 퍼포먼스가 끝났을 때 박수로 호응했다. 게릴라미술행동은 1970년 1월에도 피카소의 작품 〈게르니카〉 앞에서 베트남전쟁에서 벌어진 미라이 학살 사건에 항의하는 시위를 벌였다.

1970년대 초 미술관은 뜨거웠다. 구겐하임 미술관이 사폴스키 그룹의 뉴욕 맨해튼 부동산 소유권을 나열한 한스 한케의 작품 전시를 거부하자 예술가들은 미술관에 몰려가 항의했다. 힐턴 크레이머가 쓴 대로 1970년대 초 "미술관은 민주적 문화의 문제를 결정하는 중대한 전쟁터가 되었다".[39] 그 후 동시대 미술은 '순수 미술'이라는 왕좌에서 스스로 내려와 예술의 권위에 날카로운 창을 휘두르고, 세상의 그늘진 자리를 비추었다. 오늘날 동시대 미술을 선보이는 기획전에선 성 정체성, 전쟁, 난민, 불평등, 기후 위기, 동물권 등 뜨거운 이슈들을 어렵지 않게 만날 수 있다. 하지만 급진적인 이슈를 담은 전시장의 작품들이 현실을 바꾸고 미래를 만드는 행동이 되었는

❖ 존 헨드릭스John Hendricks, 장 토슈Jean Toche 등이 중심이 된 예술가 단체로 반전, 인권 등의 이슈에 대해 퍼포먼스, 선언문 발표, 항의 서한 보내기와 같은 직접적인 행동을 벌였다. 1969년부터 1979년까지 활동했다.

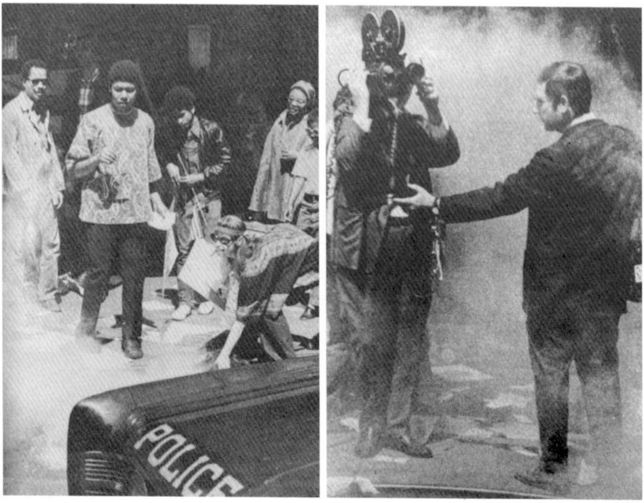

게릴라미술행동 그룹의 퍼포먼스 기록 사진.

출처: Jean Toche, Jon Hendricks & Poppy Johnson, *GAAG: The Guerrilla Art Action Group, 1969~1976: A Selection*, Kunstverein & Printed Matter, 2011.

지는 의문이다. 1967년 베트남전쟁 반대를 위한 '평화의 탑' 건립에 참여했던 에드 라인하르트는 "전쟁을 막는 데 효과적인 회화나 오브제는 없다"[40]고 탄식했다. 그렇다면 지금은 어떤가? 기후 위기를 막는 데 효과적인 미디어 아트가 있는가? 수많은 예술가가 이 시대의 문제를 자신의 작품 속에 녹여 내고 있지만 쉽게 고개를 끄덕일 수 없다.

통렬한 사회 문제를 다룬 작품들도 어쩐지 미술관 안에 들어오면 힘을 잃는다. 미술관은 마치 블랙홀 같다. 어떤 비관습적인 파격도 다 흡수해버린다. 어떻게 그런 일이 가능할까? 뮤지엄은 본질적으로 오래된 물건, 거장들의 그림, 도서의 초판본이나 육필 원고를 통해 '과거'를 소장하는 것[41]이 정체성이다. 동시대 미술을 다룬다고 해도 한 번 고르고 거른 것들이 미술관으로 들어오기 마련이다. 현재는 늘 과거를 재해석하지만 새롭게 발굴된 과거 역시 지나간 것들 중 하나일 뿐이다. '과거를 전시하는' 곳에서 관람객들은 한 작품을 보고 나면 다음 작품으로 걸음을 옮기고 전시가 끝나면 그 모두는 아카이브가 되어 수장고에 들어간다.

정치 집회의 단골 장소는 단연 광장이다. 많은 사람들이 자유롭게 모일 수 있고 이목이 집중된다. 하지만 시위는 항의 내용이나 주체에 따라 적절한 장소가 달라지기 마련이다. 군중이 운집하지 않아도 충격 효과를 줄 수 있고 미디어가 집중하는 곳이라면 어디든 가능할 것이다. 그렇다면 미술관이 정치적 광장이 될 수 있을까? 정치나 경제는 물론이고 장마나 폭염 같은 날씨마저도 침범해 오지 못하는 세상 밖의 섬 같은 미술관에서 피켓을 들고 구호를 외치는 처절한 시위를 상상하기란 어렵다.

18세기부터 20세기 중반까지 세계 곳곳에 지어진 미술관은 태양처럼 절대적인 왕실의 권위를 등에 업은 궁전에 자리 잡았거나, 그리스 신전 건축에서 유래한 웅장한 열주로 치장한 곳이었다. 독일의 대문호 괴테는 드레스덴의 알테마이스터 미술관을 방문한 뒤 "신전에 들어갈 때 경험하게 되는 감정과 유사하게 엄숙하고 독특한 인상을 자아낸다"[42]고 소회를 밝혔다. 미술관은 신전처럼 절대적인 권위를 가졌으며, 숭배를 위한 장소였다. 관람객들에겐 그에 걸맞은 품위 있는 처신이 요구됐다. 1866년까지 예르미타시 미술관에 입장하는 모든 관람자는 완전한 정장 차림을 갖춰야 했다. 항의나 저항 같은 단어는 미술관 문턱을 넘어 들어올 일이 없었다.

하지만 최근 몇 년간 세상을 놀라게 한 시위들이 미술관에서 일어났다. 그전에도 유명 작품을 칼로 훼손하거나 낙서를 하는 일은 간헐적으로 일어났지만 대부분 개인이 벌인 일탈 행동이었다. 최근의 양상은 다르다. 지난 2022년 일련의 환경 운동가들이 미술관을 시위 장소로 삼았다. 영국의 급진 환경 단체 '저스트 스톱 오일Just Stop Oil'의 활동가들은 런던 코톨드 갤러리에서 반 고흐의 작품 액자에 접착제로 손을 붙였고, 내셔널갤러리에선 존 컨스터블의 〈건초마차〉에 준비해 온 다른 그림을 붙이고, J. M. W. 터너의 작품 액자에 다시 접착제를 발랐다. 이 시위에서 손상된 부분은 액자와 벽, 바닥이어서 작품 자체가 훼손되진 않았지만 환경에 무해한 작품들이 시위대의 볼모가 된 것은 충격이었다. 독일 포츠담 바르베리니 미술관에선 모네의 〈건초더미〉가 으깬 감자의 공격을 받았

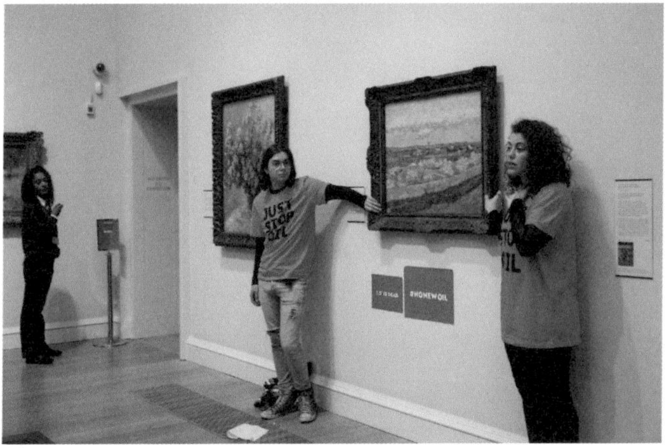

저스트 스톱 오일의 활동가들이 코톨드 갤러리에서 반 고흐의 작품 액자에 접착제로 손을 붙이고 시위하는 모습, 2022년 7월 1일.

고, 내셔널갤러리에 있는 반 고흐의 〈해바라기〉는 토마토 통조림 세례를 당했다. 음식물 공격을 당한 작품들은 대부분 유리로 보호막을 씌운 상태라 다행히 작품 자체가 손상되진 않았다.

전 세계 미술관들은 기후 위기 활동가들이 가장 선호하는 시위 장소가 되었다. 시위를 상상해본 적이 없는 공간이어서, 또 누구나 마땅히 아끼고 보존하고 싶은 보물을 대상으로 벌어지는 일이어서 언론의 관심이 쏠리고 사람들이 더욱 충격적으로 받아들이기 때문이다. 모네의 〈건초더미〉에 으깬 감자를 던진 독일의 환경 운동 단체 '라스트 제너레이션Letzte

Generation'은 "왜 세계 파괴보다 작품이 훼손되는 걸 두려워하느냐?"고 반문한다. 사람들이 충격을 받는 한 더 유명한 작품을 더 파괴적인 방식으로 공격하는 시위는 계속될 것이다.

세계에서 가장 유명한 박물관인 루브르는 왕정을 타파한 혁명의 산물로 탄생했다. 1793년 프랑스 혁명 정부는 '전제 정치 몰락을 경축하기 위해' 왕실의 미술 수집품을 국유화하고 루브르를 공공 박물관으로 만들어 공개했다. 프랑스의 사회학자 부르디외는 미술관을 배제와 특혜로 구조화된 공간으로 규정했지만, 미술관은 왕정을 뒤엎은 혁명을 상징하는 공간이니 희미하게나마 정치적 구심점이 될 가능성을 갖고 태어났을 것이다.

21세기에 생존의 위기에 몰린 지구를 위해 다빈치와 고흐가 어떤 역할을 하게 되리라고는 예상치 못했다. 바다가 끓고 땅은 불타오르고 있다. 부디 다빈치와 고흐가 희생당하지 않고도 인간이 지구를 살릴 행동에 나서길.

옆 사람이 미워지지 않는 공간

고즈넉하게 작품과 독대하고 싶은 마음으로 미술관을 찾지만 현실은 기대와 다르다. 보는 그림마다 앞사람의 뒤통수가 끼어들고, 기대한 작품 앞에는 떡하고 선 누군가가 있기 마련이다. 그림 몇 점을 보다 보면 이내 사람이 미워진다. 한 해에 9백 만 명이 찾는 파리 루브르 박물관에서 누구나 실물을 확인하고 싶어 하는 〈모나리자〉 앞은 상습 정체 구역이다. 거기서 나와 함께 〈모나리자〉를 본 사람들과 공동체 의식은 싹트지 않는다. 나를 제외한 사람들은 모두 '방해꾼'이다. 좋아

하는 가수의 공연장이라면 다르다. 촘촘하게 들어찬 모든 이들이 서로를 반가워하며 즐긴다. 객석이 차지 않아 휑하면 오히려 섭섭하고 안절부절못한다. 작품 앞에서 콘서트의 관객처럼 '떼창'을 부르며 하나가 될 수는 없을까?

미술관에선 누구나 작품과 나 사이는 좀 더 가까워지고 타인과의 거리는 더 멀어지기를 바란다. 누구나 거리두기를 원하는 공간이 바로 미술관이다. 그렇다면 전시장의 적정한 관람 인원은 몇 명일까? 영국정부아트컬렉션UK Government Art Collection의 부관장 겸 선임 큐레이터인 에이드리언 조지Adrian George에 따르면 서구 미술관에서는 관람객 밀도가 2.8제곱미터당 한 명 정도면 적당하고, 인기 있는 전시라면 1인당 1.8제곱미터 정도의 공간이 용인된다. 단 관람객이 계속 움직일 경우 1인당 0.9제곱미터 정도도 가능하다고 설명한다.[43] 한 사람당 면적이 우선 고려할 요건이지만 관람객이 움직이는 속도도 중요한 변수다. 전시 설명글이 많다든가 눌러보고 작동해볼 장치가 많아서 머무르는 시간이 길어진다면 사람이 그다지 많지 않아도 정체가 발생한다. 오디오 가이드나 스마트폰 앱을 이용한 전시 설명이 중간에 끊을 수 없게 매력적이라면 그 지점에서 병목 현상이 발생할 수 있다. 공들여 준비한 완성도 높은 전시일수록 작품보다 타인의 뒤통수를 더 많이 볼 확률이 높은 셈이다.

같은 공간에 사람이 없으면 제대로 볼 수 없고, 적당히 사람들이 모여야 진가를 알 수 있는 예술 작품이 있다면 어떨까? '팀랩TeamLab' 대표 이노코 도시유키는 자신들이 선보이는 디지털 미디어 아트가 바로 '타인의 행동이 즐거워지는 예술'이라고 밝힌다. 팀랩은 아티스트, 프로그래머, 엔지니어, 애니메이터, 수학자, 건축가 등 다양한 분야의 전문가들이 참여해 3차원 공간에 인터랙티브한 디지털 아트를 선보이는 그룹으로, 2001년부터 활동을 시작했다. 《팀랩: 라이프》전은 서울을 포함 뉴욕, 런던, 파리 등 전 세계에서 열렸으며 2천8백만 명이 관람했다. 팀랩 전시도 〈모나리자〉 저리 가라 할 정도로 사람이 많고, 저마다 스마트폰을 꺼내 사진 찍기에 바쁘다. 어떻게 그곳에선 타인이 방해꾼으로 여겨지지 않고, 그들의 행동이 즐거워질까?

이노코 도시유키는 비평가 우노 쓰네히로와의 대담집 『팀랩, 경계 없는 세계』에서 2014년 뉴욕에서 열린 《꽃과 사람, 제어할 수 없지만 함께 산다》 개막전을 예로 들어 설명한다. 이 전시에는 가만히 서 있는 사람 주위로 꽃이 피어나고 그 사람이 움직이면 꽃이 지는 식으로 반응하는 작품이 설치되었다. 개막 당일 지나치게 많은 사람이 몰리자 일순 꽃이 다 져버렸다. 그런데 사람들이 자리를 뜨자 다시 꽃이 피어나기 시작했고 환호성이 터져 나왔다. 벽에 걸린 작품을 보는 게 아니라 같은 공간에 있는 타인의 행동을 바라보고 거기에 반응하는 것, 팀랩이 추구하는 '인터랙티브'는 작품과 관람자 사이의 반응뿐 아니라 그 공간에 참여하는 사람과 사람 사이의 상호 작용까지 포함하는 것이다.

팀랩플래닛도쿄❖ 입구는 미술관보다 테마파크 어트렉션을 닮아 있었다. 내부를 예상할 수 없는 검은색 일색인 대기실에서 줄을 선 입장객들은 천장 가까이 설치된 모니터의 안내 문구를 두근거리는 마음으로 바라봤다. 이미 사진이나 영상으로 확인하고 왔을 테지만 문이 열리고 들어가는 순간에는 새삼 전율을 느끼게 된다. 〈빛의 벙커〉나 〈아르테 뮤지엄〉같이 3차원 공간에서 펼쳐지는 디지털 미디어 아트는 웅장한 규모로 관람객을 휘감는다. 예술보다 기술, 사람보다 장비가 지배하는 공간 같지만 그 속에서의 경험을 돌아보면 이노코 도시유키의 말에 수긍하게 된다.

2016년 작품인 〈공명하는 램프의 숲—원 스트로크〉는 베네치아에서 생산된 무라노 유리로 만든 램프가 무수히 걸려 있는 공간이다. 사람이 가까이 가면 램프는 소리를 내며 빛나고 그 빛은 주변의 램프 두 개로 퍼진다. 램프는 그렇게 사람을

❖ 도쿄 오다이바에 설치된 팀랩 상설전시관. 2018년 7월부터 2023년 1월까지 운영됐다.

매개로 켜지고 꺼지며 공간을 채워간다. 내가 켠 램프의 빛은 다른 사람이 켠 램프와 만나고 교차하며 퍼져 나간다. 램프들은 모종의 수학적 배열에 따라 놓여 있고 작동하겠지만, 이 공간에 들어서서 느끼는 감정은 이것을 구현한 기술적인 방법에 대한 감탄에 그치지 않는다. 램프 불빛을 따라 시선을 옮기며 관람객은 사람과 사람은 모두 연결되어 있고 우리는 서로에게 영향을 미치는 존재임을 직감한다. 줄을 서서 들어왔을 뿐인 관람객들 사이에 보이지 않는 가느다란 선이 하나씩 생겨서 연결된다.

동시대 미술은 보는 것을 넘어 '경험'을 강조한다. 팀랩이 창조한 공간은 가만히 서서 보는 데 몰입하기보다 이리저리 둘러보고 서성거리고 돌아다녀야 더 와닿는다. 관람객인 나는 이미 작품 속에 들어와 있다. 그곳에서는 스마트폰을 꺼내 사진을 찍어야 마땅하다. 바로 이 순간, 작품이 된 나 자신을 내가 기록하지 않으면 누가 할 것인가.

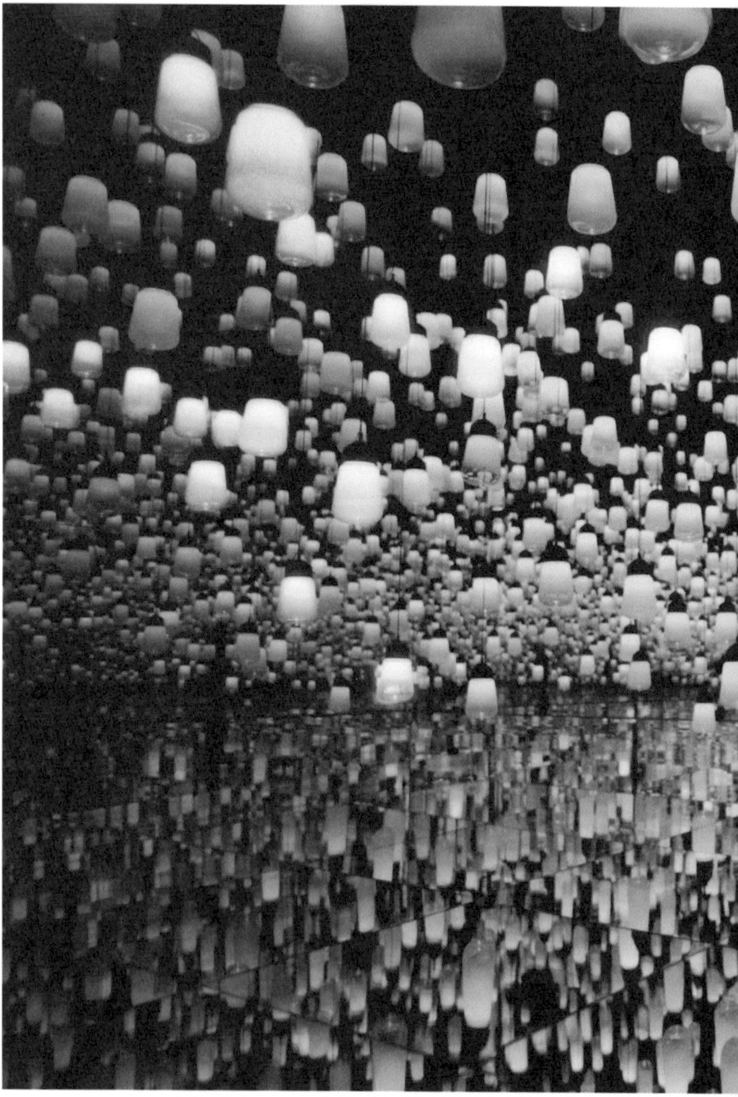

팀랩, 〈공명하는 램프의 숲—원 스트로크〉, 2016년, 모리빌딩 디지털아트뮤지엄, 도쿄.
ⓒteamLab

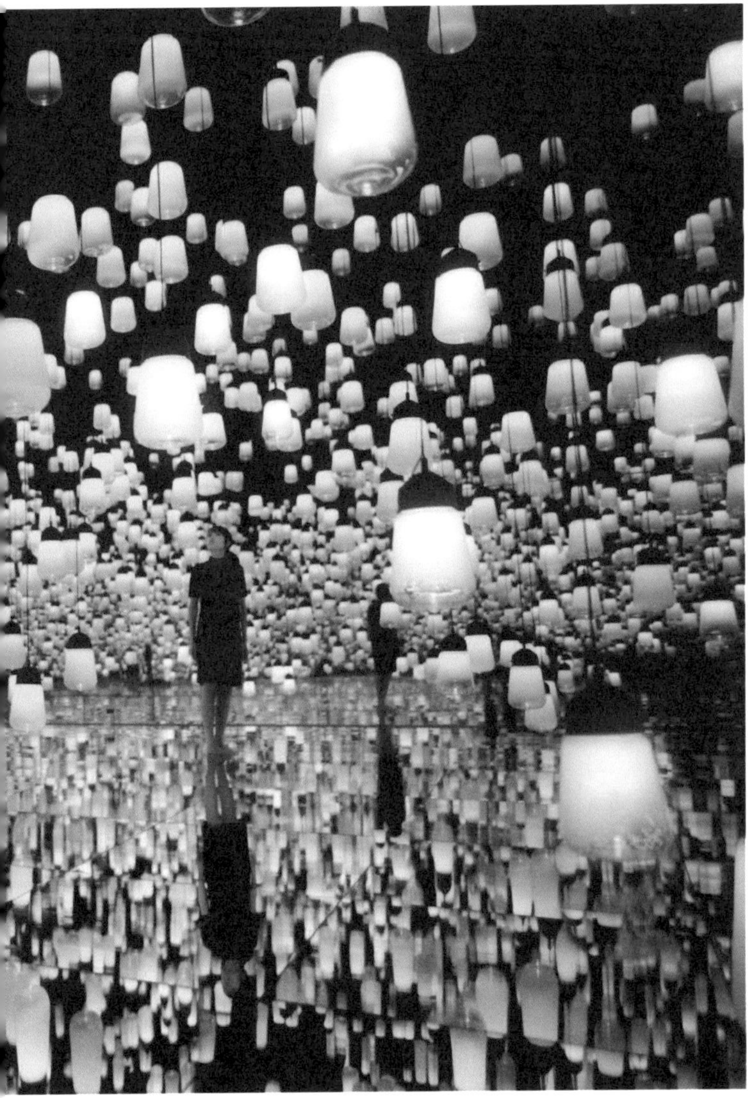

미술관에선 멀미에 주의하세요

"이용 중 어지러움이나 현기증을 느끼면 즉시 손을 들어 중단해주기를 요청하고 휴식을 취해주세요. 사용 중 일어서시면 안 되고, 조작이 어려울 때는 손을 들어주세요."

머리에 쓰는 기기를 건네주며 미술관 직원이 주의사항을 알려줬다. 묵직한 일인용 의자에 앉아 조작용 스틱을 움직여 가상 전시실을 돌아다니는 동안 흔들리는 버스 안에서 책을 읽을 때처럼 점점 속이 메스꺼워졌다. 더 볼 것을 남겨둔 채 헤드기어를 벗었지만 아쉽기보다 안도하는 마음이 들었다. 널찍한 공간에는 드문드문 놓인 일인용 안락의자에서 사람들이 헤드기어를 쓰고 자신만의 가상현실을 탐색하고 있었다. 같은 전시를 보지만 서로의 존재를 알 수 없는 사람들이.

가상현실 기술을 테마파크나 게임보다 미술관에서 더 많이 경험했다. 아일랜드 작가 일레인 호이Elaine Hoey의 〈물의 무게The Weight of Water〉❖를 통해서 어두운 바다 위를 위태롭게 떠다니는 난민이 되어봤고, 밀리카 젝Milica Zec과 윈슬로 포터Winslow Porter가 공동 제작한 〈나무 VRTree VR〉◈을 체험하는 동안 아마존 열대 우림의 우람한 나무로 자라다 벌목되는 기이한 경험을 하기도 했다. 그렇지만 그 순간 머리에 거대한 기기를 착용하고 비좁은 철망 속에 앉아서 선풍기 바람을 쐬며 앉아 있는 나, 엉거주춤한 자세로 헤드기어와 스틱을 잡고 서서 두리번거리는 나를 본 사람들이 있다면 도무지 내가 무엇을 보고, 어떤 감정을 느끼는지 전혀 알지 못했을 게 분명하다.

박수근이나 장욱진의 A4 용지만 한 캔버스 앞에서는 다르

❖ 일레인 호이 작가의 홈페이지에서 2016년 작품 〈물의 무게〉를 입체적으로 경험할 수 있도록 360도 회전 이미지, 비디오, 사진, 글 등 여러 자료를 제공한다. https://www.elainehoey.com/2-1

◈ 관람자가 나무가 되어 싹 트는 순간부터 성장과 화재와 벌초로 쓰러지는 순간을 경험하는 가상현실 작품. 2017년 선댄스 영화제에서 처음 선보였다. https://www.treeofficial.com/

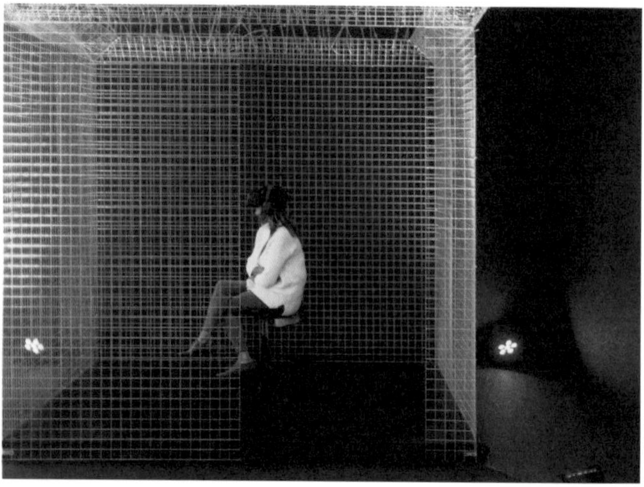

VR 헤드기어를 착용하고 케이지에 앉아 일레인 호이의 〈물의 무게〉를 감상하는 모습.
ⓒ Irish Museum of Modern Art

다. 조금이라도 오래, 자세히 보고 싶어 앞사람의 어깨너머를 노려보는 은근한 신경전이나 곁을 내주는 이와 나란히 서서 같은 그림을 보는 흐뭇한 공감의 순간이 있다. 가상현실을 체험할 때는 좋고 싫은 감정을 떠나 타인이 개입하지 않는다. 오롯이 기기를 쓰고 있는 단 한 사람에게만 보이는 현실이기 때문이다. 과연 가상현실 기술을 이용한 작품에 대해서 여럿이 함께 감상을 나누고 공감하는 일이 가능할까? 그게 불가능하다면 이런 기술 기반 작품들이 어떻게 한 시대를 대표하는 예술 작품이 될 수 있을까?

미술관은 신기술에 문을 활짝 열어두고 있다. 미술관엔 캔버스 대신 스스로 빛을 내는 스크린들이 늘어서 있고, 프로젝터가 거대한 공간을 이미지로 채운다. 그것들을 작동시키는 전자 혈관인 전선들이 위장도 없이 벽과 바닥에 늘어져 존재감을 드러낸다. 1990년대에 웹과 인터랙티브 아트, 2000년대 들어서는 소셜 미디어와 위치 정보를 활용한 작품들, 가상현실과 증강현실 등 물리적인 공간에서 현실을 확장하게 해주는 작품들이 쏟아졌다. 최근 블록체인 기술을 활용한 시도까지 미술관은 언제나 신기술에 우호적이다. 디지털 미디어, 가상현실, 증강현실 기술을 이용한 작품들이 전시되는 미술관은 영화관이나 테마파크와 닮았지만 훨씬 실험적이고 다듬어지지 않은 날것의 기술을 보여준다.

영상을 송출하는 프로젝터들은 천장에 매달려 있기도 하지만 때로는 작품의 일부처럼 전시장 바닥이나 중앙에 '설치'되기도 한다. 전선과 콘센트들을 주렁주렁 매달고 말이다. 그런 광경을 볼 때 어디까지가 작품을 위한 하드웨어이고, 어디서부터 작품일까 궁금해진다. 〈다다익선〉 복원 때 백남준의 작품을 '소프트웨어', 즉 영상이라고 본 관점이 있었고, 그가 사용한 브라운관 모니터까지 합한 것이 작품의 전체라고 보는 쪽도 있었다. 그렇다면 디지털 미디어를 송출하는 프로젝터도 작품의 일부가 될 수 있을까? 작가가 프로젝터까지 제공하는 경우는 흔치 않다. 린 쿡Lynne Cooke은 오늘날 많은 작가들이 영화 제작자처럼 작품을 구상한다며, 작가와 큐레이터 둘 다 전시가 개최되는 순간에야 작품이 최종 마무리되는 모습을 보는 경우가 종종 있다고 말한다.[44]

프로젝터같이 작품을 송출한 기기들은 대여를 통해 전시장에 설치된다. 미술관이 국립 기관인 경우 입찰을 통해 대행업체를 선정한다. 업체는 '전자 장비 임대 및 유지 관리 지침'에 따라 물품을 준비하게 되는데, 전시 나름이긴 하지만 영상 장비에 대해 '모두 새 장비로 설치한다'는 규정을 둔다. 전시를 할 때마다 새 장비를 써야 한다니 그런 낭비가 있을까 싶지만 여기에도 나름의 이유가 있다. 중고 제품을 쓸 경우에 가격을 책정하기 어려운 점이 있거니와 하나의 제품으로 계속 입찰에 참여하면서 생길 수 있는 비리를 차단하기 위한 장치다. 작품을 최적의 상태로 구현하기 위해서 필요한 측면도 있다. 예를 들어 한 작품에 여러 대의 프로젝터가 사용되는 경우, 사용 기간이 서로 다른 제품을 쓰면 영상 출력물의 결과가 미묘하게 달라질 수 있다.❖ 이 때문에 작가가 동일한 모델, 신제품 사용을 요구하는 경우도 있다.

❖ 프로젝터는 사용 시간에 따라 광원이 약해지는 소모품이다. 제품이나 타입(램프형, LED형)에 따라 다르지만 3천~5천 시간이 유효 기간이며, 사용 시간이 길어지면 점차 광원이 약해진다.

이런 상황이니 에너지 효율 같은 건 따져 물을 일이 아니다. 전시 하나가 끝날 때마다 가벽이나 설치용 가구 같은 전시용품들로 막대한 폐기물이 발생한다. 그리고 어딘가로 가야 할 전자 제품들도 산처럼 쌓인다. 작품이 무형의 퍼포먼스나 USB에 담기는 디지털 데이터일 뿐이라도 전시는 숙명적으로 물리적인 폐기물을 남긴다.

헤드기어나 프로젝터는 작품을 보여주는 하드웨어에 불과하지만 관람객, 특히 스마트폰 세대인 아이들에게는 작품 자체보다 더 중요한 방문 목적이다. 국립중앙박물관은 말 탄 사람 토기(국보 91호)를 수리하고 감은사 사리장엄구 세부 조각을 살펴볼 수 있는 가상현실 체험관을 운영하고 있다. 한 번의 체험에 15~20분이 걸리고, 하루에 이용할 수 있는 인원이 한정되어 있다. 박물관은 지겹고 미술관은 지루하다는 아이들에게 점수를 딸 수 있는 공간이라 예약이 늘 차 있다.

지난 2022년 개관한 울산시립미술관은 미디어 아트 전문을 내세운 지역 미술관이다. '맘 카페'에선 아이들과 가기 좋은 곳으로 입소문을 타고 있다. 대구미술관에서 소장품을 디지털 체험형 전시로 선보인 《몰입》전 역시 전시 기간 내내 아이를 동반한 가족들에게 인기를 끌었다. 어느 박물관·미술관에서든 터치스크린으로 작품을 확대하거나 애니메이션으로 제작해 조작할 수 있게 만든 인터랙티브 영상물 주변에만 아이들이 옹기종기 모여 있다.

시각예술 작품의 매체가 시대에 따라, 관람객에 따라 변화하는 건 자연스럽고 또 거스를 수 없는 일이다. 그렇지만 헤드기어를 쓰고 조작용 스틱을 손에 잡는 순간 그 안에 있는 작품은 전자 장치의 일부가 되는 것 같다. 기계 장치를 쓰고 작품을 관람할 때 미술관은 4DX 영화관이나 테마파크 실감 체험 게임장과 비슷한 곳이 되어버린다. 과연 앞으로 미술관에선 어떤 일이 일어나게 될까?

루이스 멈퍼드는 『기술과 문명』에서 "우리의 상상력까지도 이제는 그 대부분이 자생적인 것이 되지 못한다"고 일갈했다.[45] 스크린과 프로젝터의 도움 없이는 어떤 실재성도 갖지 못한, 전원이 없으면 볼 수 없는 작품들은 과연 '존재한다'고 말할 수 있을까? 전자 제품들로 가득한 미술관에서 문득 텔레비전이 점령한 아파트 거실을 떠올리게 된다. 평형이나 인테리어에 상관없이 텔레비전은 공간의 주인공이 된다. 그 안에서 나오는 프로그램이 무엇인지는 중요하지 않다. 무수히 많은 채널이 있고, 리모컨 버튼 하나로 순식간에 채널을 바꿀 수 있으므로 프로그램은 주인이 될 수 없다. 공간의 주인공은 텔레비전, 스크린 그 자체다.

18세기 말~19세기 초에 영국에서는 파노라마 극장이 선풍적인 인기를 끌었다. 런던 레스터 광장Leicester Square에 있는

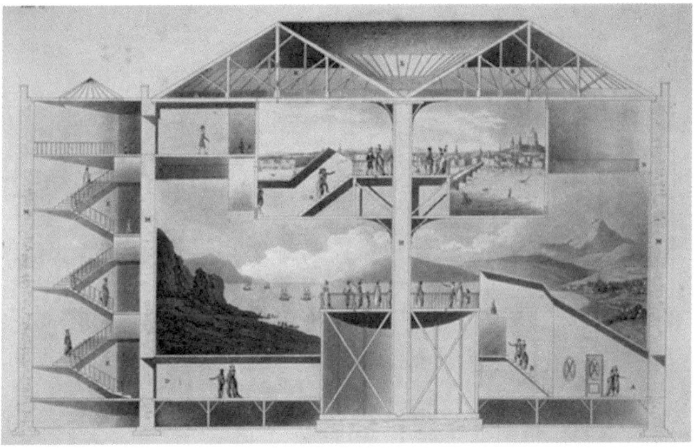

18세기 말~19세기 초 런던에서 인기를 끈 파노라마 극장.

원형 홀이 가장 유명했는데, 관중들은 4층 건물을 오르내리며 2천 년 전에 사라진 도시 폼페이와 베수비오 화산, 알프스의 호수와 산을 여행하는 환상을 경험했다. 이 파노라마 극장은 사람들이 실제 세계를 떠나 가상 세계로 몰입하도록 길고 어두운 복도를 지나 어두컴컴한 계단을 올라온 뒤 본격적인 관람을 시작할 수 있게 했다. 어둠 속에서 사람들은 긴장해서 방향 감각을 잃을 수밖에 없고 이후 펼쳐지는 광경은 충격적이었기 때문에 어떤 사람들은 어지럼증을 호소하고 실제로 앓기도 했다. 마치 헤드기어를 쓰고 가상현실로 빠져들 때 우리가 어지럼증, 두통, 현기증, 메슥거림을 느끼는 것과 똑같이 말이다.

가상현실이 진짜 현실을 대체하는 시기, 멀티버스에 또 하나의 자아로 살아야 하는 시대가 온다면 '사이버 멀미'❖는 거북목 증후군과 함께 우리를 괴롭히는 만성질환이 될 것이다. 혹은 파노라마 극장이 한때의 유행으로 사라진 것처럼 가상현실 기술은 미술관 안에서 자기 가치를 실험해보다 사라질 수도 있다. 미술관은 섬세하고 민감한 실험장이다. 그곳에서 우리를 멈춰 세우는 건 예술가와 작품만이 아니다.

❖ 사이버 멀미cybersickness는 1980년 미 공군의 비행 시뮬레이터에서 파일럿들이 메스꺼움을 호소하면서 세상에 처음 알려졌다. 1인칭 게임을 하는 게이머들이 두통과 메슥거림을 호소하는 증상도 마찬가지다. 가상현실 기기 사용자의 25~40퍼센트가 멀미에 시달리는데, 그중에서도 여성이 더 민감한 것으로 나타났다. 원인과 치료법은 정확하게 밝혀지지 않았다. 미네소타 대학교의 토머스 스토프레겐 교수는 가상 세계에서 몸의 균형을 잃었다고 판단하기 때문에 자세와 균형을 유지하려는 작용이라고 본다.

주

1 영국 왕립미술아카데미 여름 전시회의 역사 1769~2018년.
https://chronicle250.com/

2 Magaret Talbot Jackson, *The Museum: A Manual of the Housing and Care of Art Collections*, 1917. 에이미 휘터커, 『뮤지엄 뮤지엄』, 권혜정 옮김, 비즈앤비즈, 2013년, 92쪽에서 재인용.

3 Beat Lippert, 〈La Sprezzatura〉, 2010. https://vimeo.com/118395145

4 루브르 박물관 연구평가전망팀의 분석. 이보아, 『박물관 테크놀로지』, 김영사, 24쪽에서 재인용.

5 MIT 센서블시티 연구소의 루브르 박물관 방문자 조사.
http://senseable.mit.edu/louvre

6 에머 바커, 『전시의 연금술 미술관 디스플레이』, 이지윤 옮김, 아트북스, 2004년, 34쪽.

7 필립 존슨의 1933년 회고. 김형숙, 『미술, 전시, 미술관』, 예경, 2001년, 80쪽에서 재인용.

8 https://harvardartmuseums.org/tour/39/stop/128

9 유길준, 『서유견문』, 허경진 옮김, 서해문집, 2004년, 197쪽.

10 '소피 칼: 방문 안내Sophie Calle: La Visite Guidee'.
http://artistsbooksandmultiples.blogspot.com/2012/02/sophie-calle-la-visite-guidee.html

11 Museums, museum professionals and COVID-19: follow-up survey, 2020. 5. 7, ICOM.

12 헤이스팅스 갤러리 로봇 투어.
https://www.hastingscontemporary.org/robot-tours/

13 리카 바넘·엘리엇 카이키, 『미술관 교육』, 한주연 외 옮김, 다빈치, 2020년, 257쪽.

14 이관석, 『뮤지엄 공간의 탐구』, 경희대학교출판문화원, 2021년, 20쪽. 프랭크 로이드 라이트가 1944년 1월 20일 힐라 리베이에게 보낸 편지.

15 브루스 브룩스 파이퍼, 『라이트—미국 건축의 아버지 프랭크 로이드 라이트』, 이종인 옮김, 미메시스, 2010년, 166쪽.

16 Suzanne Bosman, *The National Gallery in Wartime*, TheNationalGallery: London, 2008, p. 31.

17 스탠 콕스, 『여름전쟁—우리가 몰랐던 에어컨의 진실』, 추선영 옮김, 현실문화, 2013년, 48쪽.

18 E. L. 코닉스버그, 『클로디아의 비밀』, 햇살과나무꾼 옮김, 비룡소, 2000년, 46쪽.

19 김재원, 『박물관에 살다—한국박물관사 100년』, 동아일보사, 2009년, 148쪽.

20 볼테르, 『캉디드 혹은 낙관주의』, 열린책들, 2009년, 35쪽.

21 『다다익선: 즐거운 협연』, 국립현대미술관, 2022년, 182쪽.

22 정명희, 『한 번쯤, 큐레이터』, 사회평론아카데미, 2021년, 27쪽.

23 이내옥, 『문화재 다루기』, 열화당, 2022년, 20쪽.

24 간송문화재단 홈페이지 '보화각 설립과 활발한 수집' http://kansong.org/kansong/biography_4/

25 한국미술연구소 한국근대시각문화연구팀, 『모던 경성의 시각문화와 관중』, 한국미술연구소CAS, 2019년, 219쪽.

26 Peter Anderson, "How the Spanish Republic Saved the Prado's Masterpieces", 2016. 6. 1, The Art NewsPaper. https://www.theartnewspaper.com/2016/06/01/how-the-spanish-republic-saved-the-prados-masterpieces

27 프라도 미술관에서 2003년 6월 27일부터 9월 14일까지 열린《Protected Art》 전시에서 공개된 영상. https://youtu.be/yN0aOwvUifI

28 라파엘 알베르티, 『프라도 미술관에서 보낸 전쟁의 밤』, 김재원 옮김, 지만지드라마, 2016년, 24쪽.

29 조은이, '우크라 희귀 성화, 미사일 세례 뚫고 비밀 수송 작전', 동아일보 2023년 6월 15일자.

30 필립 드 몬테벨로·마틴 게이퍼드, 『예술이 되는 순간』, 주은정 옮김, 디자인하우스, 2015년, 29쪽.

31 마르크 앙투안 마티외, 『어느 박물관의 지하—한 감정가의 일기에서』, 김세리 옮김, 열화당, 2007년, 16쪽.

32 메리 V. 디어본, 『페기 구겐하임—예술 중독자』, 최일성 옮김, 을유문화사, 2022년, 533쪽.

33 임석재, 『계단, 문명을 오르다』, 휴머니스트, 2009년, 58쪽.

34 세계 각국 미술관의 복사 정책에 관해서는 https://www.realistartresource.com/museum-copying 참조.

35 Casey Lesser, 'How Artists Are Copying Masterpieces at World-Renowned Museums', 2018. 3. 16. https://www.artsy.net/article/artsy-editorial-artists-allowed-copy-masterpieces-worlds-prestigious-museums

36 앙드레 말로, 『상상의 박물관』, 김웅권 옮김, 동문선, 2004년, 17쪽.

37 Jamie Larkin, "All Museums Will Become Department Stores: The Development and Implications of Retailing at Museums and Heritage Sites", 2016, *Archeology Internationals*, no. 19, pp. 109~121.

38 메트로폴리탄 미술관 아트 숍 안내 https://store.metmuseum.org/about-us

39 줄리아 브라이언 윌슨, 『미술노동자』, 신현진 옮김, 열화당, 2021년, 22쪽.

40 앞의 책, 26쪽.

41 이레네 바예호, 『갈대 속의 영원』, 이경민 옮김, 반비, 2023년, 82쪽.

42 캐롤 던컨, 『미술관이라는 환상』, 김용규 옮김, 경성대학교출판부, 2015년, 45쪽.

43 에이드리언 조지, 『큐레이터』, 문수민 옮김, 안그라픽스, 2016년, 211쪽.

44 린 쿡, 「고지高地를 대신하여—작가와 큐레이터의 파트너십」, 폴라 마린콜라, 『위대한 전시는 어떻게 탄생하는가』, 조주현 옮김, 미메시스, 2011년, 44쪽.

45 루이스 멈퍼드, 『기술과 문명』, 문종만 옮김, 책세상, 2013년, 12쪽.

참고문헌

단행본

강희수 외, 『전시 A to Z—A to Z of the Exhibition』, 한언, 2017년.

국립현대미술관 편, 『보존과학자 C의 하루』, 국립현대미술관, 2020년.

국립현대미술관 편, 『미술관은 무엇을 수집하는가』, 국립현대미술관, 2019년.

김광현, 『건축, 모두의 미래를 짓다—건축 너머의 세계를 향한 치열한 질문과 성찰』, 21세기북스, 2021년.

김동환, 『오늘도 미세먼지 나쁨—잿빛 호흡, 대기 오염의 역사와 오늘』, 휴머니스트, 2018년.

김명호, 『사이언티픽 게이머즈—게임으로 읽는 과학』, 이데아, 2021년.

김재원, 『박물관에 살다—한국 박물관 100년의 사람들』, 동아일보사, 2009년.

김형숙, 『미술, 전시, 미술관』, 예경, 2001년.

김형숙, 『미술관과 소통』, 예경, 2001년.

남준희 외, 『굿바이! 미세먼지—PM10, PM2.5의 위험성과 대책』, 한티재, 2017년.

배은석, 『신박물관학 시대의 큐레이터』, 북코리아, 2018년.

배현진, 『세기의 미술관—전시와 컬렉션의 도전』, 동문선, 2021년.

백남준 외, 『다다익선』, 도서출판광장, 2018년.

손영옥, 『미술시장의 탄생—광통교 서화사에서 백화점 갤러리까지』, 푸른역사, 2020년.

심지영 외, 『파리 박물관 기행』, 한국방송통신대학교출판문화원, 2022년.

양정무, 『벌거벗은 미술관—양정무의 미술 에세이』, 창비, 2021년.

유길준, 『서유견문』, 허경진 옮김, 서해문집, 2004년.

임석재, 『계단, 문명을 오르다 : 바로크~20세기—계단의 역사를 통해 본 서양 문명사』, 휴머니스트, 2009년.

이관석, 『뮤지엄, 공간의 탐구—근현대 건축가 11인의 뮤지엄과 건축 정신』, 경희대학교출판문화원, 2021년.

이내옥, 『문화재 다루기—유물 및 미술품 다루는 실무 지침서』, 열화당, 2022년.

이보아, 『박물관 테크놀로지—인문과 기술의 융합으로 예술을 경험하다』, 김영사, 2018년.

이보아, 『아트 테크 4.0—4차 산업혁명 시대의 예술과 테크놀로지의 융합』, 북코리아, 2020년.

정명희, 『한번쯤, 큐레이터—박물관으로 출근합니다』, 사회평론아카데미, 2021년.

주강현, 『세계박람회 1851~2012』, 블루앤노트, 2012년.

천장환, 『현대 건축을 바꾼 두 거장—프랭크 로이드 라이트 vs 미스 반 데어 로에』, 시공아트, 2013년.

한국미술연구소 한국근대시각문화연구팀, 『모던 경성의 시각문화와 관중』, 한국미술연구소CAS, 2019년.

현상민, 『초미세먼지와 대기오염』, 씨아이알, 2019년.

그레이슨 페리, 『미술관에 가면 머리가 하얘지는 사람들을 위한 동시대 미술 안내서』, 정지인 옮김, 원더박스, 2019년.

노아 차니, 『위작의 기술-어둠 속 미술 세상을 홀리다』, 오숙은 옮김, 학고재, 2017년.

다카하시 아키야, 『미술관의 뒷모습—전시회 개최부터 미술품을 둘러싼 사건, 큐레이터의 업무까지』, 박유미 옮김, 재승출판, 2018년.

도미니크 풀로, 『박물관의 탄생』, 김한결, 돌베개, 2014년.

라파엘 알베르티, 『프라도 미술관에서 보낸 전쟁의 밤』, 김재선 옮김, 지만지드라마, 2019년.

루이스 멈포트, 『예술과 기술』, 김문환 옮김, 민음사, 1999년.

루이스 멈퍼드, 『기술과 문명』, 문종만 옮김, 책세상, 2013년.

리카 바넘 외, 『미술관 교육—관람객과 호흡하는 경험과 해석의 미술관』, 한주역 외 옮김, 다빈치, 2020년.

마르크-앙투안 마티외, 『어느 박물관의 지하—한 감정가의 일기에서』, 김세리 옮김, 열화당, 2007년.

마이클 벨처, 『박물관 전시의 기획과 디자인』, 신자은 외 옮김, 예경, 2006년.

메리 V 디어본, 『페기 구겐하임—예술중독자』, 최일성 옮김, 을유문화사, 2022년.

미셸 푸코, 『헤테로토피아』, 이상길 옮김, 문학과지성사. 2014년.

브루스 브룩스 파이퍼, 『라이트—미국 건축의 아버지 프랭크 로이드 라이트』, 이종인 옮김, 미메시스, 2010년.

세라 워터스, 『끌림—세라 워터스 빅토리아 시대 3부작』, 최용준 옮김, 열린책들, 2020년.

스탠 콕스, 『여름전쟁』 - 우리가 몰랐던 에어컨의 진실』, 추선영 옮김, 현실문화, 2013년.

앙드레 말로, 『상상의 박물관』, 김웅권 옮김, 동문선, 2004년.

앤터니 비버, 『스페인 내전』, 김원중 옮김, 교양인, 2009년.

E. L. 코닉스버그, 『클로디아의 비밀』, 햇살과나무꾼 옮김, 비룡소, 2000년.

에머 바커, 『전시의 연금술 미술관 디스플레이』, 이지윤 옮김, 아트북스, 2004년.

에이드리언 조지, 『큐레이터—이 시대의 큐레이터가 되기 위한 길』, 문수민 옮김, 안그라픽스, 2016년.

에이미 휘터커, 『뮤지엄 뮤지엄』, 권혜정 옮김, 비즈앤비즈, 2013년.

이노코 도시유키 외, 『팀랩, 경계 없는 세계—새로운 경험을 창조하는 실험 집단, 인류를 미래로 이끌다』, 북노마드, 2021년.

이레네 바예호, 『갈대 속의 영원』, 이경민 옮김, 반비, 2023년.

조슈아 넬먼, 『사라진 그림들의 인터뷰—미술품 도둑과 경찰, 아트 딜러들의 리얼 스토리』, 이정연 옮김, 시공아트, 2014년.

줄리아 브라이언 윌슨, 『미술노동자—급진적 실천과 딜레마』, 신현진 옮김, 열화당, 2021년.

코니 윌리스, 『화재 감시원』, 최용준 외 옮김, 아작, 2015년.

캐롤 던컨, 『미술관이라는 환상—문명화의 의례와 권력의 공간』, 김용규 옮김, 경성대학교출판부, 2015년.

캐롤라인 랭 외, 『뮤지엄 매니지먼트』, 임연철 외 옮김, 커뮤니케이션북스, 2011년.

케일럽 켈리, 『갤러리 사운드: 미술-소리-공간』, 배혜정 외 옮김, 미진사, 2023년.

클레어 비숍, 『레디컬 뮤지엄—동시대 미술관에서 무엇이 '동시대적'인가』, 김해주 외 옮김, 현실문화, 2016년.

키어스튼 F 라탐 외, 『박물관학의 기초—진화하는 지식의 시스템』, 배기동 옮김, 주류성, 2019년.

폴라 마린콜라 엮음, 『위대한 전시는 어떻게 탄생하는가』, 조주현 옮김, 미메시스, 2011년.

필립 드 몬테벨로 외, 『예술이 되는 순간—메트로폴리탄 관장의 숨은 미술 기행』, 주은정 옮김, 디자인하우스, 2015년.

Barelli, John., Stealing the Show: A History of Art and Crime in Six Thefts, Rowman & Littlefield, 2019

Bosman, Suzanne., The National Gallery in Wartime, The National Gallery: London, 2008

Conway, Paul. ed, Flood in Florence, 1966: A Fifty Year Retrospective, Michigan Publishing Services, 2018

Haines-Cooke, Shirley., Frederick Kiesler: Lost in History, Cambridge Scholars Publishing, 2009

Sigur, Hannah., The Influence of Japanese Art on Design, Gibbs Smith, 2008

기사

김석, 〈화마에 쓸려간 '왕의 얼굴'…전쟁이 남긴 상처〉, KBS, 2020. 6. 24.

김성진, 〈금호미술관 소화가스 누출사고 어린이 사망〉, 연합뉴스, 2001. 6. 8.

김은지, 〈아이 손잡고 찾은 박물관…천장서 '소화가스' 쏟아져 실신-대피〉, 2018. 12. 29.

림연철, 〈새 국립박물관, 현대미술관 안내 자원봉사로 운영〉, 동아일보, 1986. 7. 7.

조은이, 〈우크라 희귀성화, 미사일 세례 뚫고 비밀 수송 작전〉, 동아일보, 2023. 6. 15.

자료집

국립중앙박물관건립지원소위원회, 〈결과보고서〉, 2001년.

국립현대미술관, 〈다다익선: 즐거운 협연 Merry mix: the more, the better〉, 2022년.

광주비엔날레편집위원회, 〈광주비엔날레 1995~2014〉, (재)광주비엔날레, 2015년.

지성진 외, 〈경주 불국사 삼층석탑 수리보고서 I〉, 국립문화재연구소, 2017년.

김은지, 「스위스의 샤우라거와 21세기 미술관의 연구—연구와 전시를 위한 창고: "neither museum nor depot"로서의 현대미술관」, 박물관학보, 32, 2017. 6.

도경민 외, 「뮤지엄의 개방형 수장고 해외사례 연구—국립미술품수장보존센터에 대한 제언」, 박물관학보 33, 2017. 12.

안경화, 「마크 로스코의 색면회화: 읽기의 다른 방법」, 서양미술사학회논문집, 27, 2007.

이성연 외, 「프레데릭 J. 키슬러 전시공간의 상호현실주의 바이오테크닉 특성연구」, 기초조형학연구 vol.15, no.4 통권 64, 2014.

정재훈 외, 「박물관의 물리적 환경과 관람피로와의 관계에 관한 연구—관람자의 만족도를 중심으로」, 대한건축학회논문집 20-2, 2004.

목수현, 「1930년대 경성의 전시 공간」, 한국근현대미술사학, 2009.

문영례, 「박물관의 화재 방호를 위한 최적화 방재 계획에 관한 연구」, 가천대학교 산업·환경대학원, 2021.

안현정, 「시선의 근대적 재편, 일제치하의 전시 공간—박람회와 박물관을 중심으로」, 한국문화연구 19, 2010.

이재열, 「경주 국립박물관 지진 경험과 대응 방안」, 동원학술논문집 제19집, 국립중앙박물관, 2017.

이영병 외, 「국립현대미술관 화재특성에 관한 실험적 연구」, 한국화재감식학회 학회지, 3-2, 2012.

전인지, 「테마 박물관으로서 간송미술관의 미래」, 박물관학보, 2015. 6.

Bomford, David., “The Conservation Department of the National Gallery”, National Gallery Technical Bulletin, 2, 1978, pp.3~10.

Gilman, Benjamin Ives., “Museum Fatigue”, The Scientific Monthly, 2(1), 1916, pp.62~74.

Larkin, Jamie., “All Museums Will Become Department stores: The Development and Implications of Retailing at Museums and Heritage Sites”, Archeology Internationals, 19, 2016, pp.109~121.

Saunders, David., “Pollution and the National Gallery”, National Gallery Technical Bulletin, 21, 2000, pp.77~94.

Smith, Jeffrey K., Smith, Lisa F., “Spending Time on Art”, The International Association of Empirical Aesthetics(IAEA), 19(2), 2001, pp.229~236.

Smith, L. F., Smith, J. K., & Tinio, P. P. L., “Time Spent Viewing Art and Reading Labels”, Psychology of Aesthetics, Creativity, and the Arts, 11(1), 2017, pp.77~85.

웹사이트

보화각의 설립과 활발한 수집

http://kansong.org/kansong/biography_4/

Art Traffic at the Louvre: A Study of Visitors' Behavior Using Bluetooth Data

https://ilp.mit.edu/node/42324

Adiós Guernica

https://www.moma.org/interactives/moma_through_time/1980/adios-guernica/

A Fire in Madrid's Alcazar: Arson or Accident

https://themakingofmadrid.com/2017/06/12/a-frenchified-rebranding-forged-in-flames/

Catalogue the Yamanaka Collection of Japanese Antique Metals, Wood-Carvings and Things Buddhistic from Temples and Palaces

https://library.si.edu/digital-library/book/catalogueyamanak00yama

Cultural Heritage Fire Suppression Systems: Alternatives to Halon 1301

https://cool.culturalheritage.org/waac/wn/wn15/wn15-209.html

Documental: Arte Protegido

https://youtu.be/yN0aOwvUifI?si=j3qnyzF-brCRQ-ZC

Does 'Good Design' Still Matter Today?

https://archive.curbed.com/2019/2/13/18221781/moma-value-of-good-design-exhibition

Famous 'David' Scrubbed Clean

https://www.cbsnews.com/news/famous-david-scrubbed-clean/

Giving Art a Voice with an Artificial Intelligence Audio Guide

https://www.museumnext.com/article/artificial-intelligence-audio-guide/

History of Cast Courts

https://www.vam.ac.uk/articles/history-of-the-cast-courts

How Artists Are Copying Masterpieces at World-Renowned Museums

https://www.artsy.net/article/artsy-editorial-artists-allowed-copy-masterpieces-worlds-prestigious-museums

How the Spanish Republic Saved the Prado's Masterpieces

https://www.theartnewspaper.com/2016/06/01/how-the-spanish-republic-saved-the-prados-masterpieces

How the White Cube Came to Dominate the Art World

https://www.artsy.net/article/artsy-editorial-jeffrey-gibsons-15-year-survey-unapologetic-expression-love

Is E-commerce the Future for Museum Shops?

https://www.apollo-magazine.com/e-commerce-museum-shops/

La Sprezzatura

http://vimeo.com/118395145

Looking Back at Peggy Guggenheim's The Art of This Century Gallery

https://www.widewalls.ch/magazine/art-of-this-century-gallery-peggy-guggenheum

Mark Rothko's Harvard Murals

https://harvardartmuseums.org/exhibitions/4768/mark-rothkos-harvard-murals

Michelangelo's 'David,' Back From a Controversial Bath

https://www.washingtonpost.com/archive/lifestyle/2004/05/25/michelangelos-david-back-from-a-controversial-bath/d22f15a1-b941-4d9e-a8c9-82f4be96e43f/

Michelangelo's David Revealed After Clean-up

https://www.newscientist.com/article/dn5028-michelangelos-david-revealed-after-clean-up/

Museums that Allow Copying in Wet Media

https://www.realistartresource.com/museum-copying

Object Labels 101: What are the Labels Really Telling You?

https://openspace.sfmoma.org/2015/10/object-labels-101/

Reviving Mark Rothko's Harvard Murals Using Light

https://www.architectmagazine.com/technology/lighting/reviving-mark-rothkos-harvard-murals-using-light_o

Rothko Chapel

https://litawards.com/winners/winner.php?id=3275&mode=win

Protected Art

https://www.museodelprado.es/en/whats-on/exhibition/protected-art/81811f39-e3f9-4fe7-94af-225676279523

Seismic Isolation Technology for Protectiong the National Museum of Western Art, A World Heritage Site

https://web-japan.org/trends/11_tech-life/tec201912_seismic-isolation.html

Sophie Calle: La Visite Guidee

https://artistsbooksandmultiples.blogspot.com/2012/02/sophie-calle-la-visite-guidee.html

Survey: Museums, Museum Professionals and COVID-19

https://icom.museum/en/covid-19/surveys-and-data/survey-museums-and-museum-professionals/

The Hidden Engineering Protecting Getty Art from Earthquakes

https://www.getty.edu/news/the-hidden-engineering-protecting-getty-art-from-earthquakes/

The Royal Academy Summer Exhibition : A Chronicle, 1769-2018

https://chronicle250.com/

The Problem Of Color-Light In Mark Rothko.

https://www.artforum.com/features/the-problem-of-color-light-in-mark-rothko-211841/

The World's First Museum Café

https://www.vam.ac.uk/articles/a-first-of-its-kind-history-of-the-refreshment-rooms

The White Wall – On The Prehistory Of The 'White Cube'

https://www.on-curating.org/issue-9-reader/the-white-wall-on-the-prehistory-of-the-white-cube.html

Useful Objects of American Design under $10.00

https://www.moma.org/calendar/exhibitions/2788

Vasari's Last Supper Reassembled 47 Years after Florence Flood

https://www.theguardian.com/artanddesign/2013/dec/26/vasari-last-supper-reassembled#:~:text=The%20last%20casualty%20of%20the,cultural%20disasters%20of%20modern%20times.

When Visiting Michelangelo's David, She Brings a Duster

https://www.nytimes.com/2022/11/28/world/europe/italy-michelangelo-david.html

Yamanaka & Co. [山中商会] (1894 ~ 2003)

http://www.smokingsamurai.com/YAMANAKA.html

그림이 더 잘 보이는
미술관 이야기

초판 1쇄 발행 2024년 1월 31일
초판 2쇄 발행 2024년 6월20일

지은이 이소영
펴낸이 김철식
펴낸곳 모요사
출판등록 2009년 3월 11일
(제410-2008-000077호)
주소 10209 경기도 고양시 일산서구
가좌3로 45, 203동 1801호
전화 031 915 6777
팩스 031 5171 3011
이메일 mojosa7@gmail.com

ISBN 978-89-97066-89-6 03600

— 이 도서는 한국출판문화산업진흥원의
'2023년 중소출판사 출판 콘텐츠
창작 지원 사업'의 일환으로 국민체육
진흥기금을 지원받아 제작되었습니다.